500만 독자 여러분께
감사드립니다!

세상이 아무리 바쁘게 돌아가더라도
책까지 아무렇게나 빨리 만들 수는 없습니다.

길벗은 독자 여러분이
가장 쉽게, 가장 빨리 배울 수 있는 책을
한 권 한 권 정성을 다해 만들겠습니다.

독자의 1초를 아껴주는 정성을
만나보세요.

미리 책을 읽고 따라해 본 2만 베타테스터 여러분과
무따기 체험단, 길벗스쿨 엄마 2% 기획단,
시나공 평가단, 토익 배틀, 대학생 기자단까지!
믿을 수 있는 책을 함께 만들어주신 독자 여러분께 감사드립니다.

㈜도서출판 길벗 www.gilbut.co.kr
길벗 스쿨 www.gilbutschool.co.kr

최신개정판

직장인을 위한 실무 파워포인트

WORKING!!

김기만, 배준오 지음

길벗

최신개정판

직장인을 위한 실무 파워포인트
The Business Practice Series - PowerPoint

초판 발행 · 2022년 12월 30일
초판 3쇄 발행 · 2024년 3월 20일

지은이 · 김기만, 배준오
발행인 · 이종원
발행처 · (주)도서출판 길벗
출판사 등록일 · 1990년 12월 24일
주소 · 서울시 마포구 월드컵로 10길 56(서교동)
대표 전화 · 02)332-0931 | **팩스** · 02)322-0586
홈페이지 · www.gilbut.co.kr | **이메일** · gilbut@gilbut.co.kr

기획 · 박슬기(sul3560@gilbut.co.kr) | **책임 편집** · 연정모(yeon333718@gilbut.co.kr)
표지 디자인 · 장기춘 | **본문 디자인** · 이도경 | **제작** · 이준호, 손일순, 이진혁, 김우식
영업마케팅 · 전선하, 차명환, 박민영 | **유통혁신** · 한준희 | **영업관리** · 김명자 | **독자지원** · 윤정아

교정 교열 · 안혜희 | **전산편집** · 김정미 | **CTP 출력 및 인쇄** · 대원문화사 | **제본** · 경문제책

ISBN 979-11-407-0263-3 03000
(길벗 도서번호 007160)

가격 23,000원

독자의 1초를 아껴주는 정성 길벗출판사

(주)도서출판 길벗 | IT교육서, IT단행본, 경제경영, 교양, 성인어학, 자녀교육, 취미실용 www.gilbut.co.kr
길벗스쿨 | 국어학습, 수학학습, 어린이교양, 주니어 어학학습, 학습단행본 www.gilbutschool.co.kr

페이스북 | www.facebook.com/gilbutzigy
네이버 포스트 | post.naver.com/gilbutzigy

📘 저자의 말

프레젠테이션 실무 노하우와 팁을 한 권에 담았다!

2017년 《직장인을 위한 실무 파워포인트》를 발간하고 5년의 시간이 흘렀습니다. 그동안 파워포인트 2021 버전까지 출시되었고 Microsoft 365 버전의 기능은 계속 추가되었습니다. 몇몇 기업에서는 "NO PPT"를 외치며 파워포인트 문서 작성을 금지하기도 했습니다. 그러나 파워포인트라는 프로그램을 사용하지 않는다고 해서 기업의 특성상 프레젠테이션을 하지 않을 수는 없습니다.

파워포인트는 프레젠테이션을 위한 시각화 도구 중 하나입니다. 워드나 엑셀도 시각화 도구로 사용할 수 있습니다. 그렇지만 텍스트로만 구성된 문서보다 시각적으로 보기 좋게 표현한 문서는 더욱 이해하기 쉽습니다. 저는 시각화 자료의 힘을 믿습니다.

최근 파워포인트 활용 트렌드를 살펴보면 지난 몇 년과는 확연히 달라졌다는 것을 알 수 있습니다. 프레젠테이션 문서를 작성할 뿐만 아니라 SNS에 업로드할 카드뉴스나 홈페이지의 배너를 디자인하기도 하고, 명함 및 전단지를 제작하는 등 그래픽 툴로 파워포인트를 사용하는 경우가 늘어났습니다.

《직장인을 위한 실무 파워포인트》최신 개정판에는 이런 트렌드를 반영하였습니다. 파워포인트 문서 작성의 기본 개념은 그대로 유지하면서 문서 작성 시간을 단축시킬 수 있는 팁과 노하우를 담아 실무에 힘이 되도록 했습니다. 인스타그램, 페이스북, 네이버 블로그 등 각종 SNS에서 활용할 수 있는 콘텐츠 제작 방법을 추가했고, 더 나아가 동영상으로 제작할 수 있도록 내용을 보충했습니다.

직장 일과 병행하면서 책을 집필하는 것이 쉬운 일은 아니었지만, 독려해 주시고 공저해 주신 배준오 MVP님과 멀리서 묵묵히 저를 응원해 주신 채종서 MVP님께 많은 힘을 얻을 수 있었습니다. 책이 출간될 수 있도록 도와주신 길벗의 연정모 편집자님, 곁에서 묵묵히 저를 응원해 주고 있는 형 김기범과 우신스키팀에게 무한한 감사의 말씀을 드립니다.

마지막으로 언제나 제 편인 어머니와 아내 김연주, 집필하는 아빠의 모습을 자랑스러워했던 아들 김민혁과 딸 김민정에게 감사 인사 전합니다. 그리고 하늘에서 지켜보고 계실 아버지께 감사드립니다. 보고 싶습니다.

김기만 드림

미리 보기

실무 마스터 1

업무 속도 향상에 꼭 필요한 필수 팁!

파워포인트에 담긴 모든 기능을 다 익힐 필요가 없어요. 여기서는 업무에서 빠르게 사용할 수 있는 필수 팁만 쏙쏙 뽑아 알려줍니다.

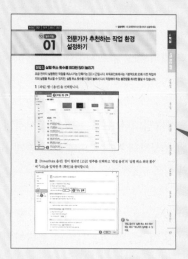

| 모든 버전 대응 | M365 2021 2019 2016 2013

M365, 파워포인트 2013~2021 버전까지 사용할 수 있는 버전을 알려줍니다. 사용할 수 없는 버전은 **2013** 과 같이 표시했습니다.

| 업무 시간 단축 |

업무에서 빠르게 사용할 수 있는 실무 팁을 간략하게 정리했습니다.

실무 마스터 2

정확하고 효율적으로 전달하는 메시지!

실무에서 힘이 되는 이미지 활용, 디자인, 멀티미디어 기능을 알려주어 메시지를 정확하고 효율적으로 전달할 수 있도록 도와줍니다.

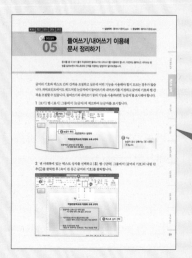

| 실무 활용 기능을 한 번에 알 수 있는 따라하기 |

실무 능력 향상에 도움이 되는 활용 기능을 따라하면서 배울 수 있습니다.

| TIP |

실습을 따라하면서 알아두면 좋은 팁이나 궁금한 점을 정리했습니다.

실제 업무에서 다루는 슬라이드를 남들보다 빠르고 정확하게 표현할 수 있도록 사용자 맞춤 팁을 제공합니다.
업무 효율을 높여주는 다양한 실무 노하우도 익혀보세요.

슬라이드 분석 클리닉으로 프레젠테이션 능력 향상!

슬라이드의 문제점을 분석하고 해결 방법을 제시하여 향상된 슬라이드로 프레젠테이션의 설득력을 높일 수 있습니다.

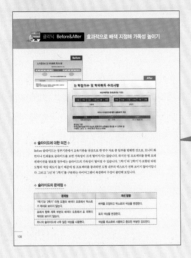

| 클리닉 Before&After |
슬라이드의 문제점을 알고, 보완된 슬라이드를 통해 실무 PPT 노하우를 배울 수 있습니다.

| 슬라이드 분석 |
슬라이드에 대한 의견과 문제점을 제시하고, 개선 방향과 해결 방법을 알려줍니다.

파워포인트로 제작하는 SNS 콘텐츠!

그래픽 프로그램 없이도 실무 마케팅에 필요한 SNS 콘텐츠를 만들 수 있습니다. 카드뉴스와 섬네일, 동영상까지 파워포인트로 단숨에 제작해 봅시다.

| 실무 콘텐츠 제작 |
포토샵을 배울 필요 없이 파워포인트만으로 SNS에 업로드할 콘텐츠를 제작하는 방법을 알려줍니다.

핵심 직장인을 위한 핵심 기능만 모았다!

실제 업무에서 다루는 슬라이드를 남들보다 빠르고 정확하게 분석할 수 있도록 사용자 맞춤 팁을 제공합니다.
업무 능력을 높여주는 다양한 실무 노하우를 익혀보세요.

목차

Chapter 03 시각 자료 이용해 주목도 향상시키기

Chapter 04 이미지 삽입해 돋보이는 보고서 작성하기

Chapter 05 발표에 강한 프레젠테이션 만들기

Chapter 06　　프레젠테이션 작성 기술
　　　　　　　　업그레이드하기

Chapter 07 파워포인트로 SNS 콘텐츠 만들기

부록 실습 파일 사용법

길벗 홈페이지(www.gilbut.co.kr)의 검색 창에 도서명을 입력하고 [검색]을 클릭해 해당 도서 페이지의 [자료실]에서 부록 실습파일을 다운로드하세요. 회원으로 가입하지 않아도 자료를 이용할 수 있습니다. 이 책의 부록 실습파일에는 실습을 따라할 수 있는 예제파일과 완성파일이 챕터별로 수록되어 있습니다. 부록 실습파일의 예제파일 및 완성파일은 내 컴퓨터에 저장하여 사용할 것을 권장합니다.

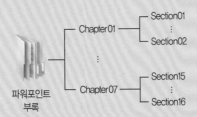

작업 시간 단축해 칼퇴근하기

01

10분 만에
파워포인트 고수 되기

● **실습예제** : 새 프레젠테이션 문서에서 실습하세요.

🎯 **필수기능**

01 전문가가 추천하는 작업 환경 설정하기

작업 환경 설정

텍스트 입력

색상 선택

글꼴 지정

슬라이드 배치

도형 활용

표와 차트

이미지 찾기

방법1 실행 취소 횟수를 최대한 많이 늘리기

조금 전까지 실행했던 작업을 취소시키는 단축키는 Ctrl + Z 입니다. 파워포인트에서는 기본적으로 20회 이전 작업까지 실행을 취소할 수 있지만, 실행 취소 횟수를 더 많이 늘려서 다시 작업해야 하는 불편함을 최대한 줄일 수 있습니다.

1 [파일] 탭-[옵션]을 선택합니다.

2 [PowerPoint 옵션] 창이 열리면 [고급] 범주를 선택하고 '편집 옵션'의 '실행 취소 최대 횟수'에 『100』을 입력한 후 [확인]을 클릭합니다.

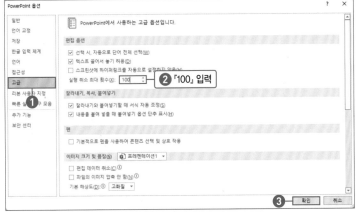

💡 **Tip**
'편집 옵션'의 '실행 취소 최대 횟수'에는 최대 『150』까지 입력할 수 있어요.

방법 2 인쇄 옵션을 고품질로 설정하기

파워포인트는 프레젠테이션 도구이지만 문서를 인쇄하는 경우도 있습니다. 슬라이드에 투명한 도형을 넣어 디자인했는데, 인쇄할 때 투명한 효과가 나타나지 않는다면 인쇄 옵션을 [고품질]로 설정해야 합니다.

1 [파일] 탭-[옵션]을 선택합니다.

2 [PowerPoint 옵션] 창이 열리면 [고급] 범주를 선택하고 '인쇄'의 [고품질]에 체크한 후 [확인]을 클릭합니다.

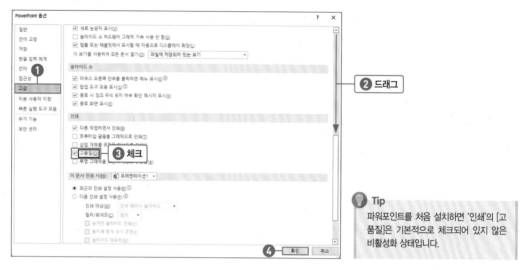

> 💡 **Tip**
> 파워포인트를 처음 설치하면 '인쇄'의 [고품질]은 기본적으로 체크되어 있지 않은 비활성화 상태입니다.

방법 3 한/영 자동 고침 옵션 해제하기

프레젠테이션 문서를 작성하다 보면 한글이 영어로, 영어가 한글로 자동으로 바뀌어 불편합니다. 이러한 문제는 [한/영 자동 고침] 옵션의 체크를 해제하여 해결할 수 있습니다.

1 [파일] 탭-[옵션]을 선택하여 [PowerPoint 옵션] 창을 열고 [언어 교정] 범주를 선택한 후 '자동 고침 옵션'의 [자동 고침 옵션]을 클릭합니다.

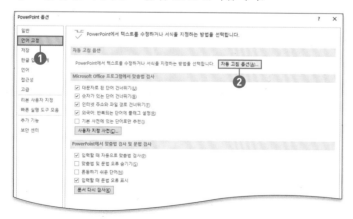

2 [자동 고침] 대화상자가 열리면 [자동 고침] 탭에서 [한/영 자동 고침]의 체크를 해제하고 [확인]을 클릭합니다. [PowerPoint 옵션] 창으로 되돌아오면 [확인]을 클릭하세요.

방법 4 슬라이드 편집 화면으로 곧바로 시작하기

파워포인트를 처음 실행하면 다음의 그림처럼 시작 화면이 표시됩니다. 하지만 시작 화면을 건너뛰고 곧바로 슬라이드 편집 화면이 실행되도록 설정해 놓으면 작업을 조금이라도 빨리 시작할 수 있어서 편리합니다.

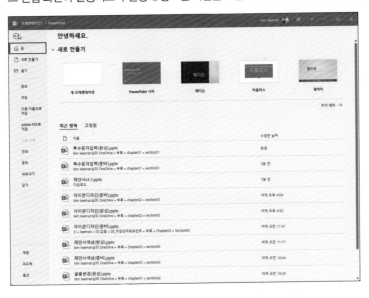

작업 환경 설정

텍스트 입력

색상 선택

글꼴 지정

슬라이드 배치

도형 활용

표와 차트

이미지 찾기

1 [파일] 탭-[옵션]을 선택하여 [PowerPoint 옵션] 창을 열고 [일반] 범주를 선택합니다. '시작 옵션'의 [이 응용 프로그램을 시작할 때 시작 화면 표시]의 체크를 해제하고 [확인]을 클릭하세요.

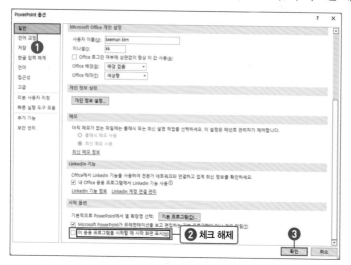

2 현재 실행중인 파워포인트를 닫고 다시 실행하면 시작 화면이 아니라 슬라이드 편집 화면이 표시되는지 확인합니다.

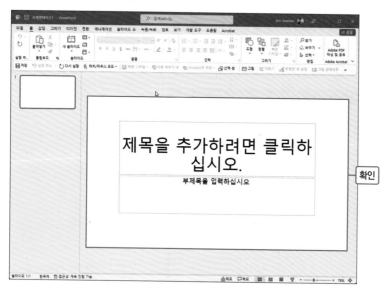

작업 환경 설정

텍스트 입력

색상 선택

글꼴 지정

슬라이드 배치

도형 활용

표와 차트

이미지 찾기

방법 5 다크 모드 활성화하기

파워포인트에서 오래 작업한다면 슬라이드의 흰색 바탕색 때문에 눈이 쉽게 피로해질 수 있습니다. 이것을 방지하기 위해서 슬라이드 화면을 어두운 회색이나 검정인 다크 모드로 전환하는 것이 좋습니다.

1 [파일] 탭-[옵션]을 선택하여 [PowerPoint 옵션] 창을 열고 [일반] 범주를 선택합니다. 'Microsoft Office 개인 설정'의 'Office 테마'에서 [어두운 회색]을 선택하고 [확인]을 클릭하세요.

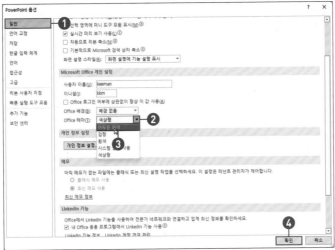

> 💡 **Tip**
> Office 365가 Microsoft 365 또는 M365로 변경되었습니다.

2 슬라이드 화면이 어두운 회색으로 변경되었는지 확인합니다.

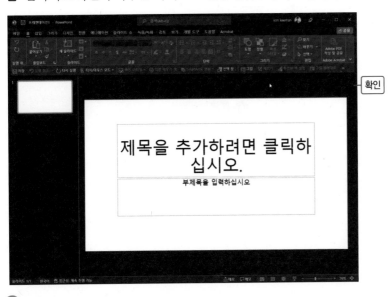

확인

> 💡 **Tip**
> 같은 방법으로 슬라이드 화면을 검정으로 변경할 수도 있습니다. 어두운 회색 화면은 파워포인트 2013 버전 이상부터 적용할 수 있지만, 검정 화면은 파워포인트 2021과 Microsoft 365 버전에서만 사용할 수 있습니다.

● **실습예제** : 새 프레젠테이션 문서에서 실습하세요.

현장실무

02 | 리본 메뉴에 [개발 도구] 탭 추가하기

VBA를 활용한 매크로 기능을 이용하려면 리본 메뉴에 [개발 도구] 탭을 추가해야 합니다. 이번에는 리본 메뉴에 [개발 도구] 탭을 추가하는 방법을 살펴보겠습니다.

1 [파일] 탭-[옵션]을 선택하여 [PowerPoint 옵션] 창을 열고 [리본 사용자 지정] 범주를 선택합니다. 오른쪽에 있는 '리본 메뉴 사용자 지정'에서 [기본 탭]을 선택하고 [개발 도구]에 체크한 후 [확인]을 클릭하세요.

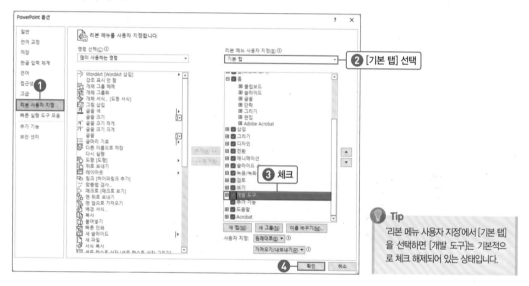

> **Tip**
> '리본 메뉴 사용자 지정'에서 [기본 탭]을 선택하면 [개발 도구]는 기본적으로 체크 해제되어 있는 상태입니다.

2 리본 메뉴에 [개발 도구] 탭이 추가되면서 관련 그룹과 명령 단추가 표시되었는지 확인합니다.

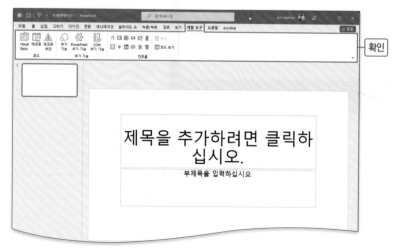

● **실습예제** : 새 프레젠테이션 문서에서 실습하세요.

(◎) 필수기능
03 | 빠른 실행 도구 모음의 위치 이동하기

⚡핵심

직업 환경 설정

텍스트 입력

색상 선택

글꼴 지정

슬라이드 배치

도형 활용

표와 차트

이미지 찾기

방법1 사용자 지정 파일 가져오기

1 빠른 실행 도구 모음의 오른쪽에 있는 [빠른 실행 도구 모음 사용자 지정] 단추(▾)를 클릭하고 [리본 메뉴 아래에 표시]를 선택한 후 [파일] 탭-[옵션]을 선택합니다.

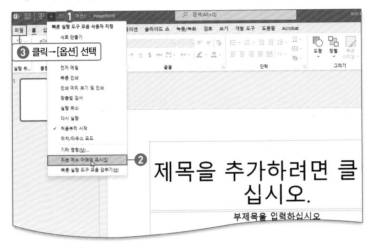

2 [PowerPoint 옵션] 창이 열리면 [빠른 실행 도구 모음] 범주를 선택하고 '사용자 지정'의 [가져오기/내보내기]를 클릭한 후 [사용자 지정 파일 가져오기]를 선택합니다.

23

3 [파일 열기] 대화상자가 열리면 길벗출판사 홈페이지에서 다운로드한 '부록\Chapter01\ Section01' 폴더에서 'PowerPoint Customizations.exportedUI' 파일을 선택하고 [열기]를 클릭합 니다. 'PowerPoint Customizations.exportedUI'는 필자의 빠른 실행 도구 모음 환경을 내보내기한 파일입니다.

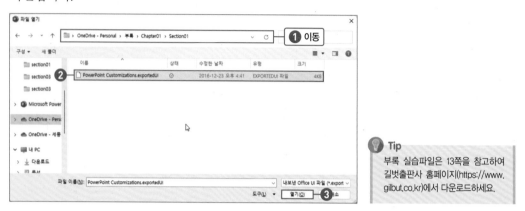

💡 **Tip**
부록 실습파일은 13쪽을 참고하여 길벗출판사 홈페이지(https://www. gilbut.co.kr)에서 다운로드하세요.

4 기존의 리본 메뉴와 빠른 실행 도구 모음을 변경하겠는지 묻는 메시지 창이 열리면 [예]를 클 릭합니다. [PowerPoint 옵션] 창으로 되돌아오면 [확인]을 클릭하세요.

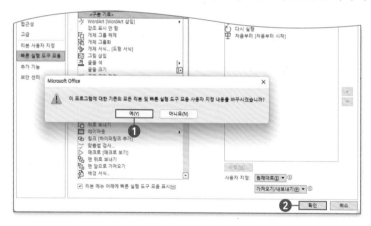

5 빠른 실행 도구 모음이 리본 메뉴의 아래쪽에 제대로 표시되었는지 확인합니다. 이렇게 빠른 실행 도구 모음을 리본 메뉴의 아래쪽에 표시하면 마우스의 이동을 최소화해서 작업 시간을 줄일 수 있습니다.

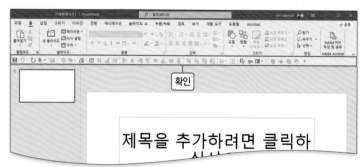

방법 2 **파일을 폴더에 직접 복사하기**

1 윈도우 탐색기를 열고 [보기]-[표시] 메뉴를 선택한 후 [숨긴 항목]에 체크되어 있는지 확인합니다. 체크되어 있지 않으면 [숨긴 항목]을 선택하여 체크하세요.

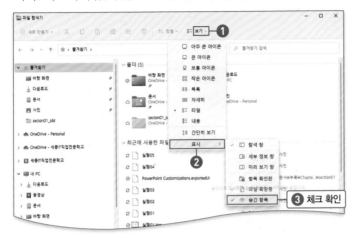

2 '부록\Chapter01\Section01' 폴더에서 'PowerPoint.officeUI' 파일을 복사하고 'C:\사용자\[사용자 계정]\AppData\Local\Microsoft\Office' 폴더로 이동한 후 붙여넣으세요.

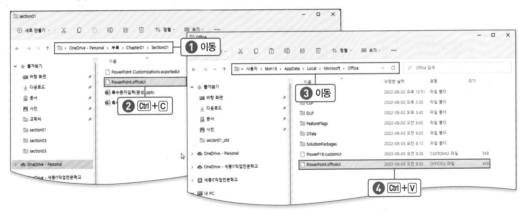

3 빠른 실행 도구 모음이 리본 메뉴의 아래쪽에 제대로 표시되었는지 확인합니다.

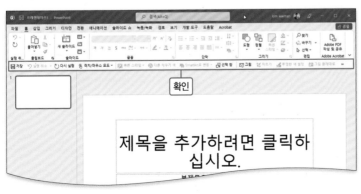

작업 환경 설정

텍스트 입력

색상 선택

글꼴 지정

슬라이드 배치

도형 활용

표와 차트

이미지 찾기

● **실습예제** : 특수문자입력(준비).pptx   ● **완성예제** : 특수문자입력(완성).pptx

현장실무

04 | 자주 사용하는 특수 문자 입력하기

특수 문자를 사용할 때마다 리본 메뉴를 이용하면 작업 시간이 길어져서 문서 작성이 불편합니다. 이번에는 자주 사용하는 특수 문자를 간단하게 입력할 수 있는 방법을 살펴보겠습니다.

파워포인트나 워드와 같은 오피스 프로그램에서 문서를 작성할 경우 가운뎃점(•)이나 당구장 기호(※)와 같은 특수 문자를 자주 사용합니다. 이러한 문자를 입력할 때마다 리본 메뉴에서 삽입하면 문서 작성 시간이 길어지므로 자주 사용하는 특수 문자는 미리 저장한 후 사용해야 편리합니다.

1 [파일] 탭-[옵션]을 선택합니다.

2 [PowerPoint 옵션] 창이 열리면 [언어 교정] 범주에서 '자동 고침 옵션'의 [자동 고침 옵션]을 클릭합니다.

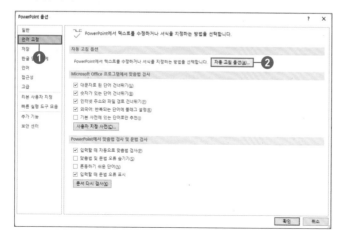

3 [자동 고침] 대화상자가 열리면 [자동 고침] 탭에서 [다음 목록에 있는 내용대로 자동으로 바꾸기]에 체크합니다. 여기에서는 가운뎃점을 삽입하기 위해서 '입력'에는 『(*)』를 입력하고 '결과'에는 『ㄱ』을 입력한 후 [한자]를 누릅니다. 기호 목록이 나타나면 [PgDn]을 한 번 눌러 다음 기호 목록을 나타내고 [•]을 선택한 후 [추가]를 클릭하세요.

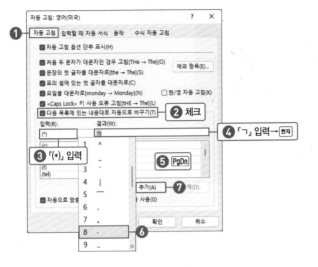

4 이번에는 '입력'에는 『(**)』를 입력하고 '결과'에는 『ㅁ』을 입력한 후 [한자]를 누릅니다. 기호 목록이 나타나면 『※』를 선택하고 [추가]와 [확인]을 차례대로 클릭하세요. [PowerPoint 옵션] 창으로 되돌아오면 [확인]을 클릭합니다.

💡 **Tip**
'입력'과 '결과' 목록에서 추가한 기호를 확인할 수 있습니다. 이와 같은 방법으로 자주 사용하는 특수 문자를 미리 설정해 놓으면 워드와 엑셀과 같은 다른 오피스 프로그램에서도 편리하게 사용할 수 있습니다.

5 '특수문자입력(준비).pptx'를 열고 '직장인을 위한~' 텍스트의 앞에 『(*)』를 입력합니다.

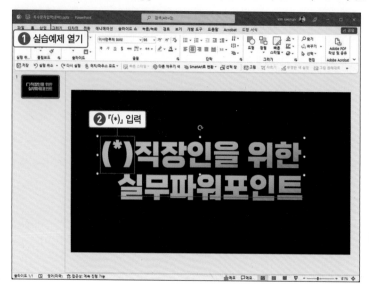

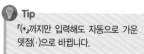

💡 **Tip**

『(*』까지만 입력해도 자동으로 가운 뎃점(·)으로 바뀝니다.

6 '직장인을 위한~' 텍스트의 앞에 가운뎃점(•)이 표시되었는지 확인합니다. 이와 같은 방법으로 '실무파워포인트' 텍스트의 앞에 『(**)』를 입력해서 당구장 기호(※)를 입력하세요.

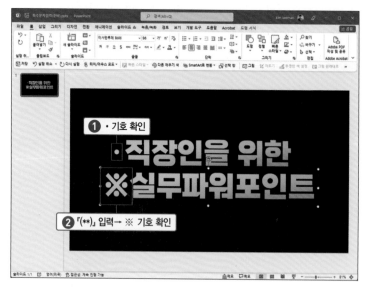

● **실습예제** : 새 프레젠테이션 문서에서 실습하세요.

(◎) 필수기능
05 | 프레젠테이션 문서 복구하는 방법 살펴보기

회사 업무와 관련된 메일로 전달받은 프레젠테이션 문서를 열거나, 클라우드에 있는 프레젠테이션 문서를 다운로드할 때, 오래 전에 작업한 프레젠테이션 문서를 열 때 오류가 발생할 수 있습니다. 이러한 오류가 발생하는 원인은 명확하지 않지만, 이 과정에서 파일이 손상되거나 콘텐츠에 나쁜 영향을 줄 수 있습니다. 그러므로 프레젠테이션 문서에 오류가 발생해서 파일을 열 수 없을 때 다음과 같은 방법을 시도해서 문서를 복구해 보세요.

방법1 [열기 및 복구] 이용하기

파워포인트 파일이 제대로 열리지 않으면 파워포인트 자체에서 복구를 시도해 봅시다. 100% 복구되는 것은 아니지만 도움이 될 수 있습니다. 이 기능은 워드나 엑셀에서도 똑같이 이용할 수 있습니다.

1 [파일] 탭-[열기]를 선택하고 [찾아보기]를 선택합니다.

2 [열기] 대화상자가 열리면 불러올 파일을 선택하고 [열기]의 내림 단추(▼)를 클릭한 후 [열기 및 복구]를 선택합니다.

방법 2 다른 프로그램에서 파워포인트 파일 열기

프레젠테이션의 대표 포맷이라고 할 수 있는 파워포인트의 확장자 ppt나 pptx를 지원하는 프로그램이 많아졌습니다. 예를 들어 구글의 프레젠테이션, 한글과컴퓨터의 한쇼, 네이버의 오피스 슬라이드에서도 ppt나 pptx 파일을 열 수 있습니다. 이러한 프로그램들은 파일을 읽어오는 방법이나 방식이 조금씩 다릅니다. 파워포인트와 호환되지 않는 콘텐츠가 삽입된 경우 파워포인트에서는 오류가 발생해서 파일이 제대로 열리지 않지만, 다른 프로그램에서는 제대로 열리는 경우도 종종 있습니다.

1 네이버 오피스 슬라이드 – https://office.naver.com
네이버 오피스 슬라이드를 이용하려면 네이버 계정이 있어야 합니다. [슬라이드] 탭에서 [열기]를 클릭하면 [열기] 대화상자가 열리면서 ppt와 pptx 파일을 업로드할 수 있습니다.

> 💡 Tip
> [워드] 탭은 MS 워드에, [슬라이드] 탭은 MS 파워포인트에, [셀] 탭은 MS 엑셀에 해당합니다.

2 구글 프레젠테이션 - https://docs.google.com/presentation

구글 프레젠테이션을 이용하려면 구글 계정이 있어야 합니다. 화면의 오른쪽 위에 있는 [파일 선택기 열기] 단추(□)를 클릭하여 [파일 열기] 창을 열고 [업로드]를 선택한 후 파워포인트 파일을 드래그 앤 드롭하거나 [컴퓨터]에서 파일을 선택하여 업로드할 수 있습니다.

3 한글과컴퓨터 한쇼 - https://www.hancom.com/cs_center/csDownload.do

한글과컴퓨터의 한쇼를 이용하려면 정품을 구매하거나 위의 주소에서 체험판을 다운로드해야 합니다. 한쇼에서는 [파일]-[불러오기] 메뉴를 선택하여 파워포인트 파일을 열 수 있습니다.

작업 환경 설정

텍스트 입력

색상 선택

글꼴 지정

슬라이드 배치

도형 활용

표와 차트

이미지 찾기

인터넷을 비롯하여 안전하지 않은 위치에서 가져온 파일에는 컴퓨터를 손상시키는 바이러스나 웜 또는 다른 종류의 멀웨어(malware)가 포함되었을 가능성이 있습니다. 인터넷에서 다운로드한 파일을 열면 컴퓨터를 보호하기 위해 제한된 보기에서 문서 파일이 열리는데, 이 상태에서는 편집이 불가능합니다. 프레젠테이션 문서를 열었는데, 경고 메시지 표시줄이나 경고 창이 열리면서 문서가 실행되지 않으면 다음과 같은 방법으로 해결해 보세요.

1 프레젠테이션 문서를 열었을 때 리본 메뉴의 아래쪽에 '주의하세요 - 인터넷에서 가져온 파일에는 바이러스가 있을 수 있습니다. 편집하지 않는다면 제한된 보기에서 여는 것이 안전합니다.' 라는 경고 메시지 표시줄이 나타나면 [파일] 탭-[옵션]을 선택하세요.

2 [PowerPoint 옵션] 창이 열리면 [보안 센터] 범주를 선택하고 'Microsoft PowerPoint 보안 센터'의 [보안 센터 설정]을 클릭합니다.

3 [보안 센터] 창이 열리면 [제한된 보기] 범주를 선택하고 '제한된 보기'의 [인터넷에서 가져온 파일에 대해 제한된 보기 사용]과 [안전하지 않은 위치에 있는 파일에 대해 제한된 보기 사용]의 체크를 해제하고 [확인]을 클릭합니다.

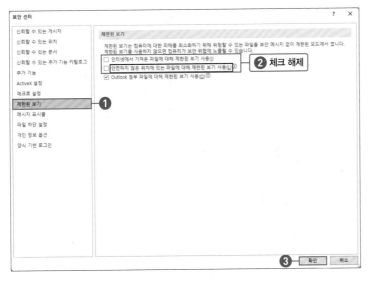

4 프레젠테이션 문서를 다시 실행하면 리본 메뉴의 아래쪽에 경고 메시지가 보이지 않습니다.

방법 4 오피스 파일 복구 활용하기(Micrisoft 365, 2021, 2019, 2016)

최신 변경 내용을 저장하기 전에 오피스 프로그램이 예기치 않게 종료되면 다음에 프로그램을 열 때 자동으로 임시 저장되었던 문서가 복구됩니다. 이 기능을 이용하면 저장되지 않은 파일을 다시 가져올 수 있습니다.

1 파워포인트가 비정상적으로 종료되면 문서를 다시 실행해 보세요. '저장되지 않은 복구된 파일'이라는 경고 메시지 표시줄에서 [저장]을 클릭하면 문서를 저장할 수 있습니다.

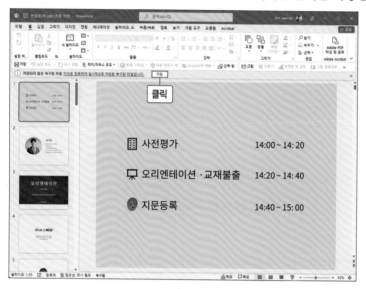

2 또는 [파일] 탭-[열기]를 선택하고 [저장하지 않은 프레젠테이션 복구]를 선택해 문서를 저장할 수 있습니다.

방법 5 자동 복구 저장 간격 설정하기

방법 1부터 **방법 4**는 급할 때 유용하게 사용할 수 있지만, 모든 경우에 해당되는 방법은 아니므로 중요한 파일일수록 자주 백업해서 저장해야 합니다. '자동 복구 정보 저장 간격' 기능을 이용하면 자동으로 저장되는 시간을 설정하여 문서를 쉽게 복구할 수 있습니다.

1 [파일] 탭-[옵션]을 선택합니다.

2 [PowerPoint 옵션] 창이 열리면 [저장] 범주를 선택하고 '프레젠테이션 저장'의 [자동 복구 정보 저장 간격]에 체크되었는지 확인합니다. 저장 간격을 지정하고 [확인]을 클릭하세요.

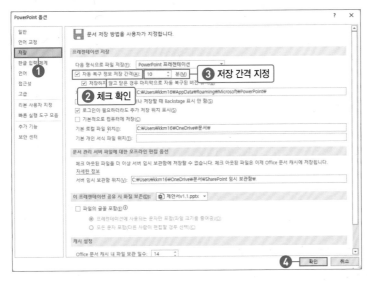

> 💡 **Tip**
>
> [자동 복구 정보 저장 간격]은 기본 저장 시간이 10분으로 지정되어 있습니다.

텍스트 입력

색상 선택

글꼴 지정

슬라이드 배치

도형 활용

표와 차트

이미지 찾기

35

02

텍스트 빠르게
입력하는 방법 살펴보기

🎯 필수기능
01 빠르고 정확한 프레젠테이션 문서 작성 과정 익히기

스마트폰 앱을 개발할 때 곧바로 코딩을 시작하지는 않습니다. 어떤 기능을 넣을 것인지, 데이터 베이스는 어떻게 설계할 것인지 등을 기획하고, 페이지와 페이지를 어떻게 연결할 것인지 등 수많은 요소를 미리 기획하고 점검하는 설계 단계를 거칩니다. 이러한 설계 단계가 잘 구성되어야 코딩을 하는 개발자들이 빠른 시간 안에 오류 없는 앱을 완성할 수 있습니다.

1 기획 단계 거치기

프레젠테이션 문서를 작성하는 경우에도 곧바로 파워포인트를 실행하기보다 기획하는 단계를 먼저 거쳐야 합니다. 기획 단계에서는 어떤 내용을 넣을 것인지, 각 슬라이드는 어떻게 구성할 것인지, 효과적으로 메시지를 전달하기 위해서 도형과 텍스트는 어떻게 배치할 것인지 등을 미리 생각해 보아야 합니다.

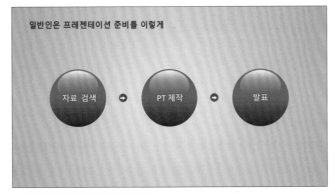

▲ 초급 사용자의 프레젠테이션 제작 단계

일반적으로 프레젠테이션 준비는 '자료 검색' → 'PT 제작' → '발표'의 단계로 진행됩니다. 하지만 전문적으로 프레젠테이션을 제작하는 업체나 파워포인트 경력자는 내용을 함축하고 스토리보드 를 작성한 후 도해화 및 도표화를 거쳐 문서를 작성합니다.

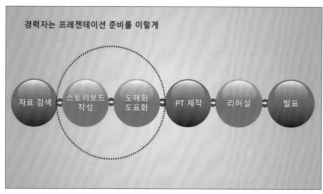

▲ 고급 사용자의 프레젠테이션 제작 단계

2 함축적인 단어 사용하기

제안서와 같은 문서를 작성할 때 파워포인트를 사용하기도 합니다. 하지만 파워포인트 문서를 작성하는 주요 목적은 청중들에게 프레젠테이션을 발표하여 특정한 메시지를 전달하고, 이들을 설득하기 위한 것입니다.

일반 보고서를 쓸 때처럼 슬라이드에 텍스트를 많이 넣으면 청중들은 슬라이드 내용을 먼저 보고 발표자의 의도를 파악하게 됩니다. 따라서 발표자는 함축적인 단어를 사용하여 슬라이드 내용을 간결하게 작성하고 발표를 통해 청중들에게 설명해야 합니다.

3 핵심 단어(키워드) 추출하기

파워포인트 작성자는 슬라이드를 만들기 전에 스토리보드를 미리 만들어야 합니다. 그리고 스토리보드에 들어갈 내용을 함축적으로 요약해야 하는데, 이것을 '핵심 단어 추출' 또는 '키워드 추출'이라고 합니다. 키워드는 '중심 제목 위주 요약', '서술형 어미 생략', '조사 생략' 등의 방법을 사용해 추출할 수 있습니다.

▲ 키워드를 추출하는 방법

'중심 제목 위주 요약'은 긴 문장 중에서 가장 강조해야 할 부분만 요약하는 것을 말합니다. '서술형 어미 생략'은 '~이다'와 '~ㄴ다' 같은 어미를 생략해 문장을 간결하게 만드는 것을 의미합니다. 예를 들어 '갑돌이가 과자를 먹는다'에서 '~는다'는 동사의 평서형 어미이고, '이것은 책이다'에서 '~이다'는 서술격 조사의 평서형 활용인데, 이런 서술형 어미를 생략하는 것을 말합니다. 그리고 '조사 생략'은 독립적으로는 거의 쓰이지 않고 앞의 체언(명사, 대명사, 수사)에 붙어서 문법적인 기능을 하는 '조사'를 생략하는 것을 의미합니다. 조사에는 '와', '과', '의', '을', '를', '은', '는', '이', '가', '에서', '에게', '에', '보다' 등이 있습니다.

4 중심 제목 선정하기

다음의 슬라이드 내용처럼 발표한다고 가정해 봅시다.

▲ 서술형 어미와 조사가 포함된 스토리보드

이 경우 슬라이드에서는 위의 내용을 함축해서 보여주어야 합니다.

▲ 함축해서 보여주어야 하는 부분 강조하기

필자는 위의 발표 내용 중에서 붉게 처리한 부분을 '중심 제목'으로 보았습니다. 긴 문장 중에서 실제로 청중들에게 전달하려는 핵심 내용을 함축하고 있는 문장은 '필요한 것들만을 골라서 가르칩니다.', '실제 수업시간은 4년제 대학보다 많습니다.', '모든 학생은 2년간 매주 3시간 이상 "직무인성교육"', '80% 이상의 출석률을 유지해야만 졸업자로 인정', '졸업과 취업으로 교육을 끝내는 것이 아니라 학생이 사회생활을 마칠 때까지 학습활동을 지원' 등입니다.

'중심 제목'을 선정했으면 다음의 슬라이드처럼 '중심 제목 위주로 요약'할 수 있습니다. 하지만 '서술형 어미'와 '조사'가 포함되어 있어서 이 상태만으로는 발표 자료로 적절하지 않습니다.

직업전문학교 설명회

타 교육기관와의 차별성

1. 필요한 교육만을 실시하며 이를 위해 4년제 대학보다 많은 교육시간 할당

2. 모든 학생은 2년간 매주 3시간 이상 "직무인성교육"을 받게되며, 80%이상 출석 시 졸업자로 인정

3. 졸업과 취업으로 교육을 끝내는 것이 아니라 학생이 사회생활을 마칠 때 까지 학습 활동을 지원

▲ 중심 제목 위주로 요약하기

5 발표자의 의도 표현하기

발표자에 의도에 따라 위의 내용으로 청중들에게 '우리 학교의 차별화 교육'의 세부적인 사항을 강조해서 전달할 수도 있고 '우리 학교가 차별화된 교육을 통해 우수한 인재를 양성하고 있다'는 점을 설득할 수도 있습니다. 이러한 의도를 좀 더 잘 드러내기 위해 발표자의 의도를 소제목으로 적어주는 것이 좋습니다. 또한 '~하며', '~받게 되며'와 같은 서술형 어미뿐만 아니라 '~로'와 '~을'과 같은 조사도 생략하여 발표 내용을 함축해야 합니다.

직업전문학교 설명회

직업전문학교의 차별화 교육 3가지

· 전문적인 교육시간 대폭 할당
  - 타 대학 대비 3배 많은 교육시간

· "직무인성교육"이 졸업자격에 포함
  -2년간 매주 3시간 이상, 80% 이상 출석자

· 평생 진로컨설팅 제공
  -취업 후 지속적인 진로상담, 학습 컨설팅 제공

▲ 발표 내용 함축하기

일반적으로 위와 같은 단계에서는 펜으로 노트에 적거나 윈도우 메모장을 활용해 작업합니다. 또는 마인드맵 프로그램 등을 활용해 키워드 추출과 스토리보드 작성을 동시에 진행하기도 합니다. 이렇게 스토리보드를 작성한 후 다이어그램과 아이콘을 활용해 그림으로 표현하거나 표로 만드는 과정을 거쳐 최종적인 슬라이드 디자인을 완성합니다.

● **실습예제** : 메시지(준비).pptx ● **완성예제** : 메시지(완성).pptx

추출한 키워드 이용해
프레젠테이션 문서 작성하기

1 5번 슬라이드에서 [홈] 탭-[그리기] 그룹의 [도형]을 클릭하고 '기본 도형'의 [원형: 비어 있음](◎)을 클릭합니다.

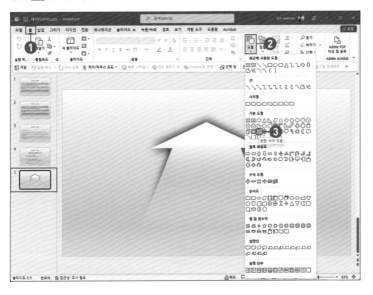

2 다음의 그림과 같은 위치에서 드래그하여 원형 도형을 그리고 [도형 서식] 탭-[도형 스타일] 그룹에서 [도형 윤곽선]을 클릭한 후 [윤곽선 없음]을 선택합니다.

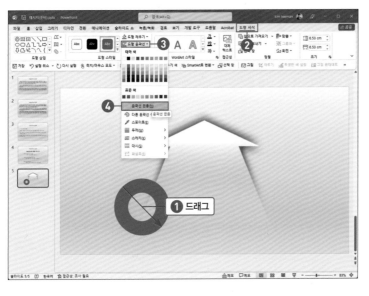

3 [도형 서식] 탭-[도형 스타일] 그룹에서 [도형 채우기]를 클릭하고 '테마 색'의 [녹색, 강조 6, 50% 더 어둡게]를 클릭합니다.

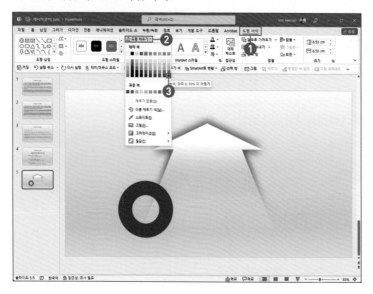

4 원형 도형을 더블클릭하여 텍스트를 변경할 수 있는 상태로 만들고 『전문교육시간증설』을 입력합니다. [도형 서식] 탭-[WordArt 스타일] 그룹에서 [텍스트 채우기]의 내림 단추(▾)를 클릭하고 도형 색과 같은 '테마 색'의 [녹색, 강조 6, 50% 더 어둡게]를 클릭하세요.

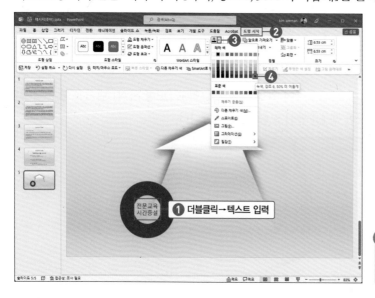

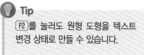

Tip
F2를 눌러도 원형 도형을 텍스트 변경 상태로 만들 수 있습니다.

5 원형 도형을 클릭한 후 노란색 도형 조절점을 클릭하세요.

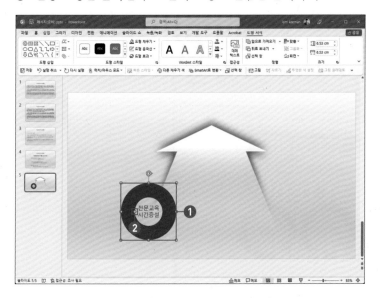

6 노란색 도형 조절점을 바깥쪽으로 드래그하여 원형 도형의 두께를 얇게 조절합니다.

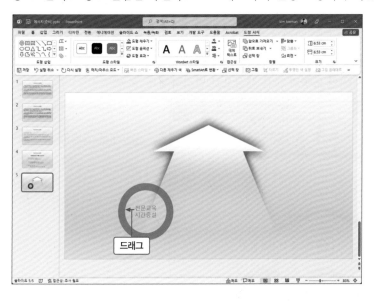

작업 환경 설정

텍스트 입력

색상 선택

글꼴 지정

슬라이드 배치

도형 활용

표와 차트

이미지 찾기

7 [Ctrl]+[D]를 2번 눌러 2개의 도형을 더 복제하고 다음의 그림과 같이 나란히 오른쪽으로 배치합니다. 복제한 타원의 텍스트를 『직무인성교육』과 『평생진로컨설팅』으로 수정하세요.

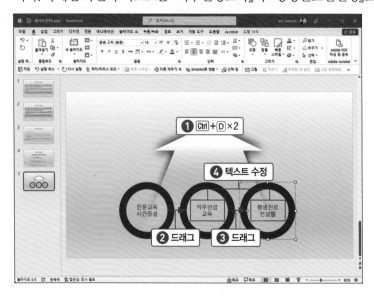

8 [도형 서식] 탭-[도형 스타일] 그룹에서 [도형 채우기]를 클릭하고 가운데 원형 도형에는 [황금색, 강조 4, 50% 더 어둡게]를, 오른쪽 원형 도형에는 [파랑, 강조 1, 50% 더 어둡게]를 지정합니다. '직무인성교육' 텍스트와 '평생진로컨설팅' 텍스트의 색을 [홈] 탭-[글꼴] 그룹에서 [글꼴색]의 내림 단추(⌄)를 클릭하여 원형 도형과 같은 색상으로 변경하세요.

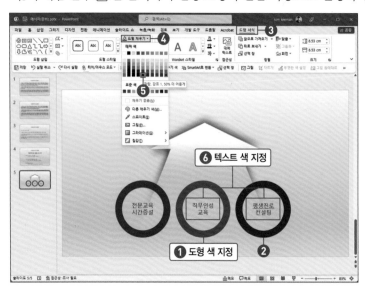

9 [홈] 탭-[그리기] 그룹에서 [도형]을 클릭하고 '기본 도형'의 [텍스트 상자](団)를 클릭합니다. 화살표의 위쪽에 텍스트 상자를 삽입하고 제목『우수한 인재양성』을 입력하세요.

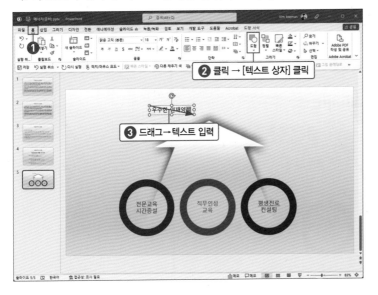

10 제목 텍스트 상자를 선택한 상태에서 [홈] 탭-[단락] 그룹의 [가운데 맞춤]을 클릭하여 텍스트를 가운데로 정렬하세요. [홈] 탭-[글꼴] 그룹에서 [글꼴 크기]를 [40pt]로 지정합니다.

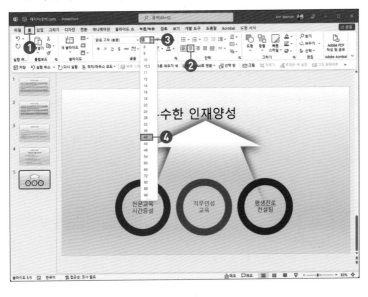

직업 환경 설정

텍스트 입력

색상 선택

글꼴 지정

슬라이드 배치

도형 활용

표와 차트

이미지 찾기

11 제목 텍스트 상자를 선택한 상태에서 [홈] 탭-[글꼴] 그룹의 [글꼴 색]의 내림 단추(⊡)를 클릭하고 '표준 색'의 [진한 빨강]을 클릭합니다. 제목 텍스트의 색이 변경되었으면 제목 텍스트 상자를 마우스 오른쪽 단추로 클릭하고 [도형 서식]을 선택하세요.

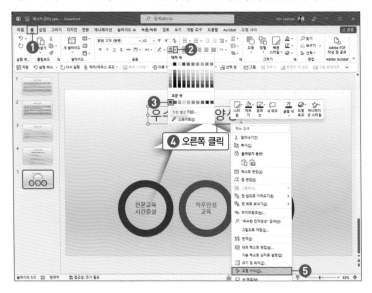

12 화면의 오른쪽에 [도형 서식] 창이 열리면 [텍스트 옵션]-[텍스트 효과]의 [그림자]에서 '미리 설정'은 [안쪽: 가운데]로, '흐리게'는 [5pt]로 지정합니다.

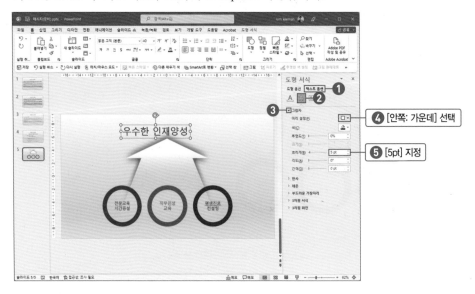

13 Shift 를 이용해 모든 원형 도형을 선택합니다. [홈] 탭-[그리기] 그룹에서 [정렬]을 클릭하고 '개체 위치'의 [맞춤]-[중간 맞춤]을 선택하여 원형 도형들을 슬라이드의 중간에 정렬하세요.

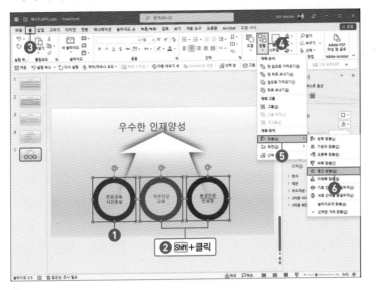

💡 **Tip**

Shift 를 누른 상태에서 도형을 차례대로 클릭하면 선택한 여러 도형을 함께 선택할 수 있습니다.

14 제목 텍스트 상자를 선택하고 [홈]-[그리기] 그룹에서 [정렬]을 클릭한 후 '개체 위치'의 [맞춤]-[가운데 맞춤]을 선택하여 텍스트 상자를 슬라이드의 가운데에 정렬하세요.

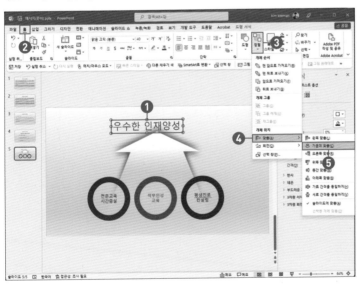

◉ **실습예제**: 문서작성_워드(준비).docx, 문서작성_한글(준비).hwp   ◉ **완성예제**: 문서작성(완성).pptx

현장실무

03

워드/한글 이용해
프레젠테이션 문서 작성하기

슬라이드에 들어갈 발표 내용을 구상하고 키워드까지 정했으면 프레젠테이션 문서 작성을 시작해야 합니다.
문서 작성의 가장 기본은 텍스트 작성이므로 좀 더 정확하고 편리하게 텍스트를 입력해 보겠습니다.

발표 내용을 함축하는 키워드를 추출한 후 프레젠테이션 문서에 텍스트를 곧바로 작성하는 방법은 추천하지 않습니다. 이 경우에는 워드나 한글과 같은 워드프로세서 프로그램을 사용해서 슬라이드에 들어갈 내용을 미리 정리한 후 한 번에 프레젠테이션 문서로 변경하는 것이 좋습니다. 워드나 한글 프로그램을 이용해서 파워포인트에 들어갈 내용을 정리하려면 [개요] 기능을 활용하세요.

방법 1 워드 활용해 작성하기

1 워드 프로그램을 실행하고 '문서작성_워드(준비).docx'를 연 후 [보기] 탭-[보기] 그룹에서 [개요]를 클릭합니다.

2 개요 화면으로 변경되면 Ctrl 을 누른 상태에서 굵게 진한 텍스트를 차례대로 드래그하여 선택합니다.

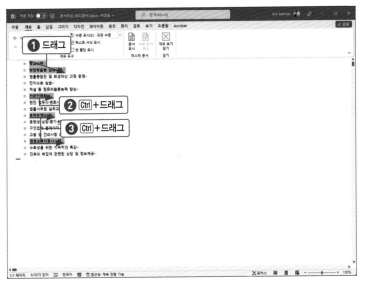

💡 Tip

Ctrl 을 누른 상태에서 텍스트를 차례대로 드래그하면 선택한 여러 텍스트를 함께 선택할 수 있습니다.

3 [개요] 탭-[개요 도구] 그룹의 [개요 수준]에서 [수준 1]을 선택합니다.

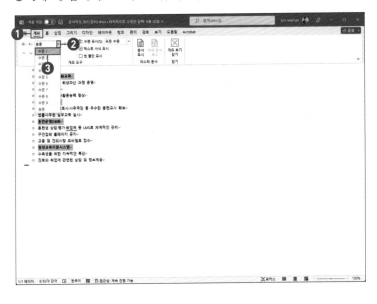

4 Ctrl 을 이용해 나머지 텍스트를 모두 선택하고 [개요] 탭-[개요 도구] 그룹의 [개요 수준]에서 [수준 2]를 선택합니다.

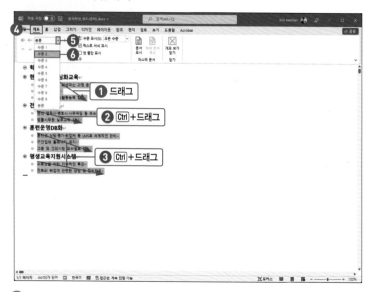

💡 **Tip**

3 과정에서 [수준 1]로 설정한 텍스트는 슬라이드의 제목으로, [수준 2]로 설정한 텍스트는 슬라이드의 내용으로 삽입됩니다.

5 개요 수준을 모두 지정했으면 [파일] 탭-[다른 이름으로 저장]을 선택합니다.

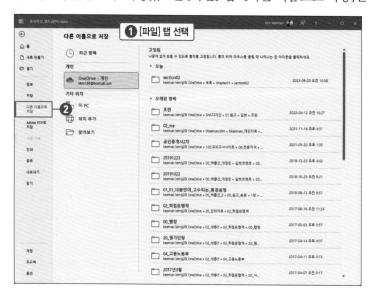

6 [다른 이름으로 저장] 대화상자가 열리면 '파일 이름'에 『문서작성_워드(완성)』을 입력하고 '파일 형식'에서 [Word 문서 (*.docx)]를 선택한 후 저장합니다.

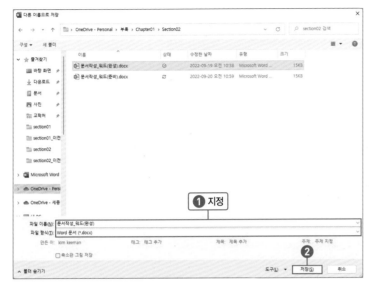

작업 환경 설정

텍스트 입력

색상 선택

글꼴 지정

슬라이드 배치

도형 활용

표와 차트

이미지 찾기

방법 2 한글 활용해 작성하기

1 한글 프로그램을 실행하고 '문서작성_한글(준비).hwp'를 연 후 들여쓰기가 안 되어 있는 문장은 [서식] 메뉴에서 [개요 1]을 지정하세요.

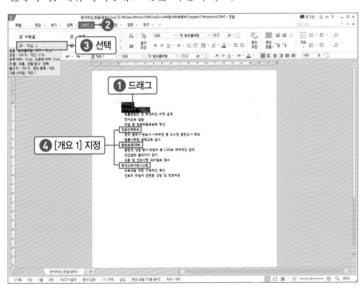

2 이와 같은 방법으로 들여쓰기가 되어 있는 문장은 [개요 2]를 지정합니다.

3 개요 수준을 모두 지정했으면 [파일]-[다른 이름으로 저장하기] 메뉴를 선택합니다.

4 [다른 이름으로 저장] 대화상자가 열리면 '파일 이름'에 『문서작성_한글(완성)』을 입력하고 '파일 형식'에서 [한글 문서(97~3.0) (*.hwp)]를 선택한 후 저장합니다.

작성한 문서를 파워포인트로 불러오기

'**방법 1** 워드 활용해 작성하기'와 '**방법 2** 한글 활용해 작성하기'에서 작성한 개요 문서를 파워포인트에 불러오는 방법 은 같습니다. 여기서는 '**방법 1** 워드 활용해 작성하기'로 작성한 워드 문서만 파워포인트로 불러와 보겠습니다.

1 파워포인트 프로그램을 실행하고 1번 슬라이드에서 [삽입] 탭-[슬라이드] 그룹의 [새 슬라이 드]를 클릭하고 [슬라이드 개요]를 선택합니다.

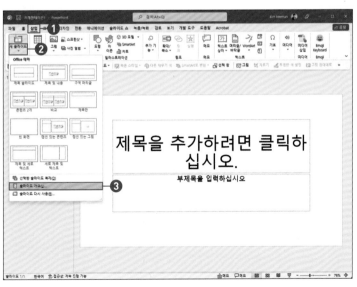

2 [개요 삽입] 대화상자가 열리면 51쪽의 **6** 과정에서 저장한 '문서작성_워드(완성).docx'를 선택하고 [삽입]을 클릭합니다.

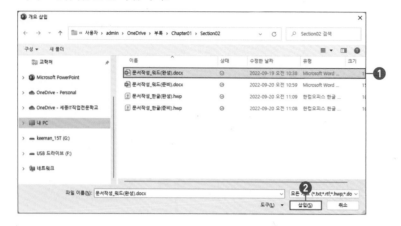

3 '문서작성_워드(완성).docx'가 삽입되면 [슬라이드/개요] 창에서 1번 슬라이드를 마우스 오른쪽 단추로 클릭한 후 [슬라이드 삭제]를 선택합니다.

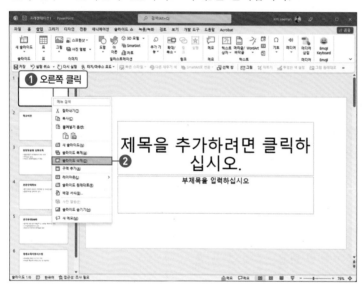

4 1번 슬라이드를 선택한 상태에서 [홈] 탭-[슬라이드] 그룹의 [레이아웃]을 클릭하고 'Office 테마'의 [제목 및 텍스트]를 선택합니다.

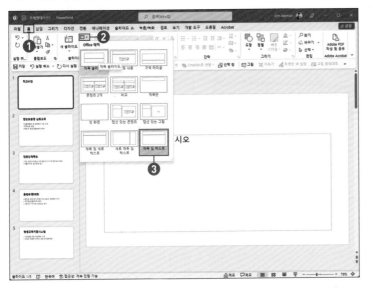

5 [디자인] 탭-[테마] 그룹에서 [자세히] 단추(▼)를 클릭하고 'Office'의 [패싯]을 클릭합니다.

작업 환경 설정

텍스트 입력

색상 선택

글꼴 지정

슬라이드 배치

도형 활용

표와 차트

이미지 찾기

6 [디자인] 탭-[적용] 그룹에서 왼쪽에서 두 번째에 있는 파란색 디자인을 선택하고 [자세히] 단추(▾)를 클릭한 후 [배경 스타일]-[스타일 2]를 클릭합니다.

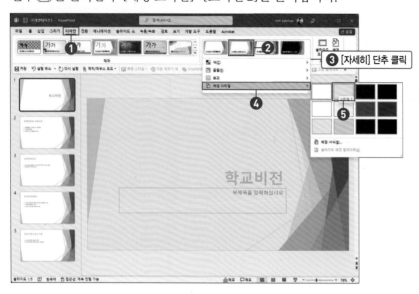

7 상태 표시줄에서 [여러 슬라이드] 단추(▦)를 클릭하고 텍스트와 레이아웃으로 완성된 슬라이드 화면을 확인합니다.

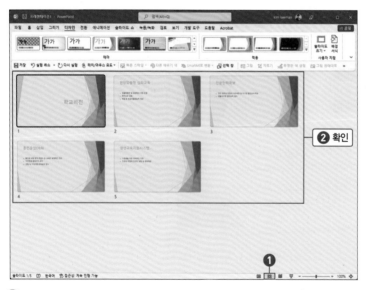

> 💡 **Tip**
> 워드나 한글로 내용을 먼저 정리한 후에 파워포인트 문서를 작성하면 문서 작성 시간을 단축시킬 수 있습니다. 그리고 기본적으로 파워포인트에서 제공하는 테마만 사용해도 완성도 높은 프레젠테이션 문서를 충분히 작성할 수 있어요.

● **실습예제** : 개요(준비).pptx　● **완성예제** : 개요(완성).pptx

현장실무

04 개요 창 이용해 텍스트 입력하기

메모장을 이용해 슬라이드에 텍스트를 입력하면 슬라이드에서 곧바로 텍스트를 수정할 수 있습니다. 하지만 개요 창을 이용하면 작성자가 기획한 내용을 한눈에 보면서 수정할 수 있어서 매우 편리합니다.

1 [보기] 탭-[프레젠테이션 보기] 그룹에서 [개요 보기]를 클릭합니다.

2 화면의 왼쪽에 개요 창이 열리면 2번 슬라이드에서 'Content'의 '학습과목의 특성화' 뒤에서 Enter 를 누릅니다. 새로운 항목이 추가되면 『규정화된 시설관리』를 입력하세요. 개요 창에서 수정한 내용은 슬라이드에 곧바로 반영됩니다.

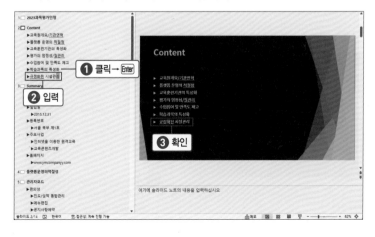

3 개요 창에서 'Content'의 '평가의 엄정성/질관리'에 커서를 올려놓고 Alt + Shift + ↓를 2번 눌러 '규정화된 시설관리'의 위로 항목 위치를 변경합니다.

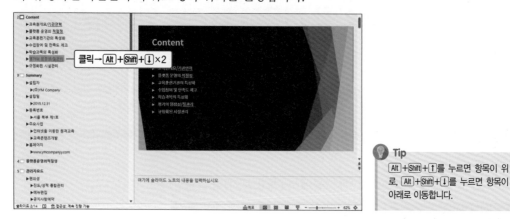

Tip
Alt + Shift + ↑를 누르면 항목이 위로, Alt + Shift + ↓를 누르면 항목이 아래로 이동합니다.

4 개요 창의 3번 슬라이드에서 'Summary'의 '(주)YM Company' 앞에 커서를 올려놓고 ←를 2번 눌러 '설립자' 옆으로 텍스트를 이동한 후 『:』을 입력하여 구분합니다. 이와 같은 방법으로 '설립일' 옆에는 '2015.12.31.'을, '등록번호' 옆에는 '서울 북부 제1호'를, '주요사업' 옆에는 '인터넷을 이용한 원격교육' 텍스트를 이동한 후 『:』을 입력하여 구분하세요.

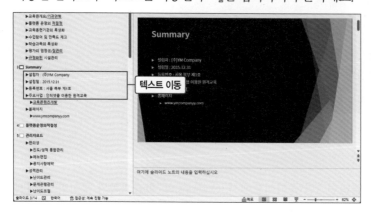

5 'Summary'의 '주요사업'과 '인터넷을 이용한 원격교육'의 중간에 커서를 올려놓고 Enter 와 Tab 을 눌러 텍스트를 이동합니다.

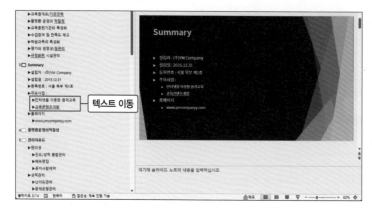

Tip
Tab 을 누르면 하위 단계로, Shift + Tab 을 누르면 상위 단계로 텍스트가 이동합니다.

● **실습예제** : 들여쓰기(준비).pptx   ● **완성예제** : 들여쓰기(완성).pptx

현장실무

05 | 들여쓰기/내어쓰기 이용해 문서 정리하기

문서를 좀 더 보기 좋게 작성하려면 들여쓰기와 내어쓰기를 이용해야 합니다. 이번에는 들여쓰고 내어쓰는 방법을 살펴보면서 텍스트와의 간격을 지정하는 방법까지 알아보겠습니다.

글머리 기호와 텍스트 간의 간격을 조절하고 싶은데 어떤 기능을 사용해야 할지 모르는 경우가 많습니다. 파워포인트에서도 워드처럼 눈금자에서 들여쓰기와 내어쓰기를 지정하고 글머리 기호와 탭 간격을 조절할 수 있습니다. 들여쓰기와 내어쓰기 등의 기능을 사용하려면 '눈금자'를 표시해야 합니다.

1 [보기] 탭-[표시] 그룹에서 [눈금자]에 체크하여 눈금자를 표시합니다.

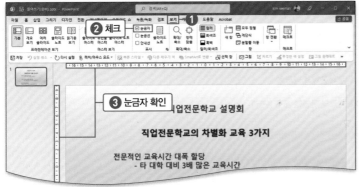

💡 **Tip**
눈금자 표시 단축키는 Alt + Shift + F9 입니다.

2 맨 아래쪽에 있는 텍스트 상자를 선택하고 [홈] 탭-[단락] 그룹에서 [글머리 기호]의 내림 단추(⌄)를 클릭한 후 [속이 찬 둥근 글머리 기호]를 클릭합니다.

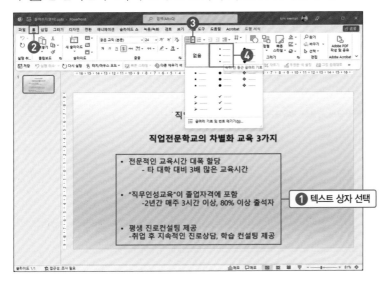

직업 현장 설정 · 텍스트 입력 · 색상 선택 · 글꼴 지정 · 슬라이드 배치 · 도형 활용 · 표와 차트 · 이미지 찾기

3 맨 아래쪽에 있는 텍스트 상자에서 전체 텍스트를 드래그하여 선택하고 눈금자의 □ 모양을 클릭한 후 왼쪽으로 2칸 드래그합니다.

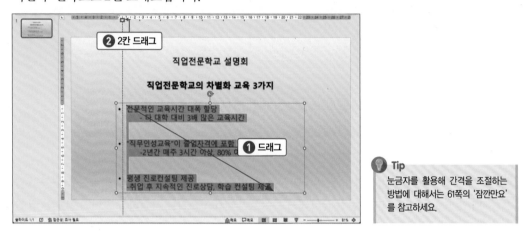

💡 **Tip**

눈금자를 활용해 간격을 조절하는 방법에 대해서는 61쪽의 '잠깐만요'를 참고하세요.

4 맨 아래쪽 텍스트 상자의 전체 텍스트를 선택한 상태에서 눈금자의 아래쪽에 있는 ▮ 모양을 클릭한 후 왼쪽으로 5칸 드래그합니다.

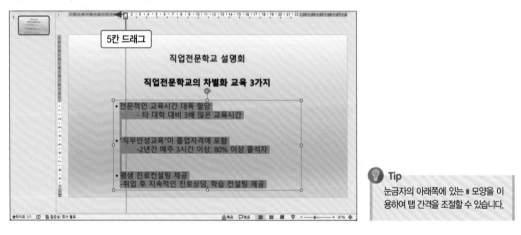

💡 **Tip**

눈금자의 아래쪽에 있는 ▮ 모양을 이용하여 탭 간격을 조절할 수 있습니다.

5 '취업 후~' 텍스트의 맨 앞에 커서를 올려놓고 Tab 을 눌러 들여쓰기합니다.

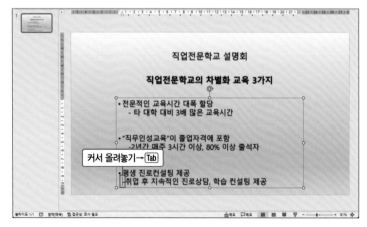

1. ▽, △ 이용하기

'전문적인 교육시간~' 텍스트의 앞에 커서를 올려놓고 위쪽 눈금자에서 ▽ 모양을 클릭하여 △ 모양까지 드래그하면 글머리 기호와 텍스트 간의 간격이 없어지면서 글머리 기호가 오른쪽으로 이동합니다. 이와 같이 눈금자에서 ▽ 모양의 들여쓰기/내어쓰기 조절점은 글머리 기호를 들여쓰기/내어쓰기 하는 역할을 합니다.

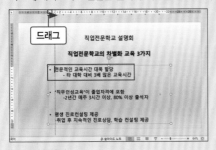

▲ 눈금자 조절 전

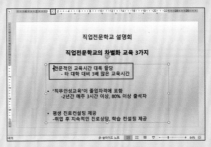

▲ 눈금자 조절 후

2. △, □ 이용하기

'직무 인성교육~' 텍스트의 앞에 커서를 올려놓고 눈금자의 △ 모양에서 □를 클릭한 후 오른쪽으로 드래그합니다. 그러면 글머리 기호와 텍스트의 간격을 그대로 유지한 상태에서 텍스트 전체가 들여쓰기됩니다. 눈금자에서 □ 모양은 텍스트 전체를 들여쓰기/내어쓰기 하는 역할을 합니다.

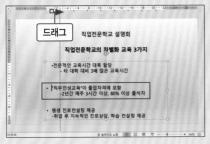

▲ 눈금자 조절 전

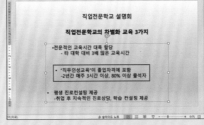

▲ 눈금자 조절 후

3. △, △ 이용하기

'평생 진로컨설팅~' 텍스트의 앞에 커서를 올려놓고 눈금자의 △ 모양에서 △을 클릭한 후 왼쪽으로 드래그합니다. 그러면 글머리 기호는 제자리에 있는 상태에서 텍스트만 왼쪽으로 이동하여 글머리 기호와 텍스트 간의 간격이 조절됩니다. 눈금자의 △ 모양은 텍스트만 들여쓰기/내어쓰기 하는 역할을 합니다.

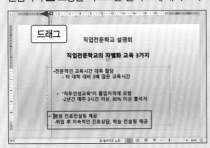

▲ 눈금자 조절 전

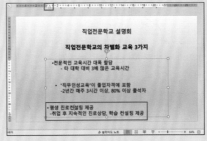

▲ 눈금자 조절 후

필수기능
06 | 텍스트 입력에 필요한 필수 단축키 익히기

다음은 텍스트의 서식을 좀 더 빨리 지정할 수 있는 단축키입니다. 단축키를 활용하면 문서 작업 시간을 크게 단축시킬 수 있으므로 잘 활용해 보세요.

단축키	기능	비고
Ctrl + E	가운데 맞춤	
Ctrl + R	오른쪽 맞춤	
Ctrl + L	왼쪽 맞춤	
Ctrl + J	양쪽 맞춤	
Ctrl + Shift + > Ctrl +]	글자 크기 크게	
Ctrl + Shift + < Ctrl + [	글자 크기 작게	
Ctrl + T Ctrl + Shift + F	글꼴 변경	[글꼴] 대화상자 열기
Ctrl + B	굵게	
Ctrl + I	이탤릭체	토글 기능*
Ctrl + U	밑줄	
Shift + F3	영어 대소문자 변환	영어 전체 대문자 → 전체 소문자 → 첫 글자 대문자 순서로 변경
Ctrl + Alt + Shift + > Ctrl + Shift + +	위첨자	계속 누르면 위첨자의 위치 변경
Ctrl + Alt + Shift + < Ctrl + +	아래첨자	계속 누르면 아래첨자의 위치 변경
Ctrl + Alt + Shift + Z	위첨자, 아래첨자 원래대로	
Ctrl + K	하이퍼링크 삽입	

* 토글(toggle)은 한 번 누르면 서식이 적용되고, 다시 한 번 더 누르면 서식이 해제되는 기능을 말합니다.

● **실습예제** : 글꼴변경(준비).pptx   ● **완성예제** : 글꼴변경(완성).pptx

현장실무

07 슬라이드의 글꼴 한 번에 바꾸기

슬라이드의 글꼴을 한 번에 바꾸는 방법은 간단하지만, 이 기능을 잘 모르는 사용자가 많습니다. 만약 이 기능을 잘 알지 못하면 각 슬라이드마다 일일이 글꼴을 바꿔야 해서 매우 불편합니다.

회사 업무 때문에 수백 장 분량의 프레젠테이션 문서를 제작할 때 전체 페이지의 글꼴을 모두 바꾸어야 하는 경우가 있습니다. 슬라이드의 텍스트 상자와 도형에 들어간 글자는 한 번에 드래그 해서 선택한 후 수정할 수 있지만, 표 안의 텍스트는 이렇게 수정하기 어려워서 하나하나 고쳐야 합니다. 하지만 다음의 과정을 통해 이 문제를 간단하게 해결할 수 있습니다.

1 1번 슬라이드에서 '제목을 입력하세요'에 커서를 올려놓고 [홈] 탭-[글꼴] 그룹에서 [글꼴]을 살펴보면 [배달의민족 한나는 열한살] 글꼴이 표시됩니다.

💡 **Tip**

'배달의민족 한나는 열한살' 글꼴은 'https://www.woowahan.com/fonts'에서 다운로드할 수 있습니다. 여기서 필자가 지정한 글자 크기는 80pt입니다.

2 이와 같은 방법으로 6번 슬라이드를 선택하고 제목에 커서를 올려놓은 후 글꼴을 살펴보면 [배달의민족 주아] 글꼴이 표시됩니다.

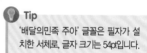

> **Tip**
> '배달의민족 주아' 글꼴은 필자가 설치한 서체로, 글자 크기는 54p입니다.

3 1번 슬라이드를 선택하고 [홈] 탭-[편집] 그룹에서 [바꾸기]의 내림 단추(▾)를 클릭한 후 [글꼴 바꾸기]를 선택합니다.

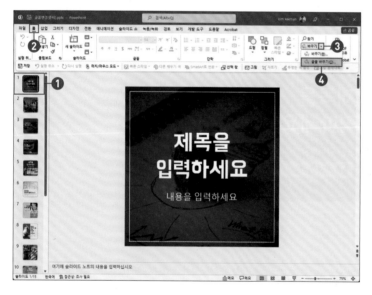

4 [글꼴 바꾸기] 대화상자가 열리면 '현재 글꼴'에서는 [배달의민족 주아]를, '새 글꼴'에서는 [맑은 고딕]을 선택하고 [바꾸기]와 [닫기]를 차례대로 클릭합니다.

5 이와 같은 방법으로 [배달의민족 한나는 열한살]을 [맑은 고딕]으로 바꾸고 [닫기]를 클릭합니다.

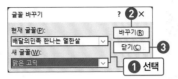

6 1번 슬라이드의 제목 서체가 [맑은 고딕]으로 바뀌었는지 확인합니다.

7 6번 슬라이드를 선택하고 제목 서체가 [맑은 고딕]으로 바뀌었는지 확인합니다.

💡 **Tip**

1번 슬라이드와 6번 슬라이드뿐만 아니라 이 프레젠테이션 문서에서 작성한 모든 [배달의민족 주아]와 [배달의민족 한나는 열한살] 글꼴을 [맑은 고딕]으로 바꾸었습니다.

작업 환경 설정

텍스트 입력

색상 선택

글꼴 지정

슬라이드 배치

도형 활용

표와 차트

이미지 찾기

집중도를 높이는
디자인 노하우
알아보기

03

컬러만 잘 선택해도
디자인 고민 끝!

필수기능

01 | 색의 기초 지식 이해하기

디자인 전공자나 현업 디자이너가 아닌 대부분의 사람은 색을 이해하고 조합하는 데 어려움을 겪습니다. 그렇지만 초중학교 미술 시간에 배웠던 미술 이론을 떠올려보면 색 조합에 대해 어렴풋이 기억나는 내용이 있을 것입니다. 이번에는 색 조합과 관련된 가장 기초적인 내용을 살펴보겠습니다.

- **유사 색상** : 색상환에서 서로 근접한 거리에 있는 색상 간의 관계. 5R을 기준으로 5RP, 5YR은 유사 색상입니다.
- **대조 색상** : 색상환에서 서로 먼 거리에 있는 색상 간의 관계. 5R을 기준으로 5G, 5B는 대조 색상입니다.
- **보색 색상** : 색상환에서 서로 180도 반대쪽에 있는 색상 간의 관계. 5R을 기준으로 5BG는 보색 색상입니다.

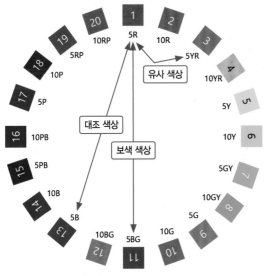

▲ 먼셀(Albert Henry Munsell)의 20색상환

일반적으로 프레젠테이션 문서나 디자인 작업물을 제작하기 전에 색채 계획을 세웁니다. 이때 일관성 있는 느낌으로 디자인하려면 세 가지 이내의 색상을 사용하는 것을 추천합니다. 불가피하게 세 가지 이상의 색상을 사용할 경우에는 주된 색상의 유사색을 사용해야 합니다. 파워포인트에서는 친절하게 색 상환표와 유사한 색 상자를 지원하므로 어울리는 색상을 편리하게 선택할 수 있습니다.

▲ 색상표를 선택할 수 있는 [색] 대화상자

다음의 색 상자에서 보는 것처럼 하나의 색 주변에는 유사색이, 반대쪽에는 대조색이나 보색이 위치합니다. 유사색을 사용하면 조화롭게 잘 어우러지도록 배색할 수 있고, 대조색이나 보색을 사용하면 포인트 색상을 강조해 임팩트 있게 디자인할 수 있습니다.

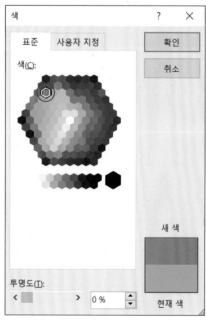

▲ 유사색

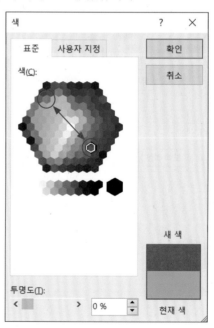

▲ 대조색

필수기능
02 | 테마 색과 색 조합 이용해 쉽게 색상 선택하기

파워포인트는 색과 관련된 두 가지 시스템을 제공합니다. 모든 색을 자유롭게 사용할 수 있는 '표준 색' 시스템과 서로 어울리는 색이 미리 만들어져 있는 '테마 색' 시스템입니다. '표준 색'은 색상 팔레트에서 색을 자유롭게 선택할 수 있지만, 경우의 수가 많으므로 미리 색채 계획을 세우고 디자인해야 합니다. 반면 '테마 색'은 특정 기준에 따라 색 조합이 이미 정해져 있으므로 색에 대한 지식이 없어도 보기 좋게 디자인할 수 있습니다.

방법1 테마 색 활용하기

다음은 파워포인트에서 제공하는 '테마 색' 목록입니다.

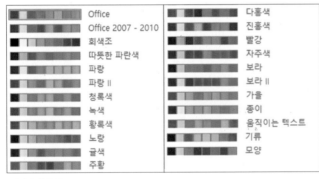

▲ '테마 색' 목록

테마 색은 리본 메뉴의 [디자인] 탭에서 설정할 수 있습니다. [디자인] 탭-[적용] 그룹에서 [자세히] 단추(▼)를 클릭하고 [색]을 선택하면 '테마 색' 목록이 표시됩니다. '테마 색' 목록에서 작업 분위기와 가장 가까운 테마를 선택하세요.

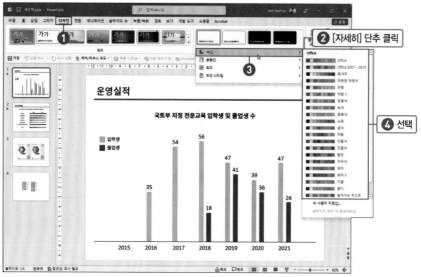

▲ '테마 색' 목록에서 작업 분위기에 맞는 테마를 선택할 수 있다.

[도형 서식] 창은 파워포인트로 작업할 때 가장 많이 볼 수 있는 작업 창으로, 도형을 그린 후 색을 채울 때 사용합니다. 도형을 마우스 오른쪽 단추로 클릭하고 [도형 서식]을 선택하면 화면의 오른쪽에 [도형 서식] 창이 열립니다. [도형 옵션]-[채우기 및 선]의 [채우기]에서 '색'의 단추를 클릭하면 다양한 색이 들어있는 색상 목록이 나타나는데, 여기서 '표준 색'과 '테마 색'을 볼 수 있습니다. 아래의 그림에 나타난 테마 색은 가장 기본적인 'Office' 테마입니다.

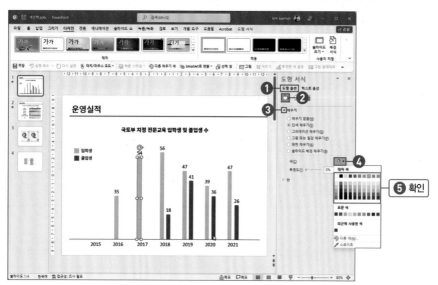

▲ [도형 서식] 창의 '색' 단추에 표시된 'Office' 테마

'테마 색' 팔레트는 선택한 테마 종류에 따라 유동적으로 바뀝니다. 예를 들어 '따뜻한 파란색' 테마 색을 선택하면 색상 팔레트가 해당 테마와 관련된 색으로 바뀝니다. 참고로 '표준 색' 영역은 테마 색을 변경해도 바뀌지 않습니다.

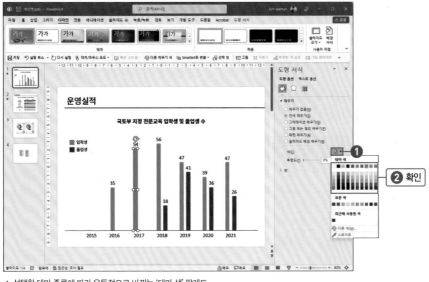

▲ 선택한 테마 종류에 따라 유동적으로 바뀌는 '테마 색' 팔레트

다음은 하나의 슬라이드에 서로 다른 테마를 적용한 결과입니다. 슬라이드의 형태와 레이아웃은 같지만, 테마 색에 따라 분위기가 완전히 달라집니다.

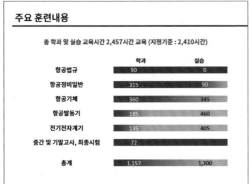

▲ 'Office' 테마를 적용한 슬라이드

▲ '녹색' 테마를 적용한 슬라이드

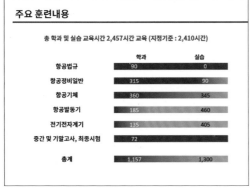

▲ '가을' 테마를 적용한 슬라이드

▲ '기류' 테마를 적용한 슬라이드

73

특정 색 조합을 활용해 원하는 분위기를 표현할 수 있습니다. 그리고 색상과 함께 제시되는 16진수 색상 코드표를 활용해서 색 조합을 연출할 수 있습니다.

1 16진수 색상 코드를 사용하려면 색 조합을 지정하려는 도형을 마우스 오른쪽 단추로 클릭하고 [채우기]-[다른 채우기 색]을 선택합니다.

2 [색] 대화상자가 열리면 [사용자 지정] 탭에서 '육각'에 16진수 색상 코드를 입력하고 [확인]을 클릭합니다.

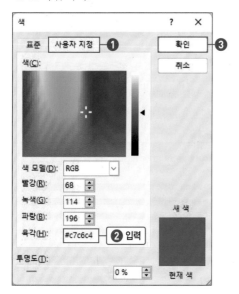

3 이와 같은 방법으로 서로 다른 분위기의 슬라이드를 연출할 수 있습니다. 아래의 색 조합을 살펴보고 원하는 색상 코드를 입력해 보세요.

▲ 모던한 분위기를 연출한 슬라이드

▲ 감성적인 분위기를 연출한 슬라이드

▲ 친환경 분위기를 연출한 슬라이드

▲ 귀엽고 상큼한 분위기를 연출한 슬라이드

▲ 봄 분위기를 연출한 슬라이드

▲ 여름 분위기를 연출한 슬라이드

▲ 가을 분위기를 연출한 슬라이드

▲ 겨울 분위기를 연출한 슬라이드

작업 환경 설정

텍스트 입력

색상 선택

글꼴 지정

슬라이드 배치

도형 활용

표와 차트

이미지 찾기

◉ 실습예제 : 제안서색상(준비).pptx ◉ 완성예제 : 제안서색상(완성).pptx

현장실무

03 | 홈페이지에서 원하는 색상 추출하기

프레젠테이션 문서나 제안서를 작성할 때 상대방의 회사에 익숙한 색상을 선택하는 것은 상대방에 대한 배려
이자, 자신이 작성한 제안서를 상대방에게 더욱 친절하고 강력하게 어필할 수 있는 방법입니다.

회사 홈페이지에는 대부분 그 회사가 지향하는 컬러, 즉 CI(Corporate Identity)라는 회사만의 아이
덴티티가 포함되어 있습니다. 따라서 홈페이지에서 자주 사용된 색상을 추출한다면 제안서를 작
성할 때 쉽게 색상을 선택할 수 있습니다.

1 크롬 웹 브라우저를 열고 주소 표시줄에 'chrome.google.com/webstore'를 입력해 chrome 웹 스
토어에 접속합니다. 검색 창에 『Site Palette』를 입력하여 검색하고 [Chrome에 추가]를 클릭하세요.

2 색상을 추출할 'www.visitkorea.or.kr'에 접속해 한국관광공사 홈페이지를 살펴봅니다. 주소
표시줄의 오른쪽에 있는 [확장 프로그램] 단추(🧩)를 클릭하고 '전체 액세스'의 [Site Palette]를
선택하세요.

3 'Site Palette'의 색 추출 결과를 확인하고 Alt + PrtScr 을 눌러 현재 화면을 캡처합니다.

💡 **Tip**

PrtScr 을 누르면 전체 화면을, Alt + PrtScr 을 누르면 현재 열려있는 화면이나 창을 캡처할 수 있습니다. 이렇게 캡처한 화면은 그림판이나 그래픽 프로그램을 열고 Ctrl + V 를 누르면 붙여넣을 수 있습니다.

4 '제안서색상(준비).pptx'를 열고 1번 슬라이드에서 Ctrl + V 를 눌러 캡처한 화면을 붙여넣은 후 크기와 위치를 보기 좋게 조절합니다.

5 슬라이드에서 Shift를 이용해 왼쪽의 노란색 도형을 모두 선택합니다. [홈] 탭-[그리기] 그룹에서 [도형 채우기]의 내림 단추(⌄)를 클릭하고 [스포이트]를 선택하세요.

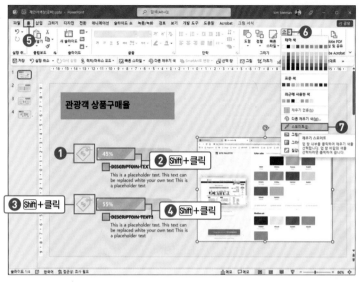

💡 **Tip**

노란색 도형을 선택할 때 연한 노란색 도형 안의 텍스트 상자를 선택하지 않도록 주의하세요.

6 커서가 스포이트 모양(⟋)으로 바뀌면 붙여넣기한 색상표에서 원하는 색을 클릭합니다.

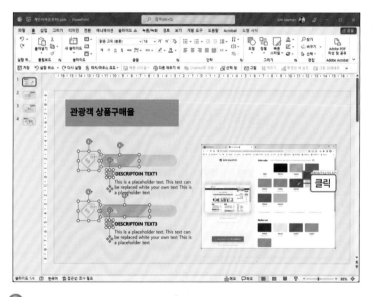

💡 **Tip**

스포이트 기능을 지원하지 않는 파워포인트 2007과 파워포인트 2010에서는 무료 색상 추출 프로그램인 color cop(http://colorcop.net)을 이용해 색을 추출할 수 있습니다.

7 선택한 도형에 원하는 색이 채워지면서 변경되었으면 캡처한 화면을 삭제하세요.

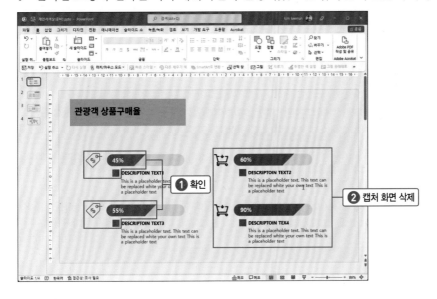

8 이와 같은 방법으로 2번 슬라이드부터 4번 슬라이드의 색을 다음의 그림과 같이 변경합니다.

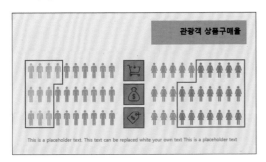

▲ 2번 슬라이드

▲ 3번 슬라이드

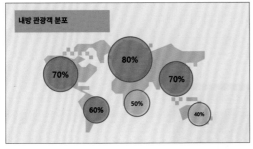

▲ 4번 슬라이드

작업 환경 설정

텍스트 입력

색상 선택

글꼴 지정

슬라이드 배치

도형 활용

표와 차트

이미지 찾기

◉ **실습예제** : 아이콘디자인(준비).pptx   ◉ **완성예제** : 아이콘디자인(완성).pptx

현장실무

04

아이콘 삽입하고
아이콘과 색상 맞추어 디자인하기

슬라이드를 작성할 때 색상을 선택하기 어렵다면 아이콘에 사용한 색상을 선택해서 디자인해 문서의 가독성을 높일 수 있습니다.

1 웹 브라우저에서 'http://images.google.co.kr' 사이트에 접속한 후 검색 상자에 『카카오』를 입력하고 Enter 를 누릅니다.

2 카카오 아이콘이 표시되면 캡처할 아이콘을 선택하여 클릭합니다.

3 '아이콘디자인(준비).pptx'를 열고 [삽입] 탭-[이미지] 그룹에서 [스크린샷]을 클릭한 후 [화면 캡처]를 선택합니다.

4 구글 이미지 화면이 흐려지면서 캡처할 수 있는 상태로 바뀌면 선택한 이미지를 드래그하여 화면을 캡처합니다.

작업 환경 설정

텍스트 입력

색상 선택

글꼴 지정

슬라이드 배치

도형 활용

표와 차트

이미지 찾기

5 [그림 서식] 탭-[크기] 그룹에서 [자르기]를 클릭한 후 [자르기]를 선택합니다. 그림에 크기 조절점이 표시되면 위쪽 크기 조절점을 아래쪽으로 드래그하여 스크린샷에 포함된 필요 없는 아이콘을 지웁니다.

6 슬라이드의 배경을 마우스 오른쪽 단추로 클릭하고 [배경 서식]을 선택합니다. 화면의 오른쪽에 [배경 서식] 창이 열리면 [채우기]에서 [단색 채우기]를 선택하고 '색'의 단추를 클릭한 후 [스포이트]를 선택합니다. 마우스 포인터가 스포이트 모양(🖊)으로 변경되면 카카오 아이콘에서 노란색 부분을 클릭합니다.

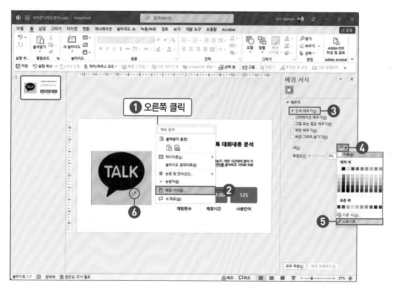

7 Shift를 이용해 둥근 모서리 도형을 차례대로 클릭하여 모두 선택하고 [홈] 탭-[그리기] 그룹에서 [도형 채우기]의 내림 단추(▾)를 클릭한 후 [스포이트]를 선택합니다.

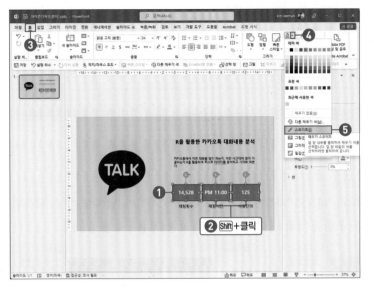

8 마우스 포인터가 스포이트 모양(🖋)으로 변경되면 삽입된 카카오 아이콘에서 검은색 부분을 클릭하여 색상을 변경합니다.

필수기능
05 | 디자인에 필요한 컬러 배색 사이트 살펴보기

색상에 대한 감각을 높일 수 있는 컬러 배색 사이트를 소개합니다. 배색 사이트를 통해 컬러를 조합하고 추출해 사용해 보면서 슬라이드의 완성도를 높여보세요.

1 Color Hunt – https://colorhunt.co
'Color Hunt' 사이트에서는 빈티지, 레트로, 따뜻함, 추움 등과 같이 계절별, 날씨별, 기호 식품별로 다양한 분위기에 어울리는 색 조합을 컬러 팔레트의 형태로 보여줍니다.

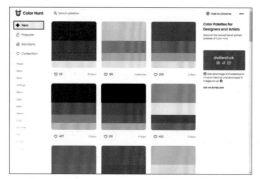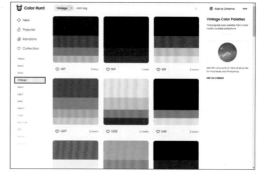

▲ 다양한 색상 팔레트에서 빈티지 분위기의 팔레트를 선택할 수 있다.

2 2Colors – https://2colors.colorion.co
'2Colors' 사이트에서는 가장 눈에 잘 띄는 두 가지 색상 조합을 추천해 주므로 심플한 색 조합을 찾는 경우에 매우 유용합니다.

▲ 심플한 색 조합을 찾을 때 유용하다.

3 Color Palette Generator – https://www.canva.com/colors/color-palette-generator

'Color Palette Generator' 사이트에서는 자신이 가지고 있는 이미지를 업로드하기만 하면 이미지와 관련된 네 가지 색상을 자동으로 추출해 줍니다. 이렇게 추출한 16진수 색상 코드는 [색] 대화상자의 [사용자 지정] 탭에 추가해서 사용할 수 있습니다.

▲ 이미지를 업로드하면 이미지와 관련된 네 가지 색상이 자동으로 추출된다.

 잠깐만요 :: 디자인 사이트 참고하기

디자인이 어렵게 느껴진다면 다음 사이트를 참고해 조합해 보세요.

① Behance(www.behance.net)
어도비에서 서비스하는 창작자 플랫폼으로, 퀄리티 높은 작업물이 많이 올라옵니다.

② 핀터레스트(pinterest.co.kr)
사용자가 이미지를 포스팅하고 다른 사용자와 공유하는 소셜 네트워크 서비스입니다. 파워포인트 디자인을 비롯한 다양한 카드뉴스 디자인이 업로드되어 있습니다.

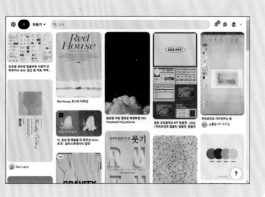

정확한 글꼴 지정해
전달력 향상시키기

● 실습예제 : 레딩(준비).pptx ● 완성예제 : 레딩(완성).pptx

필수기능

01 | 줄 간격 조절해 가독성 높이기

줄과 줄 사이의 간격을 행간 또는 '레딩(leading, 베이스라인에서 베이스라인까지의 높이)'이라고 합니다. '레딩'이라는 용어는 금속 활자에서 글줄 사이를 띄우기 위해 납(lead)으로 된 긴 막대를 추가했던 것에서 유래되었습니다.

높이를 기준으로 아래쪽에는 '베이스라인(baseline)', 위쪽으로는 '민라인(mean line)'이라는 기준선이 있고, 위아래 기준선의 바깥쪽에 돌출된 부분을 '익스텐더(extender)'라고 합니다. 이때 익스텐더는 아래쪽 돌출 부분인 '어센더(ascender)'와 위쪽 돌출 부분인 '디센더(descender)'를 포함합니다. 양쪽 익스텐더의 돌출된 면적을 시각적인 높이로 추정하면 글자 크기가 10pt일 때 글줄 사이는 12pt 정도라는 것을 알 수 있습니다.

레딩을 지정할 때 정해진 공식은 없지만, 글꼴의 120% 정도로 설정하면 가독성이 좋습니다. 즉 글꼴이 10pt이면 레딩은 12pt 정도가 적합합니다. 단, 슬라이드의 크기와 여백의 정도, 전반적인 구성 등에 따라 레딩 값은 달라질 수 있습니다.

1 레딩을 지정하여 줄 간격을 비교하기 위해 2번 슬라이드에서 'KSTC 비전 2025' 아래의 텍스트 상자를 선택합니다. [홈] 탭-[단락] 그룹에서 [줄 간격]을 클릭하고 [줄 간격 옵션]을 선택하세요.

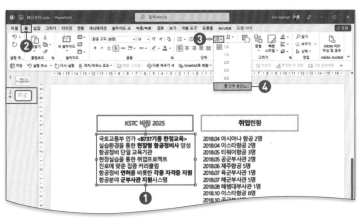

2 [단락] 대화상자가 열리면 [들여쓰기 및 간격] 탭을 선택하고 '간격'의 '줄 간격'에서 [배수]를 선택합니다. '값'에『1.2』를 입력하고 [확인]을 클릭하세요.

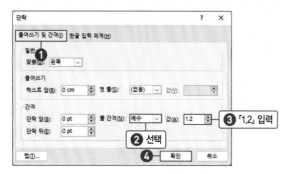

3 이번에는 '취업현황' 아래의 텍스트 상자를 선택합니다. [홈] 탭-[단락] 그룹에서 [줄 간격]을 클릭하고 [1.5]를 선택하여 줄 간격을 비교해 보세요.

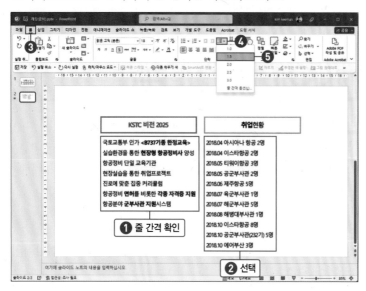

필수기능

02 | 디자인에 어울리는 적절한 글꼴 선택하기

작업 환경 설정

텍스트 입력

색상 선택

글꼴 지정

슬라이드 배치

도형 활용

표와 차트

이미지 찾기

글꼴은 디자인적인 요소에서 매우 큰 부분을 차지합니다. 어떤 글꼴을 사용하느냐에 따라 디자인 분위기가 많이 바뀝니다. 슬라이드에 어울리는 글꼴을 선택하기 전에 글꼴의 종류에 대해 알아보겠습니다.

1 Serif의 유무 고려하기

글꼴은 세리프의 유무에 따라 '세리프(Serif)체'와 '산세리프(Sans-Serif)체'로 구분됩니다.

Serif

Serif의 사전적 의미는 '가는 장식 선'이라는 뜻입니다. 다음의 그림을 보면 글자에 장식을 한 것처럼 빨간 부분이 나와있는데, 이렇게 글꼴에 장식을 한 글꼴을 '세리프(Serif)체'라고 합니다. 한글 글꼴 중 대표적인 세리프체는 명조체입니다. 세리프체는 주로 '보수적인', '전통적인', '우아한', '경험이 많은' 느낌을 전달하므로 인쇄용 디자인이나 감성적인 느낌을 살리는 경우에 사용합니다.

Sans-Serif

Sans는 프랑스어로 '없다'라는 뜻입니다. 따라서 Sans-Serif는 'Serif가 없다'라는 뜻으로, 90쪽의 그림처럼 장식이 없는 글꼴을 '산세리프(Sans-Serif)체'라고 합니다. 한글 글꼴 중 대표적인 산세리프체는 고딕체입니다. 산세리프체는 주로 '미니멀한', '모던한', '도시적인', '간결한', '젊은' 느낌을 전달하고 세리프체보다 가독성이 좋아서 슬라이드와 광고 타이틀 등 메시지를 효과적으로 전달할 때 사용합니다.

파워포인트

2 글꼴의 저장 형식 구분하기

글꼴은 저장 형식에 따라 TTF와 OTF로 구분합니다.

TTF(True Type Font)

트루타입 폰트인 TTF는 1980년대에 마이크로소프트(Microsoft)와 애플(Apple)이 어도비(Adobe)에 대항하기 위해 만든 글꼴 저장 형식으로, 거의 모든 응용 소프트웨어에 사용할 수 있고 OTF보다 속도가 빠른 편입니다. TTF 글꼴은 글꼴을 포함하여 쉽게 저장할 수 있습니다. 다만 글꼴 속성에서 '글꼴 포함 가능성'을 [제한됨]으로 설정하면 글꼴을 포함해서 저장하지 않으므로 주의해야합니다.

▲ 글꼴을 포함해서 저장할 수 있는 경우

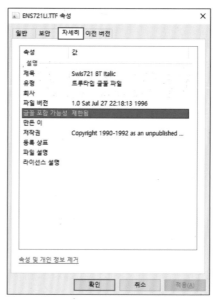

▲ 글꼴을 포함해서 저장할 수 없는 경우

OTF(Open Type Font)

오픈 타입 폰트인 OTF는 1996년 마이크로소프트와 어도비가 합작하여 개발한 글꼴 저장 형식으로, 국제표준화기구인 ISO의 표준화 승인을 받았습니다. TTF(True Type Font)보다 속도가 느리지만, 훨씬 섬세하게 작업할 수 있습니다. 파워포인트에서 OTF 글꼴을 포함해서 저장하려면 [파일] 탭-[옵션]을 선택하여 [PowerPoint 옵션] 창을 열고 [저장] 범주에서 [파일의 글꼴 포함]에 체크한 후 [모든 문자 포함(다른 사람이 편집할 경우 선택)]을 선택해야 합니다.

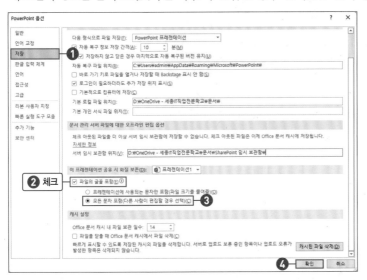

> **Tip**
> [파일의 글꼴 포함]에 체크하면 트루타입 및 오픈타입 글꼴만 저장됩니다. 그리고 상용 글꼴은 글꼴 제작 회사에서 정한 정책에 따라 글꼴이 포함되어 저장되지 않을 수 있습니다.

3 무료 글꼴과 유료 글꼴 선택하기

프레젠테이션 문서를 작성할 때 다양한 글꼴을 사용하는 경우가 많습니다. 파워포인트에서 기본적으로 제공하는 글꼴을 많이 사용하지만, 인터넷에서 무료로 제공하는 글꼴을 이용하면 슬라이드 디자인이 보다 풍부해집니다. 유료 글꼴을 구입하여 글꼴 선택의 폭을 더욱 넓히는 것도 좋은 방법입니다.

무료 글꼴

윈도우를 설치하면 91개의 기본 글꼴이 설치되지만, 한글 글꼴은 매우 제한적입니다. 그래서 최근에는 기업체, 지자체, 폰트 개발 회사 등에서 제작 및 배포하는 무료 글꼴을 많이 사용합니다.

92쪽의 그림에서 '맑은고딕', '돋움체', '바탕체', '굴림체'는 윈도우의 기본 글꼴입니다. 네이버에서는 '나눔폰트(나눔명조, 나눔고딕 등)'를, 배달의민족에서는 '배달의민족체(주아체, 도현체, 한나는 열한살체 등)'를 제작해서 배포하고 있습니다. 그리고 한국저작권위원회에서는 저작권 걱정 없이 자유롭게 사용할 수 있는 글꼴을 별도로 공유하고 있습니다.

작업 환경 설정

텍스트 입력

색상 선택

글꼴 지정

슬라이드 배치

도형 활용

표와 차트

이미지 찾기

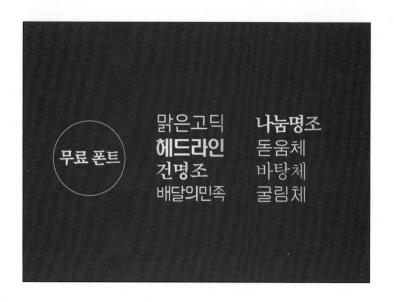

유료 글꼴

최근에는 한글 무료 글꼴이 많아졌지만, 퀄리티가 뛰어난 콘텐츠를 만들고 싶다면 유료 글꼴을
구매하는 것도 좋은 방법입니다. 대표적인 국내 유료 글꼴 회사는 윤고딕체로 유명한 ㈜윤디자인
그룹과 산돌구름체로 유명한 ㈜산돌이 있습니다. 각 회사별로 월간 및 연간 플랜(plan)으로 구독
하여 유료 글꼴을 사용할 수 있습니다.

잠깐만요 :: 무료 글꼴 & 유료 글꼴 비교하기

SNS디자인

파워포인트로 완성하는
SNS디자인

SNS디자인

파워포인트로 완성하는
SNS디자인

▲ 유료 글꼴
• **제목** : 산돌 격동고딕체
• **소제목** : 산돌 공병각펜체

▲ 무료 글꼴
• **제목** : 배달의민족 주아체
• **소제목** : tvN 즐거운 이야기체

Tip
이 책에서는 무료 글꼴을 사용해서 설명합니다.

작업 환경 설정

텍스트 입력

색상 선택

글꼴 지정

슬라이드 배치

도형 활용

표와 차트

이미지 찾기

93

현장실무

03 | 저작권 걱정 없는 무료 글꼴 알아보기

저작권 걱정 없이 사용할 수 있는 글꼴을 제공하는 사이트에 대해 알아보겠습니다. 여기서 다운로드한 글꼴은 상업적으로도 이용할 수 있습니다.

1 한국저작권위원회 공유마당 – https://gongu.copyright.or.kr

한국저작권위원회 공유마당에서는 CCL 저작물, 공공 저작물, 만료 저작물, 기증 저작물 등을 제공합니다. 그리고 이 중에서 저작권 걱정 없이 사용할 수 있는 무료 글꼴 200여 종을 제공합니다.

1 '한국저작권위원회 공유마당' 사이트에 접속한 후 오른쪽 위에 있는 [안심 글꼴파일 서비스]를 클릭합니다.

2 '안심 글꼴파일 서비스' 화면에서 [안심글꼴 한번에 내려받기]를 클릭합니다.

3 다운로드한 파일의 압축을 해제하고 '안심글꼴_폰트폴더파일에붙여넣기' 폴더로 이동한 후 모든 글꼴을 선택(Ctrl+A)합니다.

💡 **Tip**

다운로드한 파일의 압축을 해제하면 '안심글꼴(200종)\안심글꼴_폰트폴더에파일붙여넣기' 폴더가 자동으로 생성됩니다.

작업 환경 설정

텍스트 입력

색상 선택

글꼴 지정

슬라이드 배치

도형 활용

표의 차트

이미지 찾기

4 선택 영역을 마우스 오른쪽 단추로 클릭하고 [설치]를 선택하여 글꼴을 설치합니다.

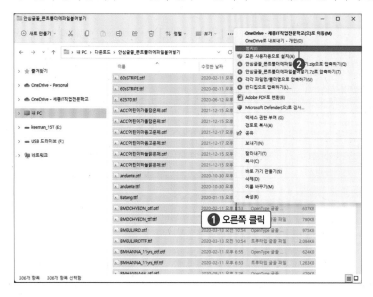

2 눈누 – https://noonnu.cc

'눈누'에서는 상업적으로 이용해도 저작권 문제가 없는 글꼴을 모아 다운로드할 수 있는 주소를
제공합니다. 여기서는 기업 서체나 개인 디자이너가 무료로 공개한 글꼴 등 상업적인 한글 글꼴
을 제공하는데, 사용을 허용하는 범위에 따라 인쇄, 웹 사이트, 영상, 포장지, 임베딩(embedding)
등으로 필터링할 수 있습니다.

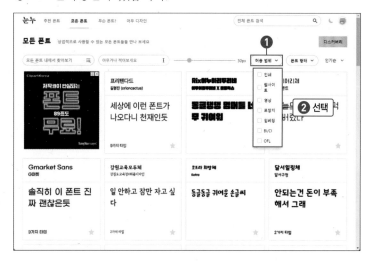

또한 글꼴 형태별로도 필터링할 수 있어요.

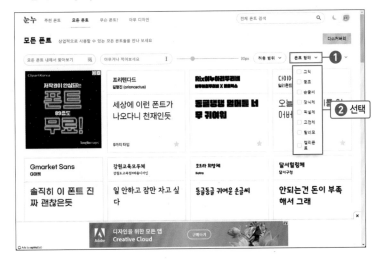

텍스트를 입력해 보세요. 각 글꼴의 미리 보기 기능도 제공합니다.

작업 환경 설정

텍스트 입력

색상 선택

글꼴 지정

슬라이드 배치

도형 활용

표와 차트

이미지 찾기

필자의 경우에는 유료 글꼴과 형태가 비슷한 '이사만루체', '본고딕체(Noto Sans)', '더페이스샵 잉크립퀴드체'를 자주 사용합니다.

▲ 이사만루체

▲ 본고딕체(Noto Sans)

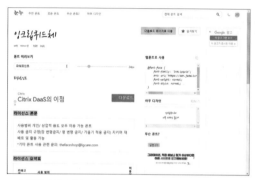

▲ 더페이스샵 잉크립퀴드체

● **실습예제** : 정보폰트(준비).pptx   ● **완성예제** : 정보폰트(완성).pptx

현장실무
04 | 텍스트만으로 효과적인 메시지 표현하기

여러 줄의 텍스트보다 하나의 이미지를 사용하여 프레젠테이션 문서를 작성하는 것이 더 인상적일 수 있습니다. 그리고 텍스트만으로도 청중들에게 효과적으로 메시지를 전달할 수 있습니다.

필자는 이미지보다 아이콘과 텍스트 위주로 프레젠테이션을 디자인합니다. 때로는 글꼴을 문자가 아닌 그림으로 보고 글꼴 자체의 느낌을 청중들에게 전달하는 것이 더 효과적입니다.

최근에는 단순히 텍스트로 내용을 전달하는 데 그치지 않고 글꼴 자체를 그래픽처럼 활용하는 슬라이드 디자인이 많이 등장했습니다. 한글 글꼴은 영문 글꼴처럼 다양하지는 않지만, 캘리그래피 등 손글씨를 사용하여 표현하는 경우도 늘어나고 있습니다.

1 1번 슬라이드에서 [홈] 탭-[슬라이드] 그룹의 [레이아웃]을 클릭하고 'Office 테마'의 [제목 슬라이드]를 선택합니다.

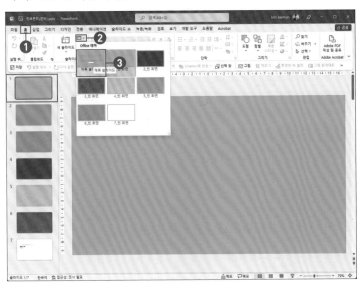

2 '제목'에는『DESIGN』을, '부제목'에는『trends』를, '텍스트'에는『UI/UX』를 입력합니다.

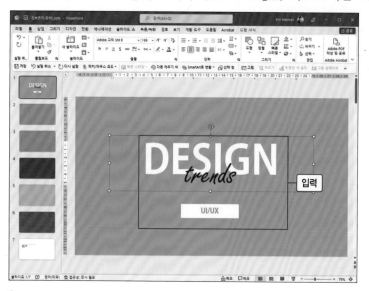

💡 **Tip**

실습예제 파일에는 'Adobe 고딕 Std B'와 'Freestyle Script' 폰트가 내장되어 있으며, 쉽게 실습할 수 있게 제목 슬라이드 레이아웃을 수정했습니다.

3 2번 슬라이드를 선택하고 [홈] 탭-[그리기] 그룹에서 [도형]을 클릭한 후 '기본 도형'의 [텍스트 상자](▣)를 클릭하고 슬라이드에『1』을 입력합니다.

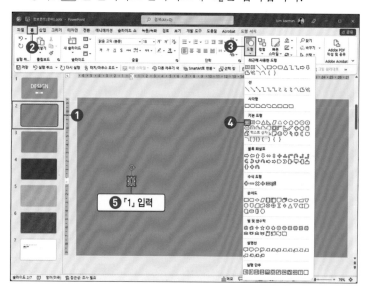

4 이와 같은 방법으로『음성입력』,『Voice input』을 차례대로 입력합니다.

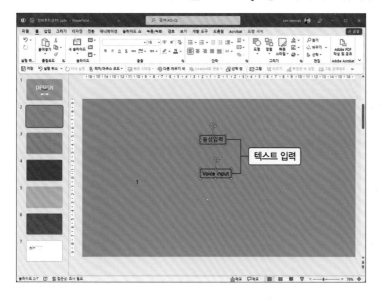

5 Ctrl+A를 눌러 텍스트 상자를 모두 선택하고 [홈] 탭-[글꼴] 그룹에서 [글꼴]의 내림 단추 (▼)를 클릭한 후 [Adobe 고딕 Std B]를 선택합니다.

작업 환경 설정

텍스트 입력

색상 선택

글꼴 지정

슬라이드 배치

도형 활용

표와 차트

이미지 찾기

6 '1'의 글꼴 크기는 [240pt]로, '음성입력'의 글꼴 크기는 [80pt]로, 'Voice input'의 글꼴 크기는 [54pt]로 변경합니다.

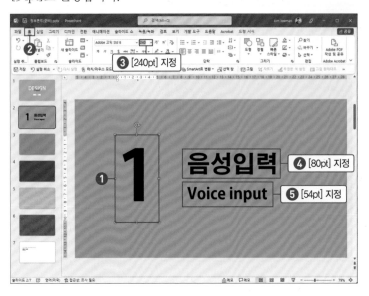

7 Shift를 이용해 모든 텍스트 상자를 선택하세요. [홈] 탭-[글꼴] 그룹에서 [글꼴 색]의 내림 단추(▼)를 클릭한 후 '테마 색'의 [흰색, 배경 1]을 클릭합니다.

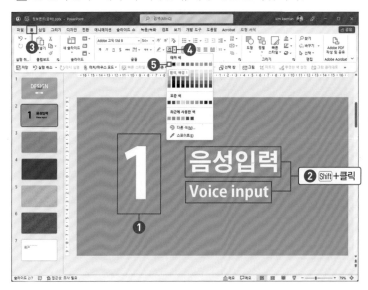

8 [보기] 탭-[표시] 그룹에서 [눈금 설정] 단추(⬚)를 클릭하세요. [눈금 및 안내선] 대화상자가
열리면 [도형 맞춤 시 스마트 가이드 표시]에 체크하고 [확인]을 클릭합니다.

💡 **Tip**

스마트 가이드(smart guide)는 도형
을 마우스로 드래그해 정렬할 때 자
동으로 눈금선이 나타나서 도형의
배치를 도와주는 기능입니다.

9 '음성입력' 텍스트 상자와 'Voice input' 텍스트 상자를 스마트 가이드에 따라 정렬합니다. Ctrl +
A를 눌러 모든 텍스트 상자를 선택하고 Ctrl + G를 눌러 그룹으로 묶으세요.

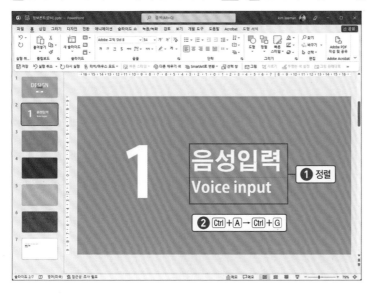

10 그룹으로 묶은 개체를 선택한 상태에서 [홈] 탭-[그리기] 그룹의 [정렬]을 클릭하고 '개체 위치'의 [맞춤]-[가운데 맞춤]과 [중간 맞춤]을 차례대로 선택하여 슬라이드의 가운데에 정렬합니다.

11 그룹으로 묶은 개체 중에서 'Voice input' 텍스트 상자만 선택하고 마우스 오른쪽 단추로 클릭한 후 [도형 서식]을 선택합니다.

12 화면의 오른쪽에 [도형 서식] 창이 열리면 [도형 옵션]-[채우기 및 선]의 [채우기]에서 [단색 채우기]를 선택합니다. '색'의 단추를 클릭하고 '테마 색'의 [주황, 강조 2, 50% 더 어둡게]를 클릭하여 도형에 색을 채우세요.

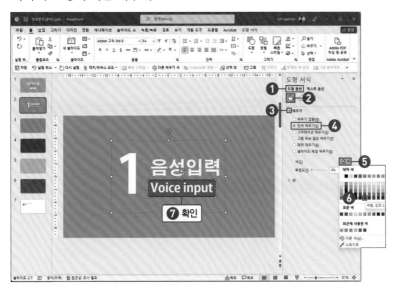

13 이와 같은 방법으로 3번 슬라이드부터 6번 슬라이드까지 도형에 색을 채워 완성합니다.

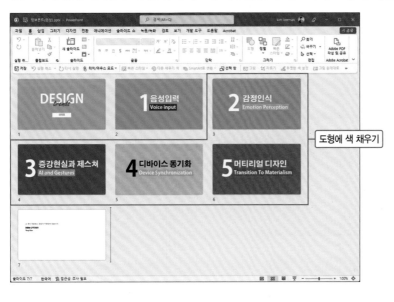

도형에 색 채우기

작업 환경 설정

텍스트 입력

색상 선택

끝점 지정

슬라이드 배치

도형 활용

표의 차트

이미지 찾기

● **실습예제** : 글꼴저장(준비).pptx   ● **완성예제** : 글꼴저장(완성).pptx

현장실무

05 | 글꼴까지 포함해 저장하기

파워포인트로 문서를 작성한 후 프레젠테이션을 발표하기 전에 사용자들과 공유하여 검수 단계를 거쳐야 합니다.
문서 작성자가 사용한 글꼴이 다른 사용자들의 컴퓨터에 설치되지 않았으면 기본 글꼴로 표시되거나 글꼴이 깨져
보입니다. 이런 경우를 대비해 사용한 글꼴을 문서에 함께 저장해야 합니다.

1 '글꼴저장(준비).pptx'를 열고 [파일] 탭-[옵션]을 선택합니다.

2 [PowerPoint 옵션] 창이 열리면 [저장] 범주에서 [파일의 글꼴 포함]에 체크하고 [모든 문자
포함(다른 사람이 편집할 경우 선택)]을 선택한 후 [확인]을 클릭하세요.

3 [파일] 탭-[다른 이름으로 저장]을 선택하여 프레젠테이션 문서를 다른 이름으로 저장합니다. 이때 실습파일이 있는 폴더에 저장하면 파일 용량의 차이를 쉽게 확인할 수 있습니다.

4 윈도우 탐색기를 열고 파일 용량의 차이를 확인합니다. 글꼴이 저장된 파일은 이전 파일보다 용량이 10MB 이상 증가했습니다.

> **Tip**
> 프레젠테이션 문서를 작성할 때는 시스템에서 기본적으로 제공하는 글꼴을 이용하고, 가급적 3개 이하의 글꼴을 사용하는 것이 좋습니다.

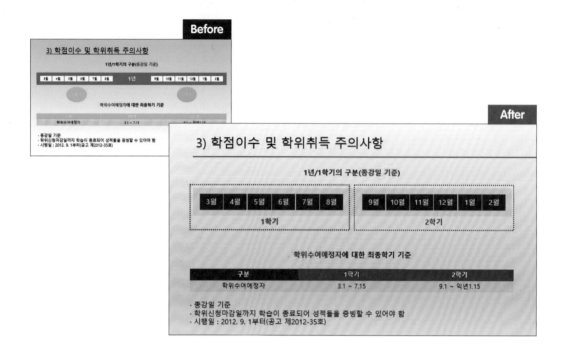

❖ 슬라이드에 대한 의견 ❖

Before 슬라이드는 정부기관에서 교육기관을 대상으로 한 연수 자료 중 일부를 발췌한 것으로, 모니터 화면이나 인쇄물로 슬라이드를 보면 가독성이 크게 떨어지지는 않습니다. 하지만 빔 프로젝터를 통해 프레젠테이션을 발표할 경우에는 슬라이드의 가독성이 떨어질 수 있습니다. '1학기'와 '2학기'가 포함된 타원 도형의 색상 채도가 높아서 빔 프로젝터를 통과하면 도형 내부의 텍스트가 전혀 보이지 않아서입니다. 그리고 '1년'과 '1학기'를 구분하는 다이어그램이 복잡하여 구성이 불안해 보입니다.

❖ 슬라이드의 문제점 ❖

문제점	개선 방향
'1학기'와 '2학기' 타원 도형의 배색이 모호해서 텍스트가 제대로 보이지 않는다.	배색을 조정하고 텍스트의 색상을 변경한다.
표에서 항목 제목 부분의 배색이 모호해서 표 제목이 제대로 보이지 않는다.	표의 색상을 변경한다.
하나의 슬라이드에 너무 많은 색상을 사용했다.	색상을 최소화해 사용하고 중요한 부분만 강조한다.

❖ 해결 방법 ❖

`1단계` 슬라이드의 배경은 '밝은 그라데이션-강조 3'을 설정하여 표현합니다. 3월~8월, 9월~2월의 도형 색은 '검정, 텍스트 1, 25% 더 밝게'로, 1년의 배경이 되는 도형 색은 '흰색, 배경 1, 15% 더 어둡게'로 수정합니다.

`2단계` 직사각형을 삽입해 '1학기'와 '2학기'를 구분하고 색상을 채우는 대신 선의 두께와 대시만으로 간결하게 표현합니다. 그리고 붉은색으로 강조하려면 '빨강' 대신 '진한 빨강'을 사용해야 더욱 고급스럽게 보입니다.

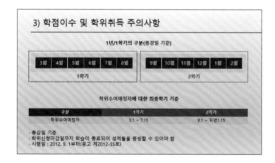

`3단계` 아래쪽 표에서 제목 부분의 색상이 채도가 높아 빔 프로젝터를 통과하면 텍스트가 전혀 보이지 않을 것입니다. 이 경우에는 [테이블 디자인] 탭-[표 스타일] 그룹에서 간단히 색을 수정하여 가독성을 높일 수 있습니다. 슬라이드의 위쪽에 있는 '1학기'와 '2학기'와 아래쪽 표의 '1학기'와 '2학기'를 일관성 있게 구분하여 표현하려면 표 제목 부분의 색상을 변경하는 것도 좋은 방법입니다.

❖ 주의 사항 ❖

빔 프로젝터를 통과한 후의 색상을 고려하여 슬라이드를 만들어야 합니다. 채도가 높은 색상이 빔 프로젝터를 통과하면 흰색에 가까워져서 가독성이 떨어진다는 것을 명심하세요.

청중들이 좋아하는
슬라이드 배치법 살펴보기

◉ 실습예제 : 3등분(준비).pptx

핵심

필수기능
01 슬라이드 3등분의 법칙 이해하기

슬라이드에 이미지나 텍스트를 배치할 때 안정된 비율을 유지해야 집중력을 높일 수 있는데, 이러한 비율을 '3등분의 법칙' 또는 '황금 비율'이라고 합니다. 3등분의 법칙이란, 가로와 세로를 각각 3등분하여 총 9개의 영역으로 나누는 법칙을 말합니다. 이때 가로와 세로를 3등분한 교차점을 'Power Points'라고 하는데, 이곳에 이미지, 텍스트 등과 같은 주요 요소를 배치하는 것이 좋습니다.

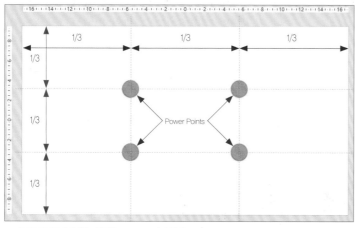

▲ 가로와 세로를 3등분한 교차점 'Power Points'의 위치

이런 3등분의 법칙은 영상, 사진, 인쇄물 등의 디자인에 다양하게 적용되고 있습니다.

▲ 3등분의 법칙에 따라 촬영한 사진

작업 환경 설정

텍스트 입력

색상 선택

글꼴 지정

슬라이드 배치

도형 활용

표와 차트

이미지 찾기

배 사진도 3등분의 법칙에 따라 촬영했습니다. 사진에 배, 호수, 햇빛 등 다양한 요소가 있어서 Power Points에 위치한 배에게 자연스럽게 시선이 갑니다. 이와 같이 강조해야 할 요소를 3등분의 교차점이 되는 Power Points 지점에 배치해야 구성이 안정되어 보입니다. 반면 Power Points 지점을 벗어난 사진은 불안정해 보입니다.

▲ 3등분의 법칙에 따라 촬영한 안정된 사진　　　　　▲ 3등분의 법칙을 벗어나 불안정해 보이는 사진

파워포인트 문서를 디자인할 때도 3등분의 법칙을 응용할 수 있습니다. 슬라이드의 좌우를 3등분한 후 Power Points 위치에 강조해야 할 개체를 위치시키면 됩니다. 이 경우 파워포인트의 안내선을 이용해 편리하게 배치할 수 있습니다. 3등분의 법칙에 익숙해진 후에는 안내선 없이도 안정적으로 배치할 수 있을 것입니다.

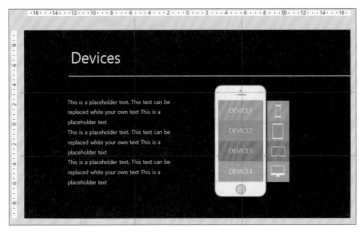

▲ Power Points의 위치에 강조할 개체 위치시키기

● **실습예제** : 안내선(준비).pptx   ● **완성예제** : 안내선(완성).pptx

현장실무

02 | 원하는 간격으로 안내선 표시하기

이번에는 3등분의 법칙을 적용할 수 있는 슬라이드에 안내선을 표시하는 방법을 살펴보겠습니다. 가로 안내선과 세로 안내선을 적절한 위치에 표시해야 슬라이드를 편리하게 3등분할 수 있습니다.

1 1번 슬라이드에서 [보기] 탭-[표시] 그룹의 [안내선]에 체크합니다. 안내선이 표시되면 세로 안내선을 왼쪽 5.60 위치로 드래그하여 이동하세요. 이때 [눈금자]에 체크해서 슬라이드에 눈금자를 표시해야 안내선의 위치를 편리하게 이동할 수 있습니다.

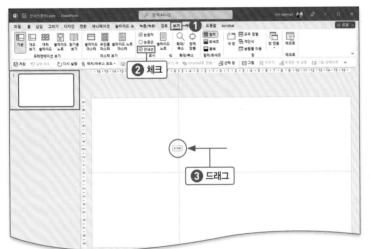

> 💡 **Tip**
>
> 안내선을 나타내는 단축키는 Alt + F9 , 눈금자를 나타내는 단축키는 Alt + Shift + F9 입니다.

2 세로 안내선을 마우스 오른쪽 단추로 클릭하고 [세로 안내선 추가]를 선택합니다.

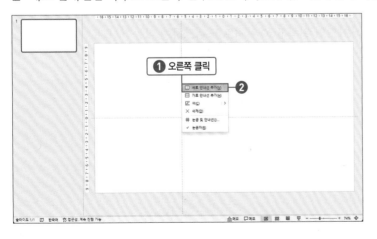

3 추가한 세로 안내선을 클릭한 상태에서 오른쪽 5.60 위치로 드래그하여 이동합니다.

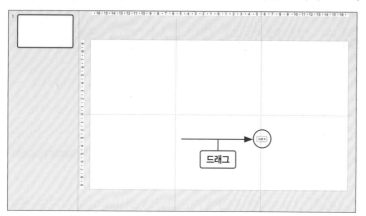

💡 **Tip**

16:9 화면에서는 좌우 5.60 위치에, 4:3 화면에서는 좌우 4.20 위치에 세로 안내선을 이동하면 슬라이드 화면이 3등분으로 나뉘어집니다.

4 가로 안내선을 슬라이드의 아래쪽 3.20 위치로 드래그하여 이동합니다. 가로 안내선을 마우스 오른쪽 단추로 클릭하고 [가로 안내선 추가]를 선택하세요.

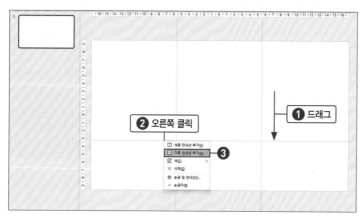

5 가로 안내선이 추가되면 슬라이드의 위쪽 3.20 위치로 드래그하여 이동합니다.

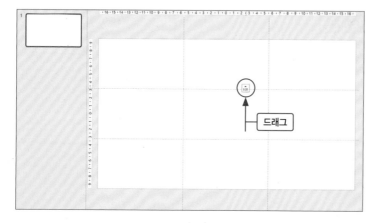

필수기능
03 | 균형감 있게 레이아웃 작성하기

슬라이드 화면을 가로로 3등분, 세로로 3등분하여 9개의 영역으로 나누고 각 위치에 대칭되는 형태로 이미지와 텍스트를 배치하면 슬라이드를 안정적으로 디자인할 수 있습니다. 다음과 같은 방법으로 이미지와 텍스트를 배치하여 균형 잡힌 레이아웃을 완성해 보세요.

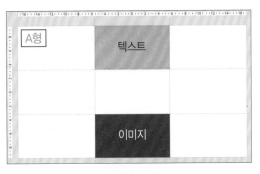

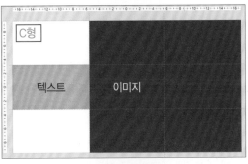

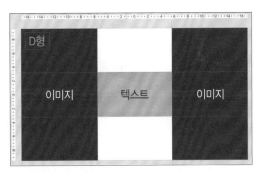

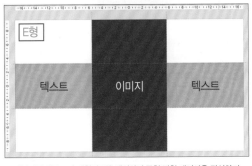

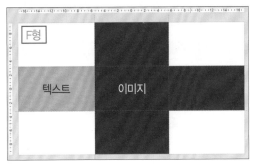

▲ 이미지와 텍스트가 대칭되도록 배치하여 균형 잡힌 레이아웃 작성하기

● **실습예제** : 배치(준비).pptx   ● **완성예제** : 배치(완성).pptx

현장실무

04 | 안정감 있게 이미지와 텍스트 배치하기

이번에는 프레젠테이션 문서에 안정감을 주기 위해 비율을 지정하고 보기 좋게 배치하는 방법을 살펴보겠습니다. 3등분의 법칙을 고려해 이미지와 텍스트를 배치하면 안정감을 최대화할 수 있습니다.

3등분의 법칙과 A→B→C→D→E→A로 구성된 6개 영역에 대한 개념만 있으면 1개의 이미지와 1개의 텍스트 상자만으로도 슬라이드를 안정적이고 심플하게 디자인할 수 있습니다.

1 2번 슬라이드에서 이미지를 선택하고 Ctrl + C 를 눌러 이미지를 복사합니다.

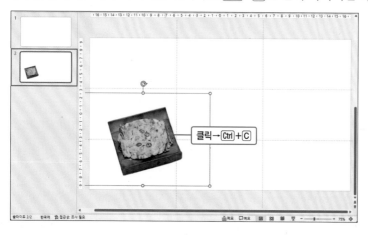

2 1번 슬라이드로 이동하여 붙여넣기(Ctrl + V)합니다. [홈] 탭-[그리기] 그룹에서 [정렬]을 클릭하고 '개체 위치'의 [맞춤]-[가운데 맞춤]을 선택하세요.

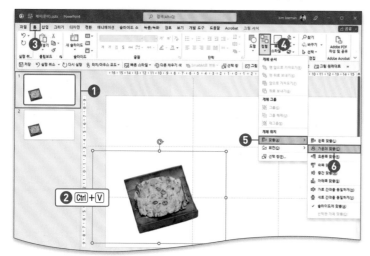

3 [홈] 탭-[그리기] 그룹에서 [도형]을 클릭하고 '기본 도형'의 [텍스트 상자](回)를 클릭합니다. 슬라이드에서 드래그하여 텍스트 상자를 삽입하고 『KOREAN FOOD INTRODUCTION』을 입력한 후 [글꼴 크기]는 [40pt], [가운데 맞춤]을 지정하세요.

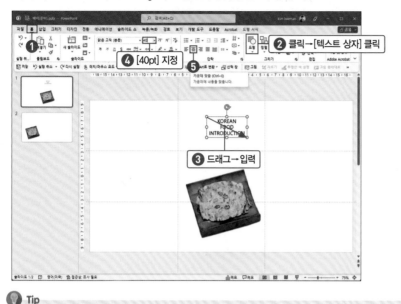

💡 **Tip**
텍스트 상자에 텍스트를 입력하면 기본적으로 '맑은 고딕 (본문)' 서체로 입력됩니다. Ctrl+E는 가운데 맞춤, Ctrl+L은 왼쪽 맞춤, Ctrl+R은 오른쪽 맞춤 단축키입니다.

4 텍스트 상자를 선택한 상태에서 Shift를 누르고 이미지를 클릭하여 함께 선택합니다. [홈] 탭-[그리기] 그룹에서 [정렬]을 클릭하고 '개체 위치'의 [맞춤]-[가운데 맞춤]을 선택하여 A형인 1번 슬라이드의 배치를 완성한 후 2번 슬라이드를 삭제하세요.

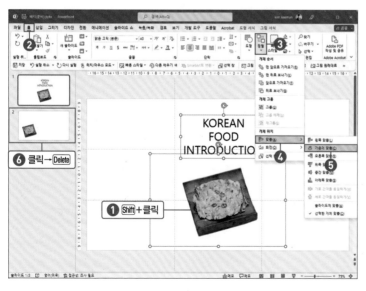

💡 **Tip**
1번 슬라이드가 완성되면 2번 슬라이드는 더 이상 필요 없으므로 삭제하는 것이 좋습니다.

핵심

작업 환경 설정

텍스트 입력

색상 선택

글꼴 지정

슬라이드 배치

도형 활용

표와 차트

이미지 찾기

5 개요 창에서 1번 슬라이드를 선택하고 Ctrl+C를 눌러 복사한 후 Ctrl+V를 누릅니다. 1번 슬라이드가 복사되어 2번 슬라이드가 나타나는지 확인하세요.

6 2번 슬라이드에 다음의 그림과 같이 115쪽에서 설명한 B형으로 슬라이드를 배치합니다. 이와 같은 방법으로 3번부터 5번 슬라이드를 추가하고 각각 C형부터 E형으로 슬라이드를 배치하세요.

▲ 2번 슬라이드(B형 배치)

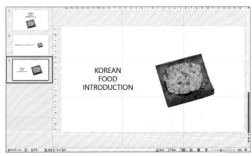

▲ 3번 슬라이드(C형 배치)

▲ 4번 슬라이드(D형 배치)

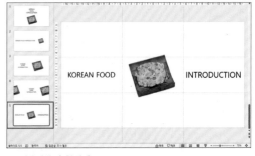

▲ 5번 슬라이드(E형 배치)

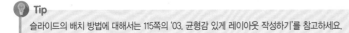

💡 **Tip**

슬라이드의 배치 방법에 대해서는 115쪽의 '03. 균형감 있게 레이아웃 작성하기'를 참고하세요.

● **실습예제** : 새 프레젠테이션 문서에서 실습하세요. ● **완성예제** : 슬라이드크기(완성).pptx

현장실무
05

픽셀 단위로
슬라이드의 크기 조절하기

최근에는 파워포인트를 활용하여 이미지를 제작하고 카드뉴스와 브로슈어 등을 인쇄하는 작업까지 있습니다.
이번에는 이렇게 다양하게 사용하는 파워포인트에서 슬라이드의 크기를 픽셀 단위로 조절하는 방법을 알아보
겠습니다.

이미지와 인쇄물 등은 픽셀(pixel) 단위로 제작해야 하지만, 파워포인트의 슬라이드에서는 센티
미터(cm) 단위로 작업할 수 있어요. 이런 불편함을 해소하기 위해 파워포인트 2013 버전부터는
슬라이드의 크기를 픽셀 단위로 자유롭게 설정할 수 있으므로 가로 1,000px, 세로 800px 크기의
슬라이드를 만들어 보겠습니다.

1 1번 슬라이드에서 [디자인] 탭-[사용자 지정] 그룹의 [슬라이드 크기]를 클릭하고 [사용자 지
정 슬라이드 크기]를 선택합니다.

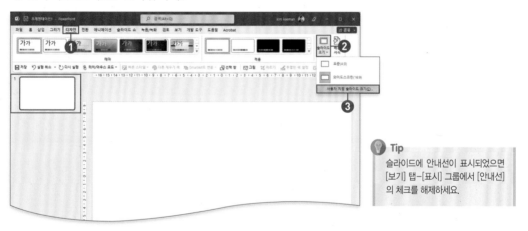

> 💡 **Tip**
> 슬라이드에 안내선이 표시되었으면
> [보기] 탭-[표시] 그룹에서 [안내선]
> 의 체크를 해제하세요.

2 [슬라이드 크기] 대화상자가 열리면 '슬라이드 크기'에서 [사용자 지정]을 선택하고 '너비'에
는 『1000px』을, '높이'에는 『800px』을 입력합니다. '너비'와 '높이'의 단위가 센티미터(cm)로 자
동 변환된 것을 확인하고 [확인]을 클릭하세요.

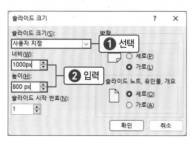

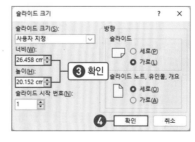

> 💡 **Tip**
> '너비'와 '높이'에 『1000px』과
> 『800px』을 입력해도 단위가
> 센티미터(cm)로 자동 변환됩
> 니다. 하지만 출력할 때는 입
> 력한 픽셀 크기로 출력됩니다.

3 새 슬라이드에 맞게 크기를 조정하는 선택 창이 열리면 [최대화]를 클릭합니다.

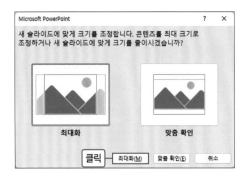

4 슬라이드가 가로 1,000px, 세로 800px의 크기로 설정되었는지 확인합니다.

잠깐만요 :: 슬라이드의 크기 조절해 활용하기

'부록\Chapter02\Section05' 폴더에서 제공하는 '카드뉴스예제.pptx'를 열면 슬라이드의 크기를 조절하여 제작한 문서 형식이 있습니다. 이것을 업무에 활용해 보세요.

▲ 다양한 크기의 문서 유형

● 실습예제 : 슬라이드마스터(준비).pptx ● 완성예제 : 슬라이드마스터(완성).pptx

슬라이드 마스터 활용해
레이아웃 지정하기

빠르고 편리하게 작업하기 위해 단축키를 많이 사용하지만, 슬라이드 마스터를 활용하는 방법을 익히는 것도 매우 중요합니다. 이번에는 슬라이드 마스터를 이용해서 편리하게 레이아웃을 지정하는 방법을 알아보겠습니다.

슬라이드 마스터를 잘 활용하면 통일감 있는 문서를 빠르게 만들 수 있습니다. 슬라이드 마스터를 '파워포인트 템플릿'이라고 생각하는 경우가 있는데, 템플릿(template)은 슬라이드 마스터를 이용하여 완성한 디자인 결과물입니다.

1 1번 슬라이드에서 [보기] 탭-[마스터 보기] 그룹의 [슬라이드 마스터]를 클릭합니다.

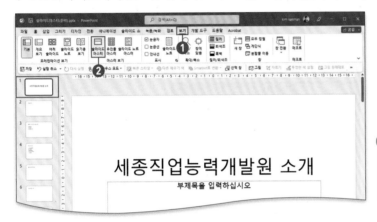

> **Tip**
> 상태 표시줄에서 Shift +[기본] 단추 (▣)를 클릭해도 슬라이드 마스터 화면이 표시됩니다.

2 슬라이드 마스터 화면으로 변경되면 슬라이드 창에서 자주 사용하지 않는 '자녀 슬라이드 마스터'를 마우스 오른쪽 단추로 클릭한 후 [레이아웃 삭제]를 선택합니다. 여기에서는 맨 마지막에 있는 '1_빈 화면 레이아웃'을 삭제하세요.

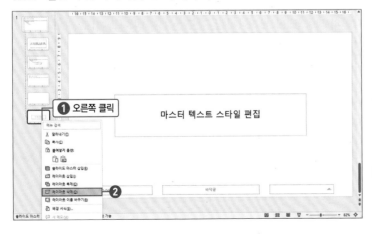

> **Tip**
> 슬라이드 창에서 슬라이드를 선택하고 Delete 를 눌러도 삭제할 수 있습니다.

3 맨 위에 있는 '부모 슬라이드 마스터'를 마우스 오른쪽 단추로 클릭하고 [배경 서식]을 선택합니다. 화면의 오른쪽에 [배경 서식] 창이 열리면 [채우기]에서 [그라데이션 채우기]를 선택하고 '그라데이션 미리 설정'에서 [밝은 그라데이션 - 강조 3]을 선택한 후 [배경 서식] 창을 닫으세요.

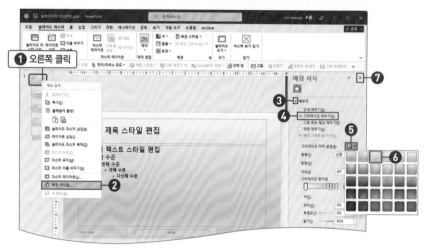

4 '부모 슬라이드 마스터'에서 제목 텍스트 상자를 선택하고 제목 글꼴 크기를 [32pt]로 지정합니다.

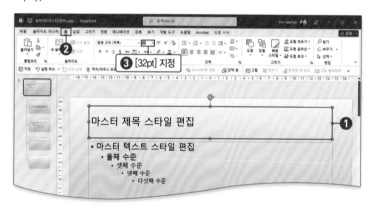

5 '자녀 슬라이드 마스터'에서 '제목만 레이아웃'을 선택합니다. 타이틀의 옆에 다음의 그림과 같이 긴 직사각형 도형을 삽입하고 도형의 색을 '테마 색'의 [파랑, 강조 5, 25% 더 어둡게]로 채우세요.

> 💡 **Tip**
> 직사각형은 [홈] 탭-[그리기] 그룹에서 [도형]을 클릭하고 '사각형'의 [직사각형](□)을 클릭하여 그려도 됩니다.

6 '자녀 슬라이드 마스터'의 '빈 화면 레이아웃'을 마우스 오른쪽 단추로 클릭하고 [레이아웃 복제]를 선택합니다.

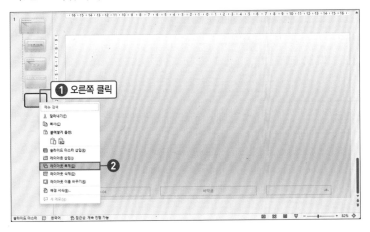

7 새로운 레이아웃이 복제되었으면 [슬라이드 마스터] 탭-[마스터 레이아웃] 그룹에서 [제목]에 체크합니다.

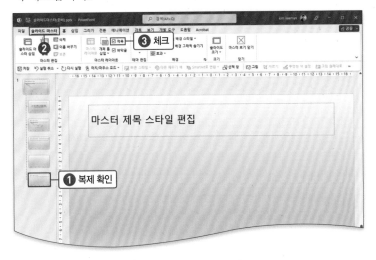

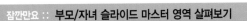

📓 **잠깐만요** :: **부모/자녀 슬라이드 마스터 영역 살펴보기**

슬라이드 마스터의 맨 위에 있는 '테마 슬라이드 노트'는 '부모 슬라이드 마스터' 영역으로, 이 부분에 개체를 삽입하거나 슬라이드를 변경하면 모든 레이아웃에 적용됩니다. 그리고 '부모 슬라이드 마스터'에 연결되어 아래쪽에 있는 슬라이드 마스터는 '자녀 슬라이드 마스터'입니다.

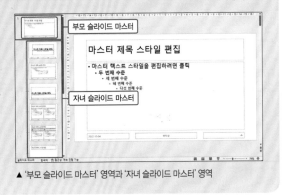

▲ '부모 슬라이드 마스터' 영역과 '자녀 슬라이드 마스터' 영역

직업환경 설정

텍스트 입력

색상 선택

글꼴 지정

슬라이드 배치

도형 활용

표와 차트

이미지 찾기

8 제목 텍스트 상자를 선택하고 [홈] 탭-[그리기] 그룹에서 [정렬]을 클릭한 후 '개체 위치'의 [맞춤]-[가운데 맞춤]과 [중간 맞춤]을 차례대로 선택하여 가운데 정렬합니다.

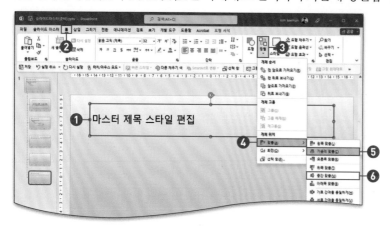

9 [슬라이드 마스터] 탭-[닫기] 그룹에서 [마스터 보기 닫기]를 클릭하여 슬라이드 마스터 보기를 닫습니다.

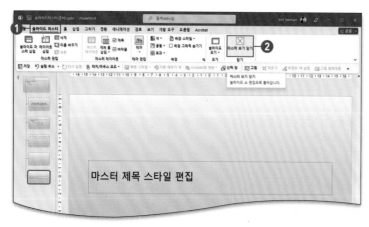

10 원래의 슬라이드 화면으로 되돌아오면 2번 슬라이드를 선택합니다. [홈] 탭-[슬라이드] 그룹에서 [레이아웃]을 클릭하고 'Office 테마'의 [제목만]을 클릭하세요.

Tip

슬라이드 마스터에서 설정한 레이아웃은 [홈] 탭-[슬라이드] 그룹에서 [레이아웃]을 클릭하여 확인할 수 있습니다. 미리 제작된 슬라이드 마스터 레이아웃을 활용하면 회사에서 공용 템플릿으로 사용할 수 있습니다.

11 5번 슬라이드를 선택하고 [홈] 탭-[슬라이드] 그룹에서 [레이아웃]을 클릭한 후 'Office 테마'의 [1_빈 화면]을 클릭하여 레이아웃을 지정합니다.

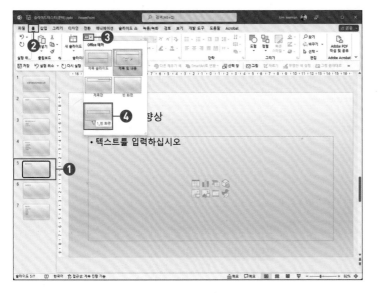

작업 환경 설정

텍스트 입력

색상 선택

글꼴 지정

슬라이드 배치

도형 활용

표와 차트

이미지 찾기

 잠깐만요 :: **슬라이드 마스터의 종류 살펴보기**

슬라이드 마스터에서 자주 사용하는 레이아웃은 '제목 슬라이드' 레이아웃, '제목 및 내용' 레이아웃, '제목만' 레이아웃, '빈 화면' 레이아웃입니다. 슬라이드 레이아웃을 너무 많이 지정하면 프레젠테이션 문서의 실행 속도가 떨어질 수 있으므로 꼭 필요한 슬라이드 레이아웃만 사용하세요.

▲ '제목 슬라이드' 슬라이드 마스터

▲ '제목 및 내용' 슬라이드 마스터

▲ '제목만' 슬라이드 마스터

▲ '빈 화면' 슬라이드 마스터

● **실습예제** : 새 프레젠테이션 문서에서 실습하세요. ● **완성예제** : 텍스트배치.pptx

현장실무

07 | 도형에 텍스트 배치하기

정렬 기능을 이용하면 도형에 텍스트를 손쉽게 배치할 수 있습니다. 카드 뉴스 등 콘텐츠를 제작할 때 정렬 기능을 유용하게 활용해 보세요.

1 새 프레젠테이션 문서를 열고 [디자인] 탭-[사용자 지정] 그룹에서 [슬라이드 크기]를 클릭한 후 [사용자 지정 슬라이드 크기]를 선택합니다.

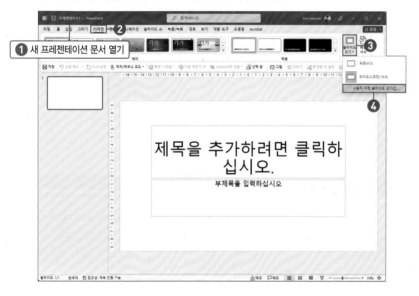

2 [슬라이드 크기] 대화상자가 열리면 '너비', '높이'에 각각 『900px』을 입력하고 [확인]을 클릭합니다. [Microsoft PowerPoint] 대화상자가 열리면 [최대화]를 클릭합니다.

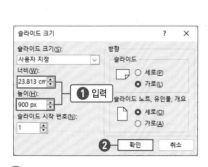

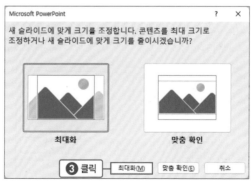

💡 **Tip**

'너비'와 '높이'에 값을 입력했을 때 입력값과 단위가 자동으로 변환되는 이유에 대해서는 119쪽의 **2** 과정을 참고하세요.

3 슬라이드의 크기가 변경되면 슬라이드를 마우스 오른쪽 단추로 클릭하고 [배경 서식]을 선택합니다.

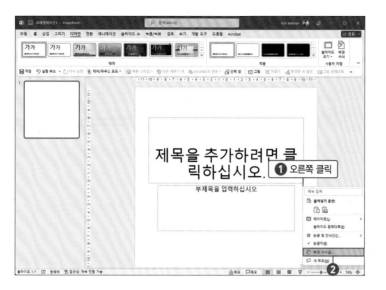

4 화면의 오른쪽에 [배경 서식] 창이 열리면 [채우기]에서 [그림 또는 질감 채우기]를 선택합니다. [그림 삽입] 창이 열리면 [파일에서]를 선택하세요.

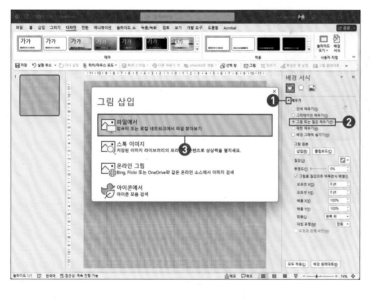

5 [그림 삽입] 대화상자가 열리면 '부록\Chapter02\Section05' 폴더에서 '맛집.jpg'를 선택하고 [삽입]을 클릭합니다.

6 슬라이드에 지정한 이미지가 채워졌으면 [홈] 탭-[그리기] 그룹에서 '최근에 사용한 도형'의 [직사각형](□)을 클릭한 후 슬라이드가 꽉 채워지게 드래그하여 직사각형을 그립니다.

7 [도형 서식] 창에서 [도형 옵션]-[채우기 및 선]의 [선]에서 [선 없음]을 선택합니다. [채우기]에서 [단색 채우기]를 선택하고 '색'은 '테마 색'의 [밝은 회색, 배경 2, 90% 더 어둡게]로, '투명도'는 [45%]로 지정하세요.

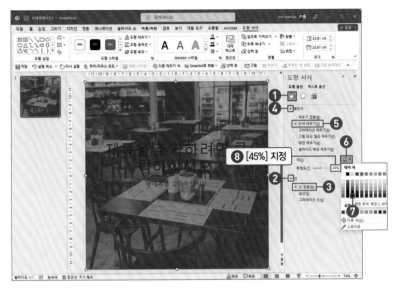

8 직사각형 도형을 선택한 상태에서 [홈] 탭-[그리기] 그룹에서 [정렬]을 클릭하고 '개체 순서'의 [맨 뒤로 보내기]를 선택합니다.

9 [홈] 탭-[슬라이드] 그룹에서 [레이아웃]을 클릭하고 'Office 테마'의 [제목만]을 선택합니다.

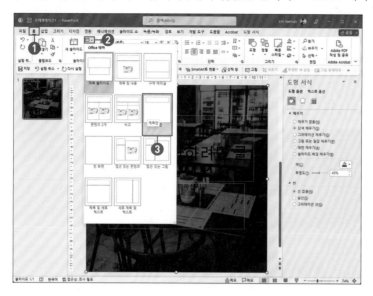

10 제목 텍스트 상자를 선택하고 [홈] 탭-[글꼴] 그룹에서 [글꼴 색]의 내림 단추(▾)를 클릭한 후 '테마 색'의 [흰색, 배경 1]을 클릭합니다.

11 제목 텍스트 상자를 선택한 상태에서 [홈] 탭-[단락] 그룹의 [가운데 맞춤]을 클릭합니다. [홈] 탭-[그리기] 그룹에서 [정렬]을 클릭하고 '개체 위치'의 [맞춤]-[중간 맞춤]을 선택하세요.

12 제목 텍스트 상자에 『분위기 좋은 맛집 Best3』을 입력합니다. 텍스트 상자를 선택한 후 [홈] 탭-[글꼴] 그룹에서 [굵게]를 선택하고 [글꼴 크기]는 [54pt]로 지정하세요.

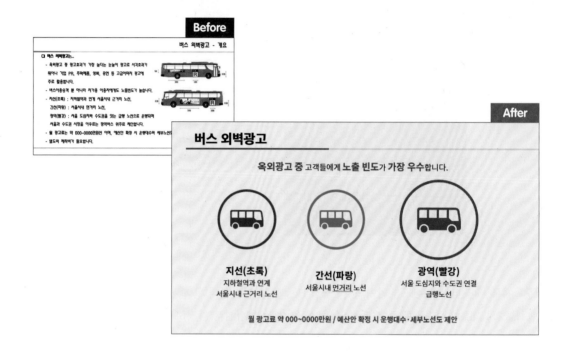

❖ 슬라이드에 대한 의견 ❖

프레젠테이션 문서에는 3개 이상의 글꼴을 사용하지 않는 것이 좋습니다. 너무 많은 글꼴을 사용하면 문서의 일관성을 유지하기가 어렵고 슬라이드가 산만해 보여서 가독성이 떨어지기 때문입니다. Before 슬라이드는 버스 외벽광고를 유치하기 위한 광고대행사의 제안서 일부로, 발표용이 아닌 인쇄용 문서입니다. 글꼴 크기가 14pt지만, 인쇄용이어서 문제가 없고 줄 간격도 적당해 보입니다. 그러나 제안서와는 어울리지 않는 가벼운 느낌의 글꼴을 사용했고 하나의 슬라이드에 너무 많은 내용을 입력하여 산만해 보입니다.

❖ 슬라이드의 문제점 ❖

문제점	개선 방향
글꼴이 제안서용으로 적당하지 않다.	슬라이드의 모든 글꼴을 제안서에 적합한 글꼴로 변경한다.
내용이 정리되지 않아 산만해 보인다.	표나 다이어그램 등으로 텍스트를 정리해 배치한다.

❖ 해결 방법 ❖

1단계 글꼴은 [홈] 탭-[편집] 그룹에서 [바꾸기]의 내림 단추(▾)를 클릭하고 [글꼴 바꾸기]를 선택하여 한 번에 변경할 수 있습니다. 파워포인트에서 기본적으로 제공하는 '맑은 고딕' 글꼴을 사용해도 가독성에 전혀 문제가 없습니다. 그러나 여기에서는 가독성을 더욱 높이기 위해 본고딕체(Noto Sans)를 사용해 보겠습니다.

2단계 제목에 이미 '버스 외벽광고 - 개요'가 기재되어 있어서 본문에 'ㅁ 버스 외벽광고는...'은 필요 없습니다. 따라서 제목 아래의 소제목에는 강조하려는 내용을 적어주는 것이 좋습니다. 그리고 강조하려는 키워드의 크기와 글꼴 색을 변경하여 전달력을 더욱 향상시킬 수 있습니다.

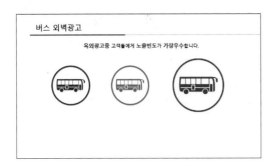

3단계 '지선(초록)', '간선(파랑)', '광역(빨강)'을 구분하려면 텍스트보다 아이콘 형태의 다이어그램이 더욱 효과적입니다. 또한 제안서의 내용이 '광역버스' 중심이므로 광역버스 아이콘을 좀 더 크게 표현해서 시선을 집중시키는 것도 좋은 방법입니다.

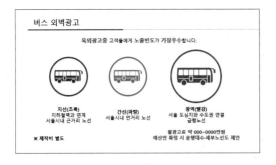

❖ 주의 사항 ❖

하나의 슬라이드에는 다양한 글꼴을 사용하지 않는 것이 좋으므로 2개 이하의 글꼴을 사용하는 것을 권장합니다. 그리고 전체를 굵게 강조하는 것도 괜찮지만, 강조할 키워드만 굵게 표현하면 더욱 세련되어 보입니다. 이러한 효과를 연출하려면 Bold 글꼴을 별도로 제공하는 폰트를 사용하는 것이 좋습니다.

❖ 슬라이드에 대한 의견 ❖

이미지 등의 시각 정보는 문자로만 된 정보보다 기억에 오래 남습니다. 프레젠테이션의 첫 번째 목적은 청중들을 설득하는 것이므로 시각 이미지를 효과적으로 사용해야 합니다. Before 슬라이드와 같이 슬라이드에 작은 이미지를 삽입하는 것보다 After 슬라이드처럼 슬라이드에 이미지를 가득 채우는 형태로 사용해야 청중들에게 메시지를 쉽게 전달할 수 있습니다.

❖ 슬라이드의 문제점 ❖

문제점	개선 방향
이미지의 크기가 작아 정보가 잘 전달되지 않는다.	슬라이드에 해상도가 높은 이미지를 가득 채운다.
텍스트의 크기가 작아 가독성이 떨어진다.	도형을 삽입한 후 투명도를 조절하고 그라데이션을 설정해서 가독성을 높여준다.

❖ 해결 방법 ❖

1단계 슬라이드 전체에 3개의 이미지를 가로로 균등하게 채웁니다. 텍스트의 가독성이 떨어지면 도형을 삽입하여 투명도를 조절하거나 그라데이션을 설정합니다.

2단계 슬라이드의 왼쪽 위에 직사각형 도형을 배치합니다. 도형 색상은 '검정, 텍스트 1'로, 투명도는 '10%'로 지정하고 텍스트 색상은 '흰색, 배경 1'로 변경한 후 『외국인 관광명소』를 입력합니다. 각 이미지의 아래쪽에도 타원 도형을 배치합니다. 도형 색상은 '검정, 텍스트 1'로, 투명도는 '10%'로, 텍스트 색상은 '흰색, 배경 1'로 지정한 후 각각 『북촌』, 『광장시장』, 『한강』을 입력합니다.

3단계 3개의 이미지를 세로로 균등하게 채운 후 타원 도형을 삽입하여 배치하거나 모핑 효과를 활용해 1개의 슬라이드에 하나의 이미지를 삽입하는 방법도 있습니다.

❖ 주의 사항 ❖

가급적 해상도가 가장 높은 이미지를 선택해서 다운로드해야 합니다. 작은 이미지를 슬라이드에 가득 채우면 계단 현상이 발생하여 이미지의 테두리가 매끄럽지 않습니다. 그리고 슬라이드 전체에 이미지를 채우면 텍스트를 입력하는 데 문제가 생깁니다. 여백이 충분한 이미지는 큰 문제가 없지만, 여백이 없는 이미지를 사용하면 이미지에 텍스트가 묻혀버려서 가독성이 떨어지므로 주의하세요.

CHAPTER

03

시각 자료 이용해
주목도 향상시키기

SECTION

06

도형 활용해
문서 전달력 높이기

● **실습예제** : 선택창(준비).pptx   ● **완성예제** : 선택창(완성).pptx

현장실무

01 [선택] 창 이용해 겹쳐진 개체 쉽게 선택하기

슬라이드에 도형과 텍스트 상자를 많이 삽입하면 나중에 일일이 수정하기가 매우 어렵습니다. 이번에는 [선택] 창을 이용해서 원하는 개체를 쉽게 선택하는 방법을 살펴보겠습니다.

포토샵에는 '레이어(layer)'라는 개념이 있어서 레이어를 숨기거나 위치를 조정할 수 있습니다. 파워포인트에도 포토샵의 '레이어' 개념이 있어서 도형과 텍스트 상자를 숨기거나 순서를 조절할 수 있습니다. 그리고 [선택] 창을 활용하면 여러 개체 중에서 원하는 개체만 쉽게 선택하여 수정할 수 있습니다.

1 1번 슬라이드에서 [홈] 탭-[편집] 그룹의 [선택]을 클릭하고 [선택 창]을 선택합니다.

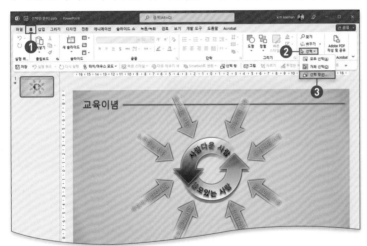

2 화면의 오른쪽에 [선택] 창이 열리면 [선택] 창에 표시된 레이어 등을 확인하고 'Picture 2' 레이어의 눈 아이콘(👁)을 클릭합니다.

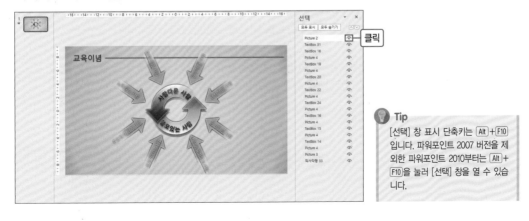

💡 **Tip**

[선택] 창 표시 단축키는 Alt + F10 입니다. 파워포인트 2007 버전을 제외한 파워포인트 2010부터는 Alt + F10 을 눌러 [선택] 창을 열 수 있습니다.

3 슬라이드의 가운데에 있는 원형 화살표에서 'Picture 2' 레이어에 해당하는 '사람다운 사람'과 '쓸모있는 사람' 텍스트가 사라졌는지 확인합니다.

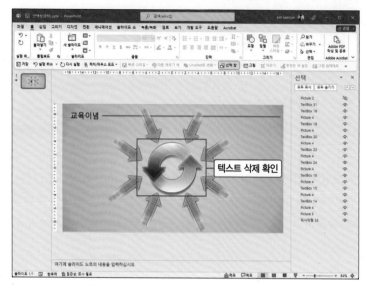

💡 **Tip**

[선택] 창에서 'Picture 2' 레이어의 눈 아이콘이 🗟 모양으로 바뀌었습니다.

4 [선택] 창에서 [TextBox 22]를 선택합니다. 슬라이드에서 '조직에 융화되는 사람' 텍스트 상자가 선택되면 텍스트를 '창의적인 사람'으로 수정하세요.

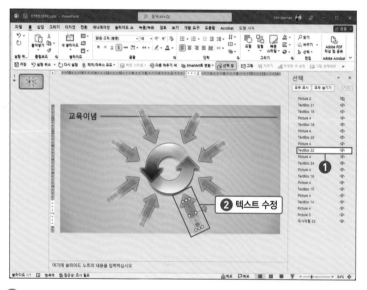

💡 **Tip**

이 과정은 336쪽의 'Section 11. 애니메이션과 화면 전환 효과 지정하기'에서 모핑 효과를 적용하기 위한 기초가 되는 내용입니다. 모핑 효과를 효과적으로 사용하려면 이전/이후 슬라이드에서 개체의 이름이 동일해야 합니다.

● **실습예제** : 복제(준비).pptx   ● **완성예제** : 복제(완성).pptx

필수기능

02 | Ctrl + D 이용해 편리하게 개체 복제하기

파워포인트를 포함한 오피스 프로그램뿐만 아니라 거의 모든 운영체제(OS)에서는 Ctrl + C 와 Ctrl + V 를 눌러 복사와 붙여넣기를 합니다. 하지만 이렇게 복사하면 단축키를 두 번 눌러야 해서 번거로우므로 도형 정렬 기능도 함께 제공하는 복제 단축키 Ctrl + D 를 눌러보세요.

하나의 도형을 복사 & 붙여넣기할 경우 오른쪽 아래로 같은 도형이 계속 붙여넣기되어 도형들을 정렬하는 과정이 필요합니다. 하지만 Ctrl + D 를 누르면 일정한 간격으로 한 번에 복제할 수 있어서 매우 편리합니다. Ctrl + D 는 다른 오피스 프로그램에서는 제공되지 않는 파워포인트만의 단축키입니다.

1 1번 슬라이드에서 둥근 모서리 사각형을 선택하고 Ctrl + C 를 누른 후 Ctrl + V 를 3번 누릅니다.

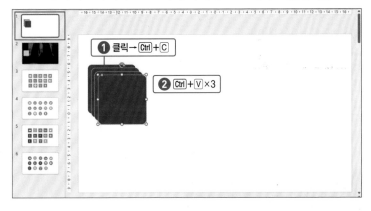

2 둥근 모서리 사각형이 오른쪽 아래로 계속 복사되었으면 Ctrl + Z 를 3번 누릅니다. 원래의 상태로 되돌아가면 Ctrl + D 를 누르세요.

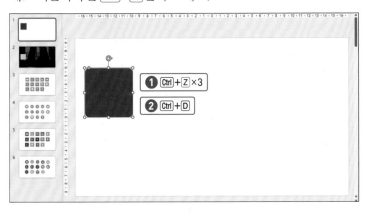

141

3 둥근 모서리 사각형이 복제되면 오른쪽으로 드래그하여 이동합니다. 오른쪽으로 드래그할 때 나타나는 빨간색 정렬선을 참고하면 좀 더 정확하게 수평으로 이동할 수 있습니다.

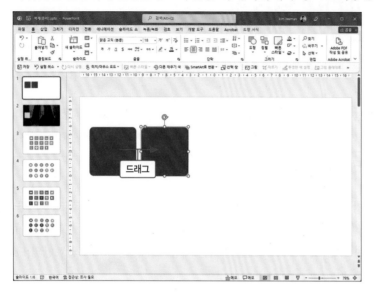

4 이동한 두 번째 둥근 모서리 사각형을 선택한 상태에서 Ctrl + D 를 3번 누릅니다. 그러면 일정한 간격으로 둥근 모서리 사각형이 계속 복제됩니다.

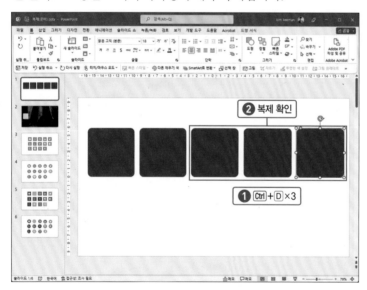

필수기능

03 | 여러 도형을 쉽게 정렬하기

파워포인트에서 왼쪽 정렬, 오른쪽 정렬, 위쪽 정렬, 아래쪽 정렬을 하면 선택된 개체의 맨 끝선에 맞추어 정렬됩니다. 예를 들어 A 개체와 B 개체를 왼쪽 정렬하려면 Ctrl을 이용해 A 개체와 B 개체를 함께 선택하고 [홈] 탭-[그리기] 그룹에서 [정렬]을 클릭한 후 '개체 위치'의 [맞춤]-[왼쪽 맞춤]을 선택합니다.

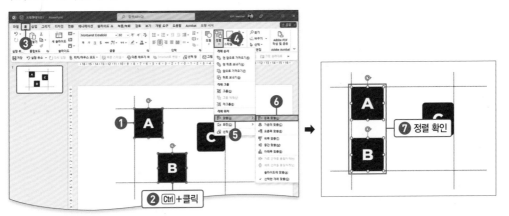

▲ A 개체와 B 개체 왼쪽 정렬하기

💡 Tip

Ctrl을 누른 상태에서 도형을 차례대로 클릭하면 여러 도형을 모두 선택할 수 있습니다.

A 개체와 B 개체 중 가장 왼쪽에 있는 A 개체를 기준으로 왼쪽 정렬되었습니다. 이와 같은 방법으로 B 개체와 C 개체를 아래쪽 정렬하려면 Ctrl을 이용해 이 개체들을 함께 선택하고 [홈] 탭-[그리기] 그룹에서 [정렬]을 클릭한 후 '개체 위치'의 [맞춤]-[아래쪽 맞춤]을 선택합니다. 그러면 B 개체와 C 개체 중 가장 아래쪽에 있는 B 개체의 아래쪽 끝선을 기준으로 2개의 도형이 정렬됩니다.

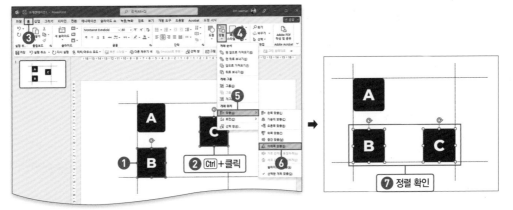

▲ B 개체와 C 개체 아래쪽 정렬하기

개체 정렬 방법 중에서 [가운데 맞춤]을 선택하면 선택한 개체들의 중간 위치에 개체들이 정렬됩니다. 즉 Ctrl을 이용해 A 개체와 B 개체를 함께 선택하고 [홈] 탭-[그리기] 그룹에서 [정렬]을 클릭한 후 '개체 위치'의 [맞춤]-[가운데 맞춤]을 선택하세요.

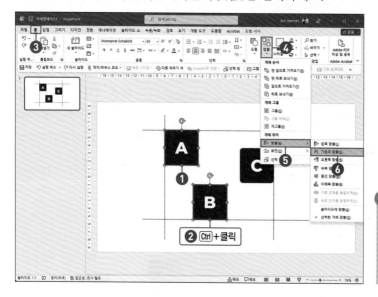

Tip

정렬 기능에는 슬라이드와 개체 사이의 간격을 정렬하는 [슬라이드에 맞춤]과 개체와 개체 사이의 간격을 정렬하는 [선택한 개체 맞춤]이 있습니다.

A 개체와 B 개체의 중간 부분인 세로 안내선을 중심으로 정렬됩니다.

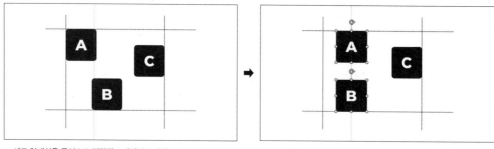

▲ 세로 안내선을 중심으로 정렬된 A 개체와 B 개체

● **실습예제** : 정렬(준비).pptx　● **완성예제** : 정렬(완성).pptx

현장실무
04

모든 도형의 가로 간격을 동일하게 지정하기

파워포인트에서는 여러 개체를 원하는 위치에 맞추어 정렬할 수 있는 기능을 제공합니다. 도형을 제대로 정렬해야 문서가 더욱 깔끔해 보이므로 개체 정렬 방법을 잘 익혀두세요.

1 1번 슬라이드에서 가장 왼쪽의 도형과 가장 오른쪽의 도형을 다음의 그림과 같이 각각 위쪽으로 이동하고 Ctrl+A를 눌러 모든 도형을 선택합니다.

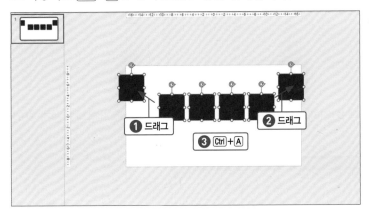

2 [홈] 탭-[그리기] 그룹에서 [정렬]을 클릭하고 '개체 위치'의 [맞춤]-[위쪽 맞춤]을 선택합니다.

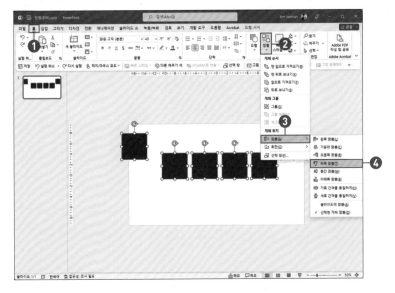

3 모든 도형을 선택한 상태에서 [홈] 탭-[그리기] 그룹의 [정렬]을 클릭하고 '개체 위치'의 [맞춤]-[가로 간격을 동일하게]를 선택합니다.

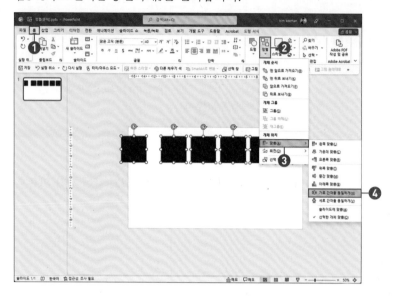

4 Esc를 눌러 모든 도형의 선택을 해제하고 도형들의 가로 간격이 동일하게 지정되었는지 확인합니다.

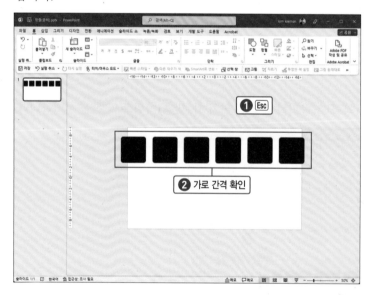

● 실습예제 : 서식복사(준비).pptx   ● 완성예제 : 서식복사(완성).pptx

현장실무

05 서식 복사해 반복 작업하지 않기

| 서식 복사 | Ctrl + Shift + C | 서식 붙여넣기 | Ctrl + Shift + V |

MS 오피스 프로그램에서는 개체 선택 & 붙여넣기뿐만 아니라 서식 복사 & 붙여넣기 기능도 제공합니다. 그리고 파워포인트에서는 이 기능을 단축키로 제공하고 있어서 서식을 쉽게 복사 & 붙여넣기할 수 있습니다. 도형이나 텍스트 상자 등 개체의 서식을 한 번만 설정하고 나머지는 서식 복사 & 붙여넣기 기능을 이용하면 작업 시간을 크게 단축할 수 있습니다.

1 2번 슬라이드에 삽입되어 있는 사각형 도형에는 그림자 효과와 3차원 서식이 설정되어 있습니다. 사각형 도형을 선택하고 Ctrl + Shift + C 를 눌러 서식을 복사하세요.

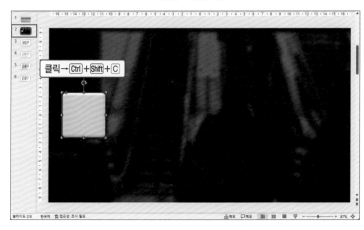

> **Tip**
> 2번 슬라이드의 사각형 도형에는 다음과 같은 서식이 지정되어 있습니다.
> • 그림자 효과 : 투명도 20%, 크기 101%, 흐리게 14pt, 각도 45°, 간격 3pt
> • 3차원 서식 : 위쪽 입체 너비 11.5pt, 높이 3pt, 외형선 3pt

2 1번 슬라이드를 클릭하고 가장 왼쪽 도형을 선택한 후 Ctrl + Shift + V 를 눌러 복사한 서식을 붙여넣습니다.

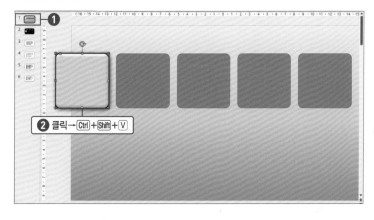

> **Tip**
> [홈] 탭-[클립보드] 그룹에서 [서식 복사]를 더블클릭해도 Esc 를 누를 때까지 서식을 계속 복사할 수 있습니다.

147

3 두 번째 도형을 선택하고 Shift를 누른 상태에서 나머지 도형들을 차례대로 클릭하여 모두 선택합니다.

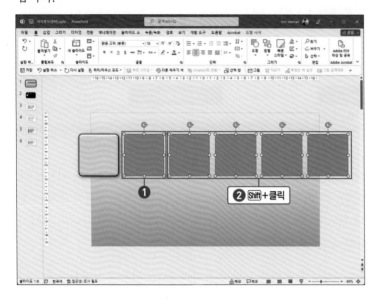

4 Ctrl+Shift+V를 눌러 나머지 개체에도 모두 서식을 복사합니다.

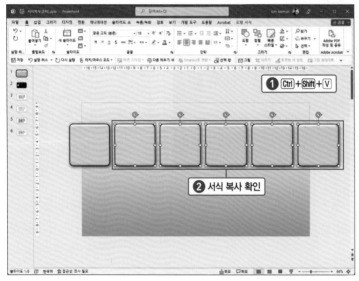

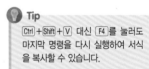

Tip
Ctrl+Shift+V 대신 F4를 눌러도 마지막 명령을 다시 실행하여 서식을 복사할 수 있습니다.

● **실습예제** : 그룹화(준비).pptx ● **완성예제** : 그룹화(완성).pptx

현장실무

06

여러 도형을 그룹화해 빠르게 작업하기

| 그룹화 | Ctrl + G | 그룹 해제 | Ctrl + Shift + G |

파워포인트에서는 다양한 도형과 텍스트 상자, 이미지 등의 개체를 활용해 프레젠테이션 문서를 작성할 수 있습니다. 슬라이드에 개체가 적으면 수정 및 편집, 정렬이 쉽지만, 개체가 많으면 이러한 작업이 어렵습니다. 이 경우에는 개체를 그룹으로 묶어서 그룹 단위로 관리하는 것이 편리합니다.

1 5번 슬라이드에서 페이스북 아이콘(🇫)을 선택하고 Ctrl + C 를 눌러 복사합니다.

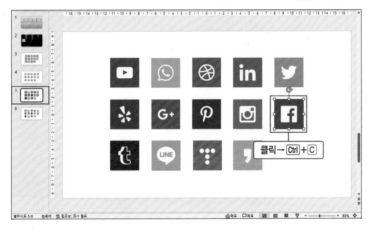

2 1번 슬라이드를 선택하고 Ctrl + V 를 눌러 페이스북 아이콘(🇫)을 붙여넣습니다. Ctrl 을 이용해 페이스북 아이콘(🇫)과 세 번째 사각형 도형을 모두 선택하고 [홈] 탭-[그리기] 그룹에서 [정렬]을 클릭한 후 '개체 위치'의 [맞춤]-[가운데 맞춤]과 [중간 맞춤]을 차례대로 선택하여 가운데 정렬하세요.

💡 **Tip**

페이스북 아이콘(🇫)을 붙여넣었을 때 화면의 오른쪽에 [디자인 아이디어] 창이 열리면 닫으세요.

149

3 Ctrl+G를 눌러 2개의 개체들을 하나의 그룹으로 묶고 묶은 개체의 크기를 크게 조정합니다.

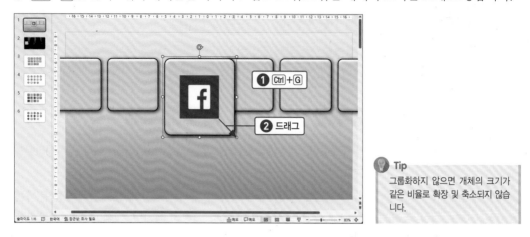

Tip

그룹화하지 않으면 개체의 크기가 같은 비율로 확장 및 축소되지 않습니다.

4 Ctrl+Z를 7번 눌러 처음의 상태로 되돌아갑니다. 모든 도형이 포함되도록 크게 드래그하여 도형들을 모두 선택하고 Ctrl+G를 눌러 그룹화합니다.

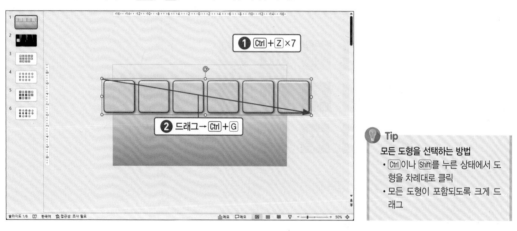

Tip

모든 도형을 선택하는 방법
- Ctrl이나 Shift를 누른 상태에서 도형을 차례대로 클릭
- 모든 도형이 포함되도록 크게 드래그

5 Ctrl+D를 3번 눌러 도형 그룹을 3개 더 복제하고 다음의 그림과 같이 배치합니다.

6 5번 슬라이드의 페이스북 아이콘(■), 인스타그램 아이콘(■), 라인 아이콘(■)을 1번 슬라이드에 복사하고 다음의 그림과 같이 정렬합니다. 기존에 그룹으로 묶은 사각형 도형과 아이콘들을 모두 선택하고 [홈] 탭-[그리기] 그룹에서 [정렬]을 클릭한 후 '개체 그룹'의 [그룹]을 선택하세요.

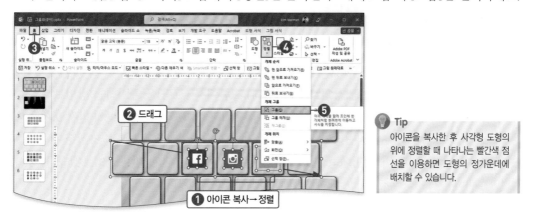

> 💡 **Tip**
> 아이콘을 복사한 후 사각형 도형의 위에 정렬할 때 나타나는 빨간색 점선을 이용하면 도형의 정가운데에 배치할 수 있습니다.

7 Ctrl+A를 눌러 전체 도형 그룹을 선택합니다. [홈] 탭-[그리기] 그룹에서 [정렬]을 클릭하고 '개체 위치'의 [맞춤]-[세로 간격을 동일하게]를 선택하세요.

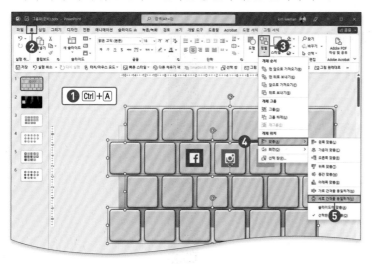

8 Esc를 눌러 도형 선택을 해제하고 세로 간격이 동일하게 지정되었는지 확인합니다.

● 실습예제 : 도형에이미지삽입(준비).pptx   ● 완성예제 : 도형에이미지삽입(완성).pptx

필수기능

07 | 도형에 이미지를 삽입하는 방법 살펴보기

슬라이드에 이미지를 삽입할 때 [삽입] 탭-[이미지] 그룹에서 [그림]을 클릭하는 방법보다 도형에 이미지를 채우는 방법이 더 편리할 수 있습니다. 왜냐하면 이미지가 들어갈 곳에 먼저 도형을 배치해서 슬라이드의 레이아웃을 편리하게 구성한 후 이미지를 삽입하고 투명도를 조절하여 효과를 연출할 수 있기 때문입니다. 이번에는 도형에 이미지를 채우는 세 가지 방법을 살펴보겠습니다.

방법 1 **클립보드 이용해 그림 삽입하기**

클립보드를 이용하려면 우선 화면을 캡처해야 합니다. 화면을 캡처하는 방법은 다양하지만, 여기서는 윈도우에서 기본적으로 제공하는 '캡처 도구'를 활용하겠습니다.

1 윈도우 바탕 화면의 왼쪽 아래에 있는 [시작] 단추(▦)를 클릭하고 검색 창에 『캡처 도구』를 입력하여 검색한 후 [캡처 도구]를 선택합니다.

2 웹 브라우저를 실행하고 'www.powerpoint.pe.kr' 사이트에 접속한 후 프로필 사진을 클릭합니다. [캡처 도구] 창이 열리면 [새 캡처]를 클릭하고 프로필 사진을 드래그해 캡처한 후 Ctrl+C를 눌러 복사합니다.

3 '도형에이미지삽입(준비).pptx'를 열고 1번 슬라이드에서 왼쪽 원형 도형을 마우스 오른쪽 단추로 클릭한 후 [도형 서식]을 선택합니다.

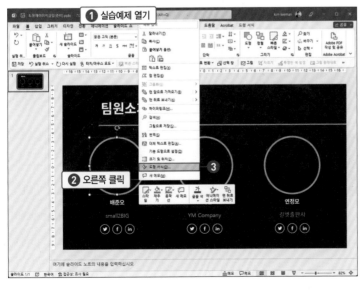

> 💡 **Tip**
> 원형 도형을 더블클릭해도 화면의
> 오른쪽에 [도형 서식] 창이 열립니다.

작업 환경 설정

텍스트 입력

색상 선택

글꼴 지정

슬라이드 배치

도형과
이미지

표와 차트

이미지 찾기

4 화면의 오른쪽에 [도형 서식] 창이 열리면 [도형 옵션]-[채우기 및 선]의 [채우기]에서 [그림 또는 질감 채우기]를 선택한 후 '그림 원본'의 [클립보드]를 클릭합니다. 그러면 **2** 과정에서 복사한 캡처 이미지가 도형 안에 채워집니다.

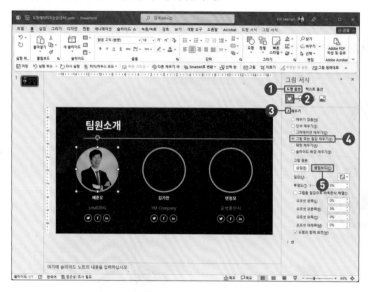

Tip

[도형 서식] 창은 [도형 옵션]-[채우기 및 선]의 [채우기]에서 [그림 또는 질감 채우기]를 선택하면 [그림 서식] 창으로 창의 이름이 변경됩니다.

방법2 도형에 그림 파일 삽입하기

1 1번 슬라이드에서 가운데 원형 도형을 선택하고 [도형 서식] 창에서 [도형 옵션]-[채우기 및 선]의 [채우기]에서 [그림 또는 질감 채우기]를 선택합니다.

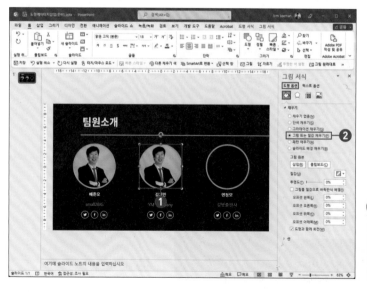

Tip

화면의 오른쪽에 [도형 서식] 창이 없으면 도형을 마우스 오른쪽 단추로 클릭하고 [도형 서식]을 선택하여 표시하세요.

2 가운데 원형 도형에 왼쪽 원형 도형의 사진이 나타나면 [그림 서식] 창에서 '그림 원본'의 [삽입]을 클릭합니다. [그림 삽입] 창이 열리면 [파일에서]를 선택합니다.

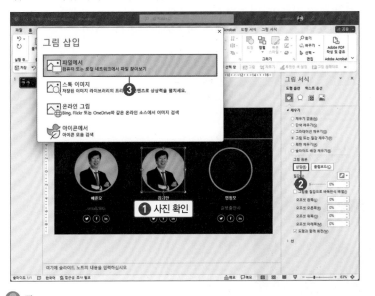

> **Tip**
> [도형 서식] 창에서 '채우기'의 [그림 또는 질감 채우기]를 선택하면 마지막에 설정된 값으로 도형이 채워지기 때문에 가운데 원형 도형에 왼쪽 원형 도형의 사진이 나타나는 것입니다.

3 [그림 삽입] 대화상자가 열리면 삽입할 이미지를 선택하고 [삽입]을 클릭합니다.

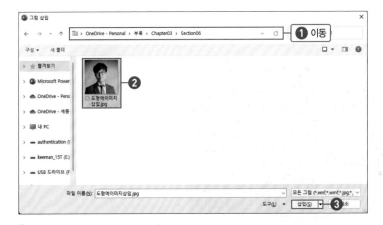

> **Tip**
> 여기에서는 '부록\Chapter03\Section06' 폴더에서 제공하는 필자의 이미지를 삽입했지만, 여러분이 원하는 이미지를 삽입해도 됩니다.

1 1번 슬라이드에서 오른쪽 원형 도형을 선택하고 [도형 서식] 창에서 [도형 옵션]-[채우기 및 선]의 [채우기]에서 [그림 또는 질감 채우기]를 선택한 후 '그림 원본'의 [삽입]을 클릭하세요. [그림 삽입] 창이 열리면 [온라인 그림]을 선택하세요.

2 [온라인 그림] 창이 열리면 [꽃]을 클릭합니다.

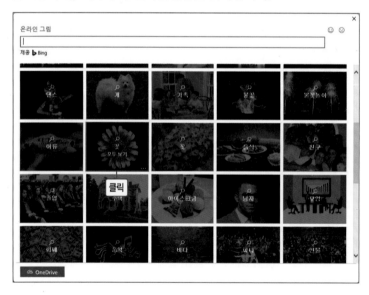

3 왼쪽 맨 위에 있는 코스모스 이미지를 선택하고 [삽입]을 클릭합니다.

4 오른쪽 원형 도형에 선택한 이미지가 삽입되었는지 확인합니다.

💡 **Tip**
파워포인트 2013 이전 버전에서는 온라인 그림 대신 클립아트를 삽입할 수 있습니다.

> 📓 **잠깐만요 :: 이미지의 투명도 조절하기**
>
> 투명도를 조절할 이미지를 선택하고 [도형 서식] 창의 [도형 옵션]-[채우기 및 선]에서 [채우기]의 [그림 또는 질감 채우기]를 선택합니다. 그림과 관련된 항목이 나타나면 '투명도'에서 이미지의 투명도를 조절할 수 있습니다.
>
>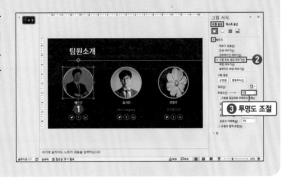

현장실무

08 | 도형 병합하고 빼기

슬라이드를 작성하다 보면 기본적으로 제공되는 도형만으로 표현하기 힘든 도형을 만들어야 할 수도 있습니다. 이 경우에는 '도형 병합'이나 '도형 빼기' 기능으로 새로운 도형을 만들어서 사용해야 합니다.

파워포인트에서는 선이나 사각형과 같은 기본 도형뿐만 아니라 블록 화살표나 순서도, 별 및 현수막과 같은 다양한 도형을 제공하고 있습니다. 그리고 '도형 병합' 및 '도형 빼기' 기능을 활용해 여러 도형을 만들 수 있습니다. 도형 병합 및 도형 빼기는 2개 이상의 도형을 삽입한 후 새로운 도형을 만드는 기능입니다.

▲ 도형 병합   ▲ 도형 결합   ▲ 도형 교차   ▲ 도형 빼기

Shift 나 Ctrl 을 이용해 2개 이상의 도형을 선택하고 [도형 서식] 탭-[도형 삽입] 그룹에서 [도형 병합]을 클릭한 후 [통합], [결합], [조각], [교차], [빼기]를 선택하면 원하는 모양을 만들 수 있습니다.

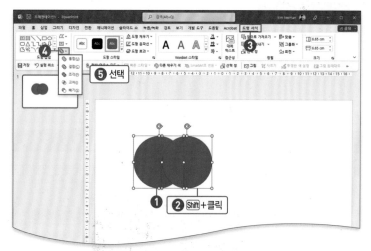

💡 Tip

파워포인트 2010에서는 리본 메뉴에 '도형 병합' 기능이 포함되어 있지 않습니다. 그러므로 [PowerPoint 옵션] 창의 [빠른 실행 도구 모음] 범주에서 [세이프 결합]을 찾아 빠른 실행 도구 모음에 추가해서 사용해야 합니다. 이것에 대해서는 159쪽의 '잠깐만요'를 참고하세요.

잠깐만요 :: **파워포인트 2010에서 빠른 실행 도구 모음에 [셰이프 결합] 도구 추가하기**

파워포인트 2010에서는 리본 메뉴에 '도형 병합' 기능이 제공되지 않으므로 빠른 실행 도구 모음에 [셰이프 결합] 도구 ()를 추가해서 사용해야 합니다.

1. [PowerPoint 옵션] 창을 열고 [빠른 실행 도구 모음] 범주를 선택한 후 '다음에서 명령 선택'에서 [리본 메뉴에 없는 명령]을 선택합니다.

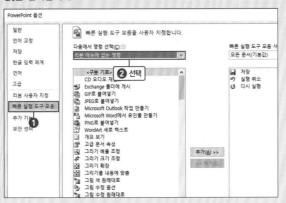

2. [셰이프 결합] 중에서 오른쪽에 ▶가 표시되어 있는 항목을 선택하고 [추가]를 클릭하여 '빠른 실행 도구 모음 사용자 지정'에 [셰이프 결합]을 추가한 후 [확인]을 클릭하세요.

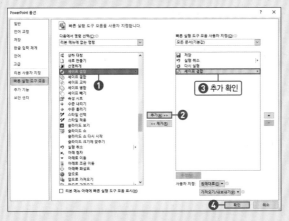

3. 파워포인트 2010의 빠른 실행 도구 모음에 [셰이프 결합] 도구()가 추가되었는지 확인합니다.

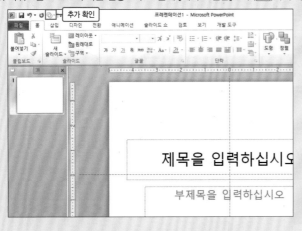

● **실습예제** : 도형병합빼기(준비).pptx ● **완성예제** : 도형병합빼기(완성).pptx

현장실무

09 | 도형 병합하고 빼기해 톱니바퀴 만들기

도형 병합 및 도형 빼기 기능을 활용하여 톱니바퀴 모양의 새로운 도형을 만들어 보겠습니다. 그리고 완성된 톱니바퀴 모양을 여러 개 복제하여 숫자까지 차례대로 삽입해 보겠습니다.

1 2번 슬라이드에서 [홈] 탭-[그리기] 그룹의 [도형]을 클릭하고 '별 및 현수막'의 [별: 꼭짓점 10개](⊛)를 클릭합니다. 슬라이드에서 드래그하여 꼭짓점이 10개인 별 도형을 삽입하고 노란색 조절점을 안쪽으로 드래그하여 좀 더 홀쭉한 별 모양을 만드세요.

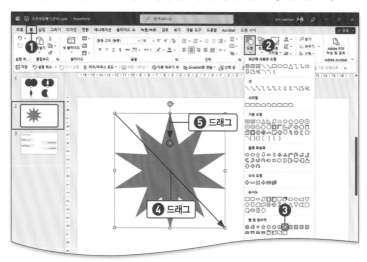

2 [홈] 탭-[그리기] 그룹에서 [도형]을 클릭하고 '최근에 사용한 도형'의 [타원](◯)을 클릭합니다. 슬라이드에서 Shift를 누른 상태에서 드래그하여 정원 도형을 삽입하고 별 도형의 가운데에 정렬하세요.

> 💡 **Tip**
>
> [타원](◯)을 선택한 상태에서 Shift를 누르고 드래그하면 정원 도형을 그릴 수 있습니다. 그리고 타원을 별 도형의 위로 드래그했을 때 나타나는 빨간색 점선을 참고하면 편리하게 가운데 정렬할 수 있습니다.

3 타원 도형은 선택한 상태이므로 Shift를 누르고 별 도형을 선택하여 모든 도형을 선택합니다. [도형 서식] 탭-[도형 삽입] 그룹에서 [도형 병합]을 클릭하고 [통합]을 선택하세요.

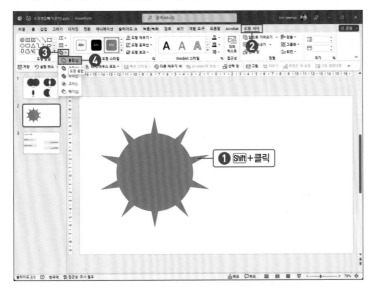

4 **2** 과정과 같은 방법으로 정원 도형을 삽입하고 다음의 그림과 같이 정원 도형의 크기를 조절합니다. Shift를 이용해 모든 도형을 선택하고 [홈] 탭-[그리기] 그룹에서 [정렬]을 클릭한 후 '개체 위치'의 [맞춤]-[가운데 맞춤]과 [중간 맞춤]을 차례대로 선택하여 정렬하세요.

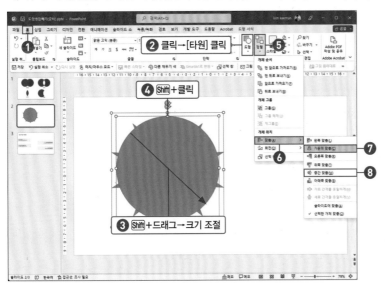

5 모든 도형을 선택한 상태에서 [도형 서식] 탭-[도형 삽입] 그룹에서 [도형 병합]을 클릭하고 [교차]를 선택합니다.

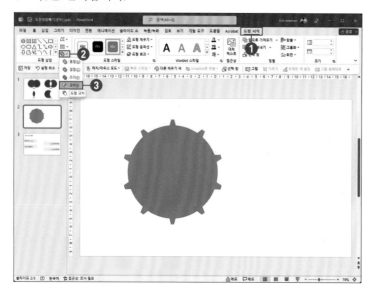

6 톱니바퀴 도형이 완성되었으면 Ctrl+D를 눌러 복제하고 복제한 톱니바퀴 도형을 오른쪽으로 드래그해 배치합니다. [도형 서식] 탭-[도형 삽입] 그룹에서 [타원](◯)을 클릭한 후 다음의 그림과 같이 오른쪽 톱니바퀴 도형의 위에 정원을 그리고 **4** 과정과 같은 방법으로 정렬하세요.

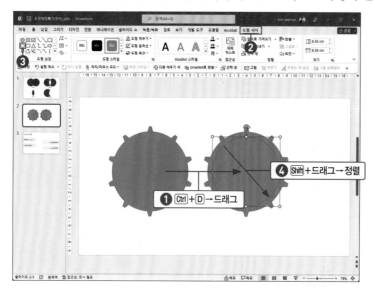

7 Shift를 이용해 오른쪽에 있는 모든 도형을 선택하고 [도형 서식] 탭-[도형 삽입] 그룹에서 [도형 병합]을 클릭한 후 [빼기]를 선택합니다. 새로운 톱니바퀴 도형이 완성되었으면 Ctrl+C를 눌러 복사하세요.

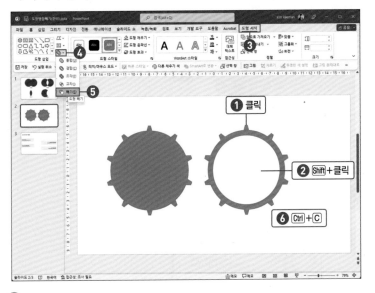

Tip

바깥쪽의 톱니바퀴 도형을 먼저 선택하고 Shift를 누른 상태에서 안쪽의 원형 도형을 선택한 후 [도형 서식] 탭-[도형 삽입] 그룹에서 [도형 병합]-[빼기]를 선택해야 가운데가 빈 톱니바퀴 모양이 완성됩니다.

8 3번 슬라이드를 선택하고 Ctrl+V를 눌러 7 과정에서 복사한 톱니바퀴 도형을 붙여넣은 후 크기를 조절하여 오른쪽 위에 있는 사각형의 왼쪽에 배치합니다. 이와 같은 방법으로 다음의 그림과 같이 다른 3개의 톱니바퀴 도형도 복사해서 배치하세요.

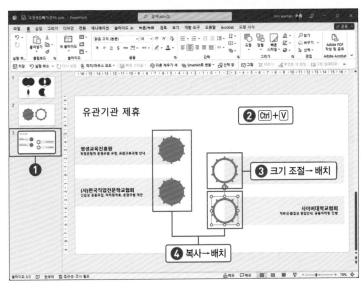

Tip

Shift를 누른 상태에서 도형의 크기를 조절하면 원본 비율대로 크거나 작게 조절할 수 있습니다.

9 왼쪽 위, 오른쪽 위, 오른쪽 아래 톱니바퀴 도형에 [홈] 탭-[그리기] 그룹에서 [도형 채우기]의 내림 단추(▾)를 클릭하여 각각 색을 채웁니다.

> • **왼쪽 위 톱니바퀴, 오른쪽 위 톱니바퀴** : '테마 색'의 '녹색, 강조 6, 25% 더 어둡게'
> • **오른쪽 아래 톱니바퀴** : '테마 색'의 '흰색, 배경 1, 35% 더 어둡게'

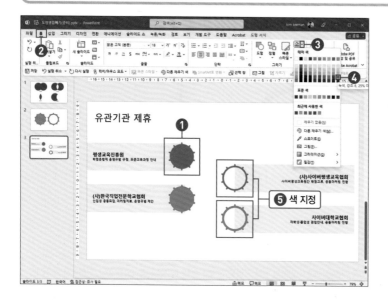

10 Shift를 이용해 모든 톱니바퀴 도형을 선택하고 [홈] 탭-[그리기] 그룹에서 [도형 윤곽선]의 내림 단추(▾)를 클릭한 후 [윤곽선 없음]을 선택합니다. 톱니바퀴 도형들의 윤곽선이 없어지면 Esc를 눌러 톱니바퀴 도형들의 선택을 해제하세요.

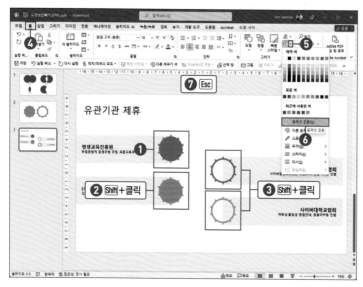

11 왼쪽 위 톱니바퀴 도형을 선택하고 F2 를 눌러 도형 안에 커서를 표시합니다. 숫자『1』을 입력하고 [글꼴 크기]를 [40pt]로 지정하세요.

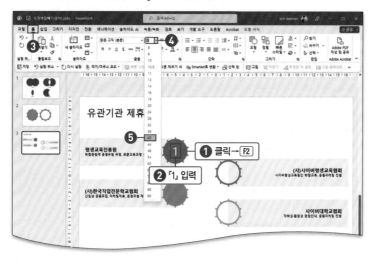

12 이와 같은 방법으로 왼쪽 아래 톱니바퀴 도형에 숫자『2』를 입력하고 [글꼴 크기]를 [40pt]로 지정합니다. 오른쪽 위와 오른쪽 아래 톱니바퀴 도형에 각각 숫자『3』과『4』를 입력하고 '테마 색'의 [검정, 텍스트 1]과 [40pt]를 지정하세요.

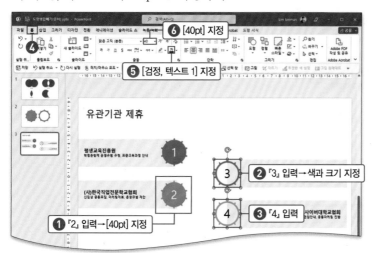

 잠깐만요 :: 톱니바퀴 도형 활용하기

'부록\Chapter03\Section06' 폴더의 '톱니바퀴도형활용.pptx'에서는 45가지의 톱니바퀴 도형을 제공하므로 프레젠테이션 문서를 작성할 때 유용하게 사용해 보세요.

 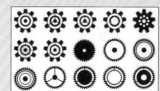 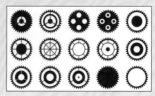

작업 환경 설정

텍스트 입력

색상 선택

글꼴 지정

슬라이드 배치

도형 활용

표와 차트

이미지 찾기

● **실습예제** : 도형과텍스트(준비).pptx　● **완성예제** : 도형과텍스트(완성).pptx

현장실무
10

도형과 텍스트의 빼기 기능 이용해 표지 디자인하기

도형 병합 및 도형 빼기는 도형끼리만 가능한 것이 아니라 도형과 텍스트, 텍스트와 텍스트 간에도 할 수 있습니다. 이번 섹션에서는 도형과 텍스트의 도형 빼기 기능을 이용해서 표지 디자인을 해 보겠습니다.

1 1번 슬라이드에서 [홈] 탭-[그리기] 그룹의 [도형]을 클릭하고 '사각형'의 [직사각형](▢)을 클릭합니다. 슬라이드에서 드래그하여 슬라이드 전체에 직사각형을 삽입하세요.

2 [홈] 탭-[그리기] 그룹에서 '기본 도형'의 [텍스트 상자](▣)를 클릭한 후 슬라이드의 안에서 클릭하여 텍스트 상자를 삽입합니다. 텍스트 상자에 『2023』을 입력하고 [홈] 탭-[글꼴] 그룹에서 글꼴은 [이사만루체 Bold]로, 글꼴 크기는 [240pt]로 지정합니다.

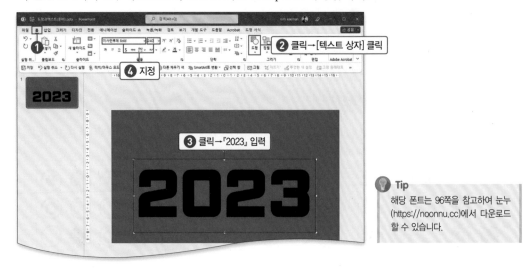

💡 **Tip**

해당 폰트는 96쪽을 참고하여 눈누 (https://noonnu.cc)에서 다운로드 할 수 있습니다.

3 Shift를 이용해 직사각형 도형과 텍스트 상자를 모두 선택하세요. [홈] 탭-[그리기] 그룹에서 [정렬]을 클릭하고 '개체 위치'의 [맞춤]-[가운데 맞춤]을 선택하여 도형을 정렬합니다.

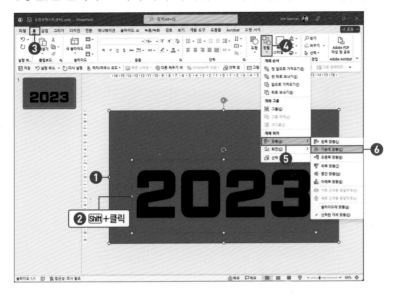

4 3 과정에서 직사각형 도형을 먼저 선택하고 텍스트 상자를 나중에 선택한 상태에서 [도형 서식] 탭-[도형 삽입] 그룹에서 [도형 병합]을 클릭하고 [빼기]를 선택합니다.

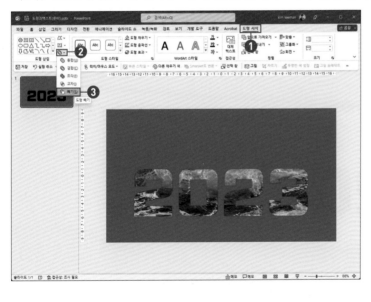

작업 환경 설정

텍스트 입력

색상 선택

글꼴 지정

슬라이드 배치

도형 활용

표와 차트

이미지 찾기

5 직사각형 도형만 선택한 후 [도형 서식] 탭-[도형 스타일] 그룹에서 [도형 채우기]를 클릭하고 '테마 색'의 [흰색, 배경 1]을 선택합니다.

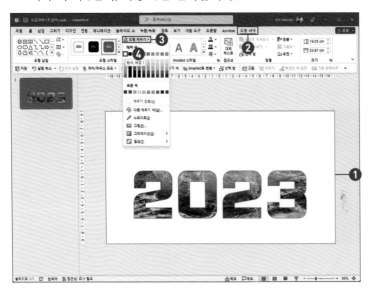

6 직사각형 도형의 채우기 색이 바뀌었으면 [도형 서식] 탭-[도형 스타일] 그룹에서 [도형 윤곽선]을 클릭하고 [윤곽선 없음]을 선택합니다.

7 [홈] 탭-[그리기] 그룹에서 [도형]을 클릭하고 [텍스트 상자](回)를 클릭한 후 '2023'의 위에서 클릭하여 텍스트 상자를 삽입합니다. 텍스트 상자에『대한민국 서핑 핫 스팟』을 입력하고 [홈] 탭-[글꼴] 그룹에서 글꼴은 [이사만루체 Bold]로, 글꼴 크기는 [44pt]로 지정합니다.

8 상황에 따라 표지의 색상을 검은색 계열로 변경해도 보기 좋습니다.

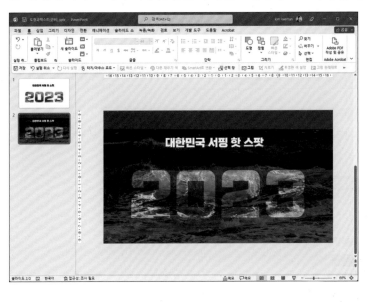

작업 환경 설정

텍스트 입력

색상 선택

글꼴 지정

슬라이드 배치

도형 활용

표와 차트

이미지 찾기

● **실습예제**: 새 프레젠테이션 문서에서 실습하세요. ● **완성예제**: 실무텍스트(테마)(완성).pptx

현장실무

11

텍스트 가져와서
스마트아트 그래픽으로 꾸미기

디자인에 자신이 없어도 스마트아트 그래픽을 제대로 활용한다면 파워포인트 슬라이드를 쉽고 간단하게 디자인할 수 있습니다.

1 [파일] 탭-[열기]를 선택한 후 [찾아보기]를 선택합니다. [열기] 대화상자가 열리면 '파일 확장자'에서 [모든 파일 (*.*)]을 선택하고 '부록\Chapter03\Section06' 폴더에서 '실무텍스트(준비).txt'를 선택한 후 [열기]를 클릭하세요.

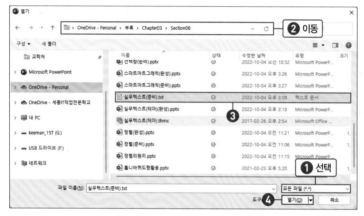

> **Tip**
>
> 윈도우 탐색기에서 텍스트 파일(txt)을 파워포인트의 리본 메뉴로 드래그해서 열어도 됩니다.

2 슬라이드에 텍스트 파일이 나타나면서 프레젠테이션 문서로 작성되면 [디자인] 탭-[테마] 그룹에서 [자세히] 단추(▼)를 클릭하고 [테마 찾아보기]를 선택합니다.

3 [테마 또는 테마 문서 선택] 대화상자가 열리면 '부록\Chapter03\Section06' 폴더에서 '실무텍스트(테마).thmx'를 선택하고 [적용]을 클릭합니다.

4 모든 슬라이드에 지정한 테마가 적용되었으면 상태 표시줄에서 [여러 슬라이드] 단추(⊞)를 클릭합니다.

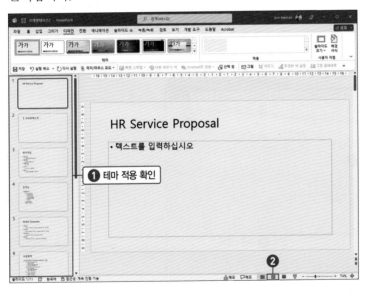

5 여러 슬라이드 보기 화면으로 바뀌면 1번 슬라이드가 선택된 상태에서 [홈] 탭-[슬라이드] 그룹의 [레이아웃]을 클릭하고 '실무텍스트(테마)'의 [제목 슬라이드]를 클릭합니다.

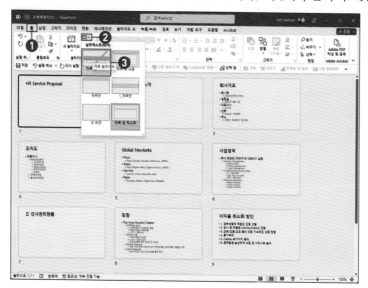

💡 **Tip**

[레이아웃]을 클릭하면 나타나는 '실무텍스트(테마)'는 **3** 과정에서 적용했기 때문에 표시되는 레이아웃입니다.

6 Ctrl을 이용해 2번, 7번, 10번 슬라이드를 선택하고 [홈] 탭-[슬라이드] 그룹에서 [레이아웃]을 클릭한 후 '실무텍스트(테마)'의 [1_제목만]을 클릭합니다.

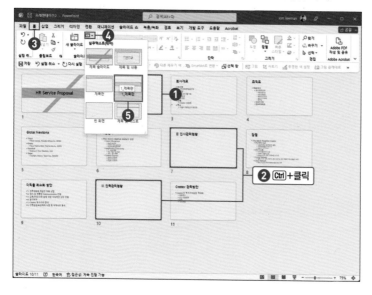

7 Ctrl을 이용해 나머지 슬라이드(3~6번, 8~9번, 11번 슬라이드)를 모두 선택하고 [홈] 탭-[슬라이드] 그룹에서 [레이아웃]을 클릭한 후 '실무텍스트(테마)'의 [제목 및 내용]을 선택합니다.

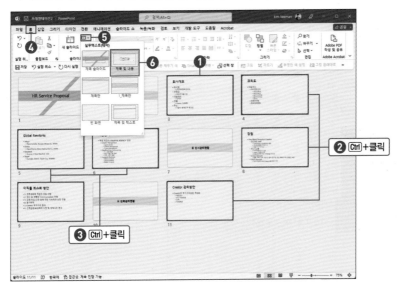

8 상태 표시줄에서 [기본] 단추(□)를 클릭하여 기본 화면으로 되돌아온 후 3번 슬라이드에서 텍스트 상자를 선택합니다. [홈] 탭-[단락] 그룹에서 [SmartArt로 변환]을 클릭하고 [세로 블록 목록형]을 선택하세요.

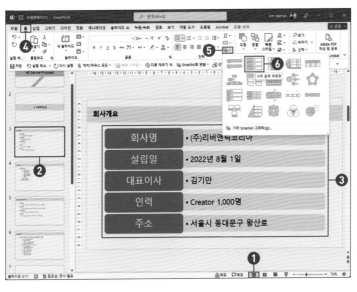

9 [SmartArt 디자인] 탭-[SmartArt 스타일] 그룹에서 [색 변경]을 클릭하고 '기본 테마 색'의 [어두운 색 2 채우기]를 클릭합니다.

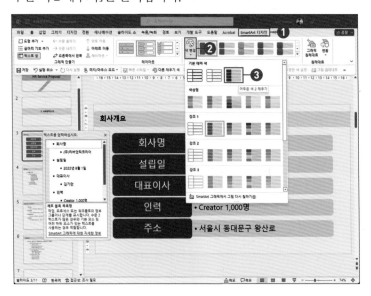

10 4번 슬라이드에서 텍스트 상자를 선택하고 [홈] 탭-[단락] 그룹에서 [SmartArt로 변환]을 클릭한 후 [기타 SmartArt 그래픽]을 선택합니다.

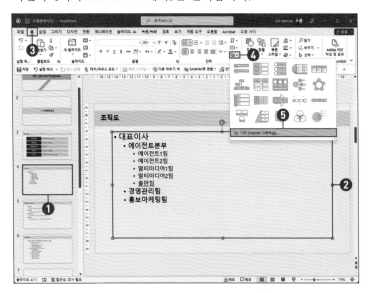

11 [SmartArt 그래픽 선택] 대화상자가 열리면 [계층 구조형] 범주를 선택하고 [계층 구조형]을 클릭한 후 [확인]을 클릭합니다.

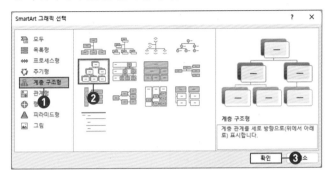

12 [SmartArt 디자인] 탭-[SmartArt 스타일] 그룹에서 [색 변경]을 클릭하고 '기본 테마 색'의 [어두운 색 2 채우기]를 클릭합니다.

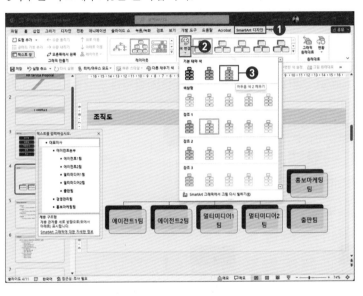

13 5번 슬라이드에서 텍스트 상자를 선택하고 [홈] 탭-[단락] 그룹에서 [SmartArt로 변환]을 클릭한 후 [가로 글머리 기호 목록형]을 선택합니다.

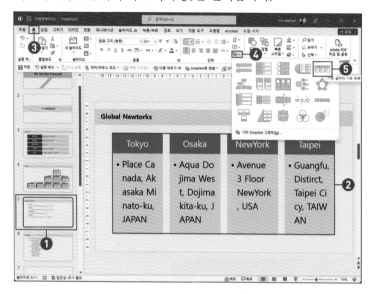

14 [SmartArt 디자인] 탭-[SmartArt 스타일] 그룹에서 [색 변경]을 클릭하고 '기본 테마 색'의 [어두운 색 2 채우기]를 클릭합니다.

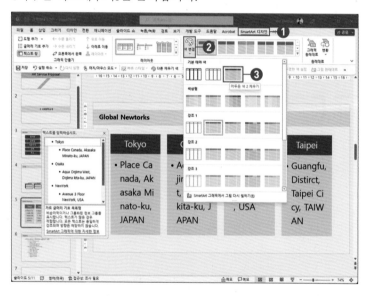

15 6번 슬라이드에서 텍스트 상자를 선택하고 [홈] 탭-[단락] 그룹에서 [SmartArt로 변환]을 클릭한 후 [기타 SmartArt 그래픽]을 선택합니다. [SmartArt 그래픽 선택] 대화상자가 열리면 [관계형] 범주에서 [원형 관계형]을 선택하고 [확인]을 클릭하세요.

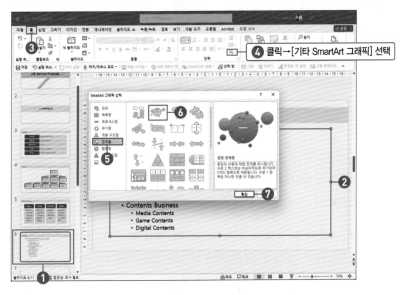

16 [SmartArt 디자인] 탭-[SmartArt 스타일] 그룹에서 [색 변경]을 클릭하고 '강조 5'의 [그라데이션 반복 – 강조 5]를 클릭합니다.

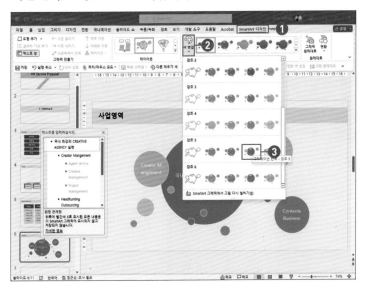

● **실습예제** : 스마트아트그래픽(준비).pptx   ● **완성예제** : 스마트아트그래픽(완성).pptx

현장실무

12 | 스마트아트 그래픽 활용해 세부 디자인 변경하기

스마트아트 그래픽을 이용하여 더욱 편리하게 문서를 작성할 수 있습니다. 이번에는 문서의 목적에 맞는 스마트아트 그래픽을 삽입하는 방법을 살펴보겠습니다.

스마트아트 그래픽은 파워포인트에 기본적으로 삽입된 도해 및 다이어그램 디자인으로, 문서를 작성할 때 매우 편리하게 사용할 수 있습니다. 하지만 색상이나 디자인이 잘 어울리게 맞추는 데 한계가 있으므로 스마트아트 그래픽의 색상과 세부 디자인을 변경해 보겠습니다.

1 1번 슬라이드에서 스마트아트 그래픽을 선택하고 [SmartArt 디자인] 탭-[SmartArt 스타일] 그룹에서 [색 변경]을 클릭한 후 '기본 테마 색'의 [어두운 색 2 채우기]를 클릭합니다.

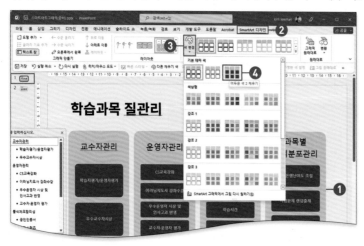

2 스마트아트 그래픽을 선택한 상태에서 Ctrl+Shift+G를 연속해서 2번 눌러 그룹을 해제합니다.

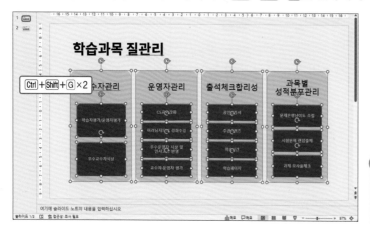

> 💡 **Tip**
> Ctrl+Shift+G는 그룹 해제 단축키로, 스마트아트 그래픽을 그룹 해제하여 사용할 수 있습니다.

3 왼쪽의 가장 큰 사각형을 선택하고 Shift를 이용해 나머지 가장 큰 도형들을 모두 선택합니다. [도형 서식] 탭-[도형 삽입] 그룹에서 [도형 편집]을 클릭하고 [도형 모양 변경]을 선택한 후 '사각형'의 [사각형: 둥근 대각선 방향 모서리](▢)를 클릭하세요.

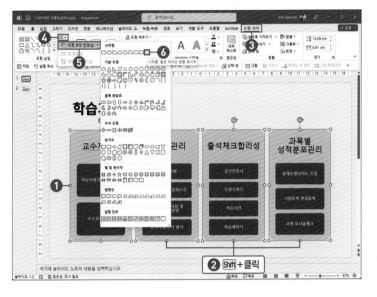

4 Shift를 이용해 [이러닝지도사 강좌수강], [주관식퀴즈], [문제은행난이도 조절] 도형들을 모두 선택합니다. [홈] 탭-[그리기] 그룹에서 [도형 채우기]의 내림 단추(▾)를 클릭하고 '표준 색'의 [진한 빨강]을 클릭하여 도형의 색을 채우세요.

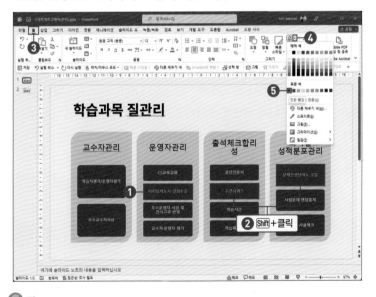

💡 Tip

[도형 서식] 탭-[도형 스타일] 그룹에서 [도형 채우기]를 클릭하고 색상을 선택하는 방법도 있습니다.

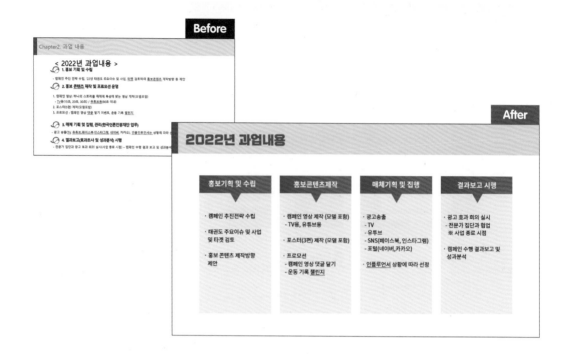

❖ 슬라이드에 대한 의견 ❖

Before 슬라이드는 2022년 과업 내용을 안내하는 슬라이드입니다. 단순 나열형 배치로 현업에서도 자주 사용하는 형식 중 하나이지만 가독성이 떨어집니다. 먼저 제목과 소제목의 내용이 중복되어 필요 없는 정보를 제공하고 있습니다. 또한 각 과업 내용의 앞에 기관 로고를 배치하였으나 필요 없는 요소입니다. 마지막으로 과업의 내용이 키워드 위주의 설명이 아니라 서술형 어미와 조사가 포함되어 있어서 너무 길어 보입니다.

❖ 슬라이드의 문제점 ❖

문제점	개선 방향
제목과 소제목의 내용이 중복된다.	제목만 표시한다.
무의미한 기관 로고를 삽입했다.	기관 로고의 색상을 표현한다.
과업 내용이 나열형이다.	다이어그램을 활용해 체계적으로 표현한다.
내용이 요약되어 있지 않다.	키워드 위주의 문장으로 변경한다.

◉ 원본 슬라이드 : 3장_Clinic_Before1.pptx　　◉ 완성 슬라이드 : 3장_Clinic_After1.pptx

❖ 해결 방법 ❖

1단계 원본 슬라이더와 동일하게 제목 배경을 삽입하고 과업 내용이 들어갈 부분은 직사각형과 이등변 삼각형을 이용해 도형을 병합합니다.

2단계 병합된 도형을 복제한 후 '스포이트' 기능을 이용해 기관 로고의 색상으로 그라데이션 효과를 줍니다.

3단계 서술형 어미와 조사를 생략하고 키워드 위주로 내용을 함축해 도형에 삽입합니다.

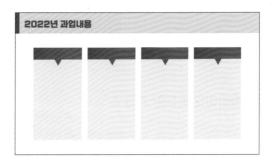

❖ 주의 사항 ❖

텍스트만 길게 나열되어 있는 슬라이드는 정보를 전달하기 어렵습니다. 그러므로 텍스트에서 강조해야 할 키워드를 추출해 다이어그램이나 표의 형태로 표현하는 것이 좋습니다. 나열형 다이어그램을 만들 때 각 항목을 비교해야 한다면 카테고리의 색상을 구분해 지정해서 효과적으로 표현할 수 있습니다.

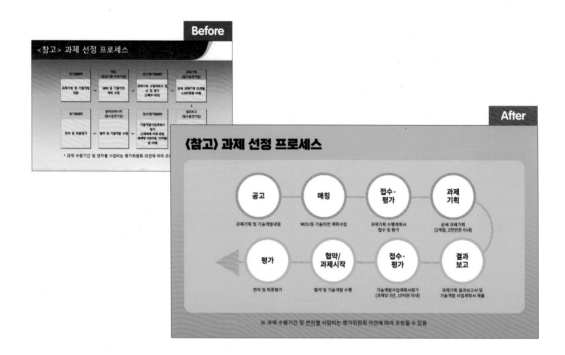

❖ 슬라이드에 대한 의견 ❖

Before 슬라이드는 업무 프로세스를 나타낼 때 자주 사용하는 디자인으로 작성되었습니다. 전반적인 구조는 나쁘지 않지만, 배경색을 너무 화려하게 지정하여 전달하려는 내용은 정작 강조되지 않아 청중들의 시선이 분산되고 있습니다. 이러한 실수는 자주 발생하는데, 프레젠테이션 문서를 만들 경우 디자인보다 정보를 정확하게 전달하는 것이 가장 중요하다는 사실을 꼭 기억해야 합니다.

❖ 슬라이드의 문제점 ❖

문제점	개선 방향
프로세스 타이틀의 가독성이 떨어진다.	타이틀 중심으로 프로세스를 구성한다.
프로세스의 진행 방향이 모호하다.	도형을 활용해 프로세스를 표현한다.
배경색이 너무 진하고 화려하다.	배경색을 없애고 도형과 선을 이용해 표현한다.

❖ 해결 방법 ❖

- - - - - - - - - -

`1단계` 프로세스의 진행 방향이 모호하므로 U자형 화살표 도형을 그리고 '도형 빼기' 기능을 활용하여 직사각형 도형을 뺍니다.

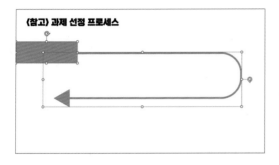 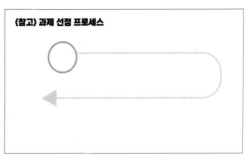

`2단계` 타이틀의 가독성을 높이기 위해 타원 도형을 사용하는 것이 좋습니다. 타이틀의 내용이 길면 둥근 모서리 사각형 도형을 사용해도 됩니다.

`3단계` 단순한 배경을 추천하지만, 회사 로고의 색상이 있다면 배경색을 그라데이션으로 설정해도 좋습니다. 배경색이 진할 경우 사각형 도형을 삽입해 프로세스가 돋보이게 하는 방법도 추천합니다.

❖ 주의 사항 ❖

- - - - - - - - - -

순차형 다이어그램은 내용도 중요하지만, 각각의 프로세스가 되는 타이틀을 정확하게 발췌해서 표현해야 합니다. 타원 도형을 활용하여 각 프로세스의 단계를 잘 표현하고 배경을 단순화해서 각 프로세스가 가지고 있는 타이틀의 가독성을 높여야 합니다. 그리고 도형을 삽입해서 프로세스의 진행 방향을 명확하고 효과적으로 표현할 수 있습니다.

가독성을 높여주는
표와 차트 삽입하기

필수기능

01 표 디자인의 기본 원칙 살펴보기

1 주목할 부분을 강조해서 표현하기

왼쪽의 표 디자인에서는 강조할 부분이 구분되어 있지 않아서 전달하려는 메시지가 무엇인지 파악하기 어렵습니다. 이 예시에서는 가독성도 떨어져서 내용이 더욱 어렵게 느껴집니다. 따라서 표를 보는 사람이 어느 부분에 주목해야 하는지 강조해서 표현하는 것이 중요합니다.

2022년 운영실적

	신입생 현황					
구분	1-1	1-2	2-1	2-2	정시	합계
	접수	367	429	426	235	278	1771
21학번 합격	175	164	223	82	95	739
	등록	105	119	160	46	68	498
	접수	345	646	511	327	396	2225
22학번 합격	163	325	200	124	174	986
	등록	113	220	143	87	132	695

▲ 강조 부분이 없는 표 디자인

2022년 운영실적

	신입생 현황					
구분	1-1	1-2	2-1	2-2	정시	합계
	접수	367	429	426	235	278	1771
21학번	합격	175	164	223	82	95	739
	등록	105	119	160	46	68	498
	접수	345	646	511	327	396	2225
22학번	합격	163	325	200	124	174	986
	등록	113	220	143	87	132	695

▲ 표 부분을 강조한 표 디자인

2 선을 삭제해서 여백의 미 살리기

데이터가 많은 표는 선 때문에 데이터의 값을 읽기가 어렵습니다. 표의 선을 없애는 것은 여백을 확보하는 것과 같습니다. 이렇게 선을 삭제한 후 데이터의 구분이 모호해졌다면 행 또는 열에 음영을 적용하여 표에서 데이터를 효과적으로 표현할 수 있습니다.

▲ 선 때문에 가독성이 떨어지는 표 디자인

▲ 행에 음영을 적용해 데이터를 효과적으로 표현한 표 디자인

3 숫자는 오른쪽 정렬해서 수치값 쉽게 비교하기

텍스트를 입력할 때는 대부분 왼쪽 정렬을 선호합니다. 하지만 숫자는 오른쪽 정렬을 해야 수치 값을 쉽게 비교할 수 있습니다.

2022년 운영실적

구분		1-1	1-2	2-1	2-2	정시	합계
21학번	접수	367	429	426	235	278	1771
	합격	175	164	223	82	95	739
	등록	105	119	160	46	68	498
22학번	접수	345	646	511	327	396	2225
	합격	163	325	200	124	174	986
	등록	113	220	143	87	132	695

▲ 문자와 숫자 모두 가운데 정렬한 표 디자인

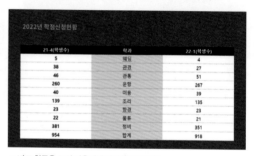

▲ 숫자를 오른쪽 정렬한 표 디자인

4 두 가지 항목을 비교할 때 비교 항목을 표의 가운데에 배치하기

비교용 표를 작성할 때 비교 대상이 두 가지 이상인 경우 비교 항목을 표의 가운데에 배치해야 쉽게 이해할 수 있습니다. 또한 기준이 되는 데이터를 표의 왼쪽에 배치하는 것도 좋습니다.

2022년 학점신청현황

학과	21-4(학생수)	22-1(학생수)
웨딩	5	4
관광	38	27
관통	46	51
운항	260	267
미용	40	39
조리	139	135
항공	23	23
물류	22	21
정비	381	351
합계	954	918

▲ 비교 대상이 모호한 표 디자인

2022년 학점신청현황

21-4(학생수)	학과	22-1(학생수)
5	웨딩	4
38	관광	27
46	관통	51
260	운항	267
40	미용	39
139	조리	135
23	항공	23
22	물류	21
381	정비	351
954	합계	918

▲ 비교 항목을 표의 가운데에 배치한 표 디자인

● 실습예제 : 표1(준비).pptx   ● 완성예제 : 표1(완성).pptx

현장실무

02 | 표에서 숫자 강조하고 오른쪽 정렬하기

이번에는 표에서 주목할 부분에는 음영을 넣어 강조하여 표현하고 숫자는 셀에 오른쪽 정렬해 보겠습니다. 이렇게 작성하면 표의 숫자 부분을 매우 효과적으로 강조할 수 있습니다.

1 1번 슬라이드에서 표를 선택합니다. [테이블 디자인] 탭-[표 스타일] 그룹에서 [자세히] 단추(▽)를 클릭하고 '밝게'의 [밝은 스타일 2]를 클릭하세요.

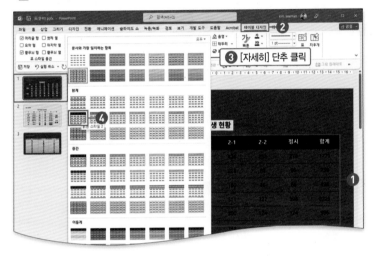

2 표에서 1행을 제외한 나머지 부분을 드래그하여 선택합니다. [테이블 디자인] 탭-[표 스타일] 그룹에서 [음영]을 클릭하고 '테마 색'의 [흰색, 배경 1]을 클릭하세요.

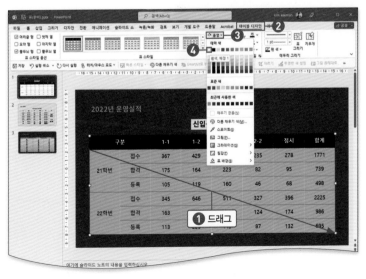

3 '21학번' 항목의 '등록' 행을 드래그하여 선택합니다. [테이블 디자인] 탭-[표 스타일] 그룹에서 [음영]을 클릭하고 '테마 색'의 [흰색, 배경 1, 15% 더 어둡게]를 클릭한 후 [굵게]를 지정하세요.

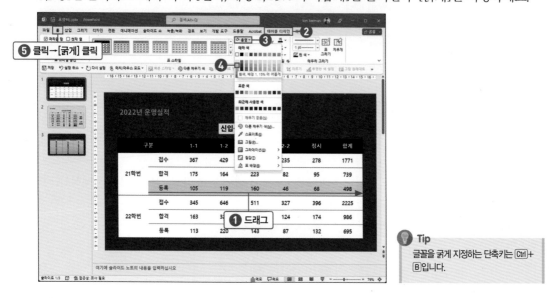

Tip
글꼴을 굵게 지정하는 단축키는 Ctrl + B입니다.

4 이와 같은 방법으로 '22학번' 항목의 '등록' 행에 '테마 색'의 [흰색, 배경 1, 15% 더 어둡게] 음영과 [굵게]를 지정합니다. 표의 숫자 부분을 드래그하여 선택하고 [홈] 탭-[단락] 그룹에서 [오른쪽 맞춤]을 클릭하세요.

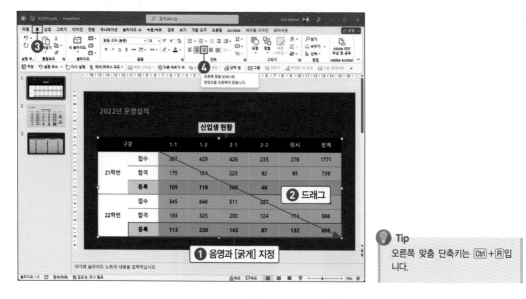

Tip
오른쪽 맞춤 단축키는 Ctrl + R입니다.

5 표의 숫자 부분을 선택한 상태에서 [레이아웃] 탭-[맞춤] 그룹에서 [셀 여백]을 클릭하고 [사용자 지정 여백]을 선택합니다.

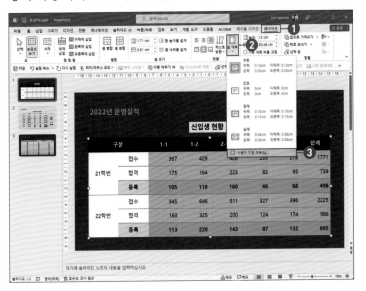

6 [셀 텍스트 레이아웃] 대화상자가 열리면 '안쪽 여백'의 '오른쪽으로'에 [0.8cm]를 지정하고 [확인]을 클릭합니다.

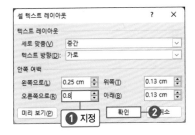

7 Esc 를 눌러 표의 선택을 해제하고 숫자 데이터의 오른쪽에 0.8cm 간격만큼 여백이 생겼는지 확인합니다.

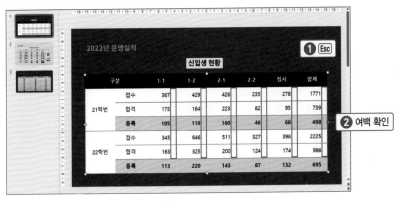

직업 환경 설정

텍스트 입력

색상 선택

글꼴 지정

슬라이드 배치

도형 활용

표와 차트

이미지 찾기

● 실습예제 : 표(준비).pptx ● 완성예제 : 표(완성).pptx

현장실무

03 | 선 없는 표 작성하기

표를 작성할 때 선을 최소화해서 작성하면 표가 훨씬 깔끔해 보입니다. 이 경우 선이 없어서 각 행의 구분이 모호해질 수 있으므로 음영을 지정해서 행을 구분하는 것이 좋습니다.

1 2번 슬라이드에서 표를 선택합니다. [테이블 디자인] 탭-[표 스타일] 그룹에서 [자세히] 단추(⬇)를 클릭하고 '중간'의 [보통 스타일 1 - 강조 3]을 클릭하세요.

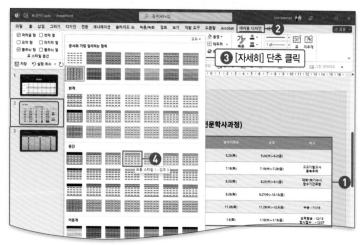

2 표에서 1행을 드래그하여 선택합니다. [테이블 디자인] 탭-[WordArt 스타일] 그룹에서 [텍스트 채우기]의 내림 단추(⬇)를 클릭하고 '테마 색'의 [검정, 텍스트 1]을 클릭하세요.

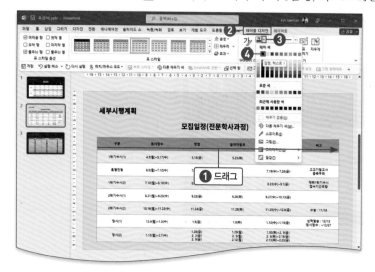

3 표 전체를 드래그하여 선택합니다. [테이블 디자인] 탭-[표 스타일] 그룹에서 [테두리]의 내림 단추(▾)를 클릭하고 [테두리 없음]을 선택하세요.

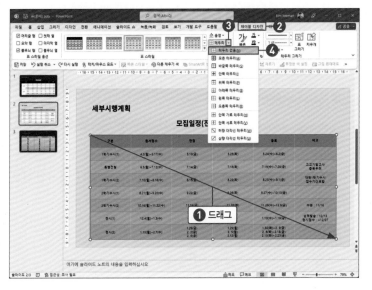

4 Esc를 눌러 표의 선택을 해제하고 선이 없는 표가 완성되었는지 확인합니다.

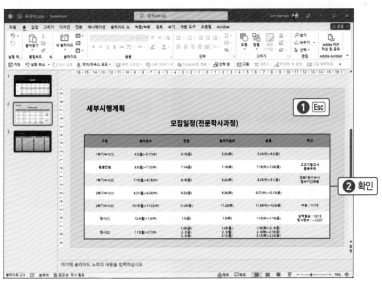

● **실습예제** : 표(준비).pptx ● **완성예제** : 표(완성).pptx

현장실무

04 | 표의 가운데에 비교 항목 배치하기

표에서 2개의 항목을 비교할 때 비교 항목을 표의 가운데에 배치하면 쉽게 비교하여 분석할 수 있습니다. 그리고 비교 항목의 서식을 다르게 지정하면 비교 기준이 한눈에 들어와서 이해가 잘 됩니다.

1 3번 슬라이드에서 표의 가장 왼쪽 열인 '학과' 항목을 드래그하여 선택하고 [홈] 탭-[클립보드] 그룹에서 [잘라내기]를 클릭합니다.

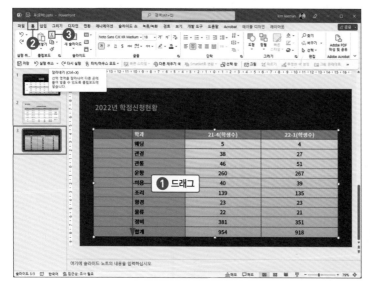

> **Tip**
> [Ctrl]+[X]를 눌러도 잘라낼 수 있습니다.

2 표에서 1행 2열의 제목 '22-1(학생수)'가 있는 선 위에 마우스 포인터를 올려놓고 ↓ 모양으로 바뀌면 마우스 오른쪽 단추로 클릭한 후 [삽입]-[왼쪽에 열 삽입]을 선택합니다.

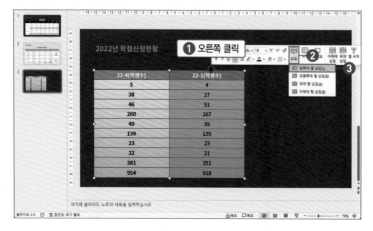

3 표의 왼쪽에 열이 삽입되었으면 [Ctrl]+[V]를 누릅니다. **1** 과정에서 잘라낸 열이 붙여넣기되었으면 표의 오른쪽 선을 클릭하고 오른쪽으로 드래그하여 표를 늘리세요.

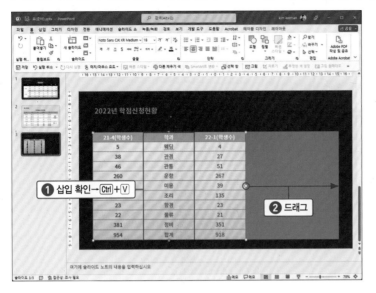

4 표를 선택한 상태에서 [테이블 디자인] 탭-[표 스타일] 그룹에서 [자세히] 단추(▽)를 클릭하고 '중간'의 [보통 스타일 1]을 클릭합니다.

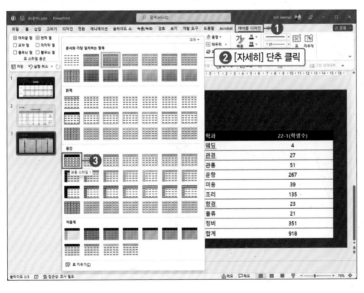

직업 환경 설정

텍스트 입력

색상 선택

글꼴 지정

슬라이드 배치

도형 활용

표와 차트

이미지 찾기

5 표에서 '학과' 항목의 제목 셀을 제외한 나머지 셀들을 드래그하여 선택합니다. [테이블 디자인] 탭-[표 스타일] 그룹에서 [음영]을 클릭하고 '테마 색'의 [흰색, 배경 1, 15% 더 어둡게]를 클릭하세요.

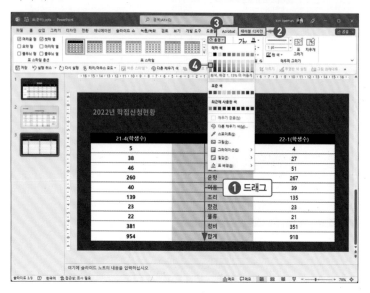

6 표를 선택하고 [테이블 디자인] 탭-[테두리 그리기] 그룹에서 [펜 스타일]의 내림 단추(⌄)를 클릭한 후 [간격 넓은 점선]을 선택하세요.

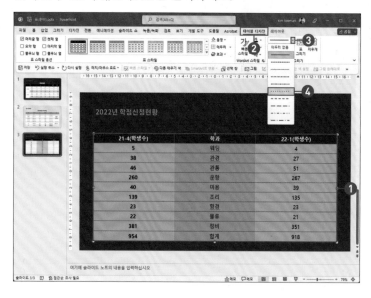

7 [테이블 디자인] 탭-[표 스타일] 그룹에서 [테두리]의 내림 단추▾를 클릭하고 [테두리 없음]과 [안쪽 가로 테두리]를 차례대로 선택합니다.

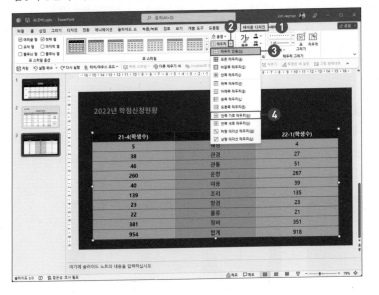

8 [Esc]를 눌러 표의 선택을 해제하고 비교 항목인 '학과' 항목이 가운데에 위치하는 표가 완성되었는지 확인합니다.

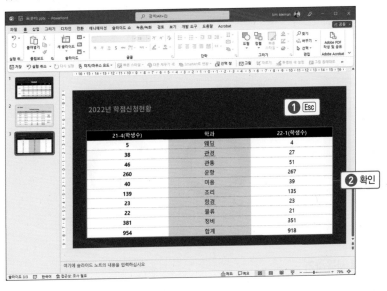

필수기능

05 | 차트 디자인의 기본 원칙 살펴보기

1 데이터의 성격에 잘 맞는 차트 사용하기

원형 차트는 전체에 대한 특정 항목의 구성과 비율을 보여줄 때, 막대형 그래프는 다른 항목과 비교할 때 사용하면 효과적입니다. 왼쪽의 세로 막대형 차트는 전체에 대한 비율을 나타내는데, 이것은 원형 차트로 표현해야 정보를 효과적으로 전달할 수 있습니다.

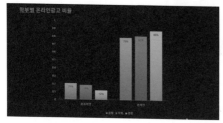

▲ 세로 막대형 차트

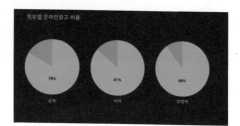

▲ 원형 차트

2 이해하기 쉬운 차트 사용하기

인포그래픽은 청중들을 쉽게 이해시키는 방법 중 하나로, 파워포인트에서 제공되는 차트보다 가독성이 더 좋습니다.

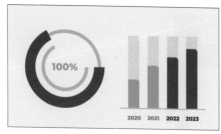

▲ 인포그래픽 스타일의 세로 막대형 차트

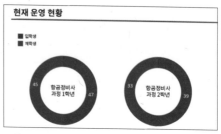

▲ 인포그래픽 스타일의 원형 차트

3 꼭 필요한 경우에만 3차원 차트 사용하기

3차원 차트는 매우 멋져 보이지만 왼쪽의 차트처럼 점유율이 더 낮은 부분이 커 보여 정보가 왜곡될 수 있습니다. 이 경우 2차원 차트로 표현해야 정보를 정확하게 전달할 수 있습니다.

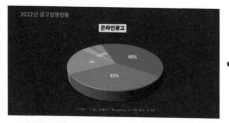

▲ 점유율은 3차원 원형 차트(오른쪽)보다 2차원 원형 차트(왼쪽)로 표현해야 더 정확하게 전달할 수 있다.

현장실무

06 | 차트 요소 추가하고 차트 조각의 색 변경하기

세로 막대형 차트로 작성한 학부별 온라인 광고 비율을 도넛형 차트로 변경하고 각 영역의 서식을 지정해 보겠습니다. 도넛형 차트를 통해 각 학부의 광고 비율을 좀 더 쉽게 비교할 수 있습니다.

1 1번 슬라이드에서 차트를 선택하고 [차트 디자인] 탭-[종류] 그룹에서 [차트 종류 변경]을 클릭합니다.

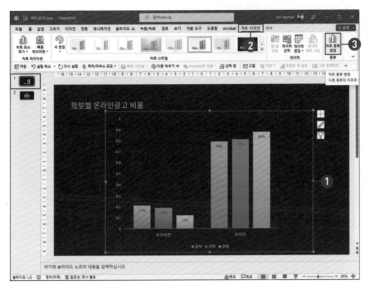

2 [차트 종류 변경] 대화상자가 열리면 [모든 차트] 탭에서 [원형] 범주를 선택하고 [도넛형]을 선택한 후 [확인]을 클릭합니다.

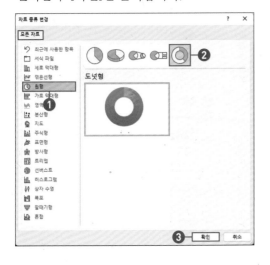

작업 환경 설정

텍스트 입력

색상 선택

글꼴 지정

슬라이드 배치

도형 활용

표와 차트

이미지 찾기

197

3 세로 막대형 차트가 도넛형 차트로 변경되었으면 [차트 디자인] 탭-[차트 레이아웃] 그룹에서 [차트 요소 추가]를 클릭하고 [범례]-[오른쪽]을 선택합니다. 차트의 오른쪽에 범례가 나타나면 차트 영역을 마우스 오른쪽 단추로 클릭하고 [차트 영역 서식]을 선택하세요.

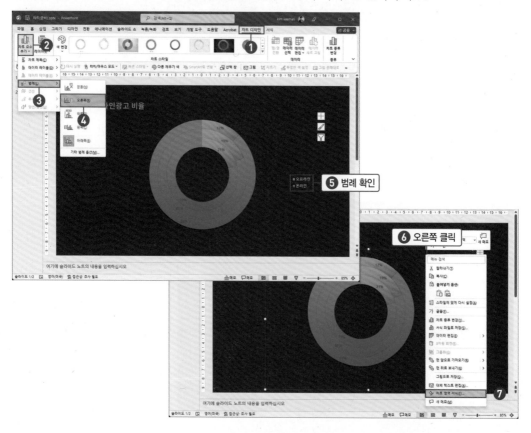

4 화면의 오른쪽에 [차트 영역 서식] 창이 열리면 [텍스트 옵션]-[텍스트 채우기 및 윤곽선]의 [텍스트 채우기]에서 '색'을 '테마 색'의 [흰색, 배경 1]로 지정합니다.

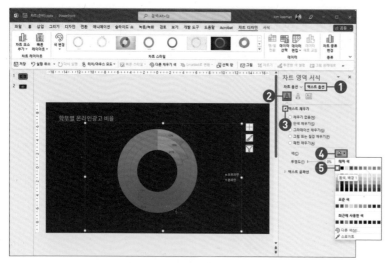

5 차트에서 '21%' 데이터 레이블을 선택합니다. [차트 영역 서식] 창이 [데이터 레이블 서식] 창으로 바뀌면 [레이블 옵션]에서 [계열 이름]에 체크하세요.

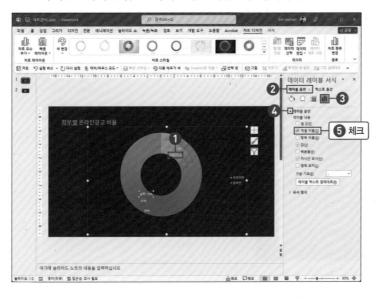

6 이와 같은 방법으로 '19%', '12%' 데이터 레이블에 계열 이름을 표시합니다.

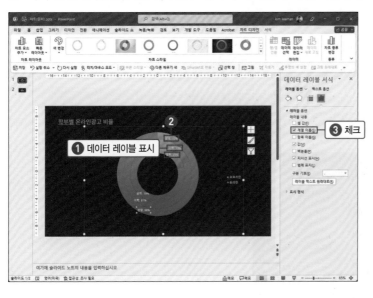

작업 환경 설정

텍스트 입력

색상 선택

굴꼴 지정

슬라이드 배치

도형 활용

표와 차트

이미지 찾기

7 '공학, 21%' 조각을 클릭합니다. [데이터 레이블 서식] 창이 [데이터 요소 서식] 창으로 바뀌면 [계열 옵션]-[채우기 및 선]의 [채우기]에서 [단색 채우기]를 선택하고 '색'은 '테마 색'의 [흰색, 배경 1, 50% 더 어둡게]를 클릭하세요.

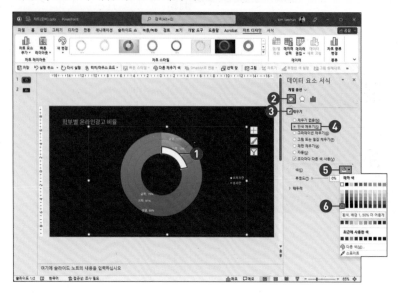

8 7 과정과 같은 방법으로 '이학' 조각과 '경영' 조각의 색상을 변경하고 [데이터 요소 서식] 창을 닫습니다.

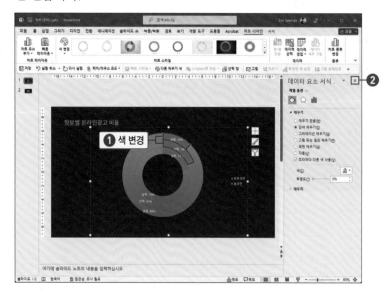

현장실무

07 | 원형 차트를 부채꼴 모양으로 변형하기

학부별 온라인 광고 비율을 부채꼴 모양의 원형 차트로 표시하면 부채꼴 크기에 따라 차지하는 비율을 쉽게 파악할 수 있습니다. '공학', '이학', '경영학'의 광고 비율을 부채꼴 크기로 비교해 보겠습니다.

1 슬라이드 창에서 1번 슬라이드를 선택하고 Enter를 누릅니다. 2번 슬라이드가 추가되면 제목 영역에 『학부별 온라인광고 비율』을 입력하고 [홈] 탭-[단락] 그룹에서 [왼쪽 맞춤](Ctrl+L)을 클릭하세요.

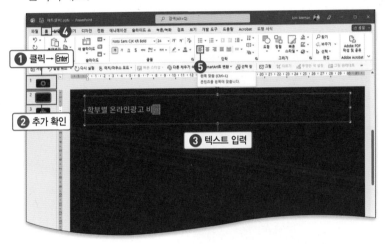

2 [홈] 탭-[그리기] 그룹에서 [타원](◯)을 클릭한 후 제목의 아래쪽에 Shift를 이용해 정원 도형을 그립니다. [도형 서식] 탭-[도형 스타일] 그룹에서 [도형 윤곽선]을 클릭하고 [윤곽선 없음]을 선택하세요.

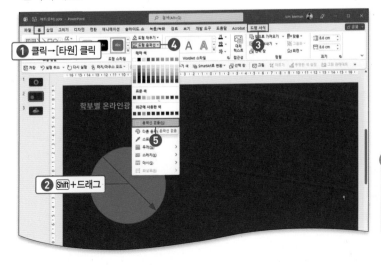

> **Tip**
> [홈] 탭-[그리기] 그룹에서 도형을 선택한 후 Shift를 누른 상태에서 드래그하면 정원이나 정사각형과 같이 정방형의 도형을 그릴 수 있습니다.

3 [도형 서식] 탭-[도형 스타일] 그룹에서 [도형 채우기]를 클릭하고 '표준 색'의 [주황]을 클릭합니다.

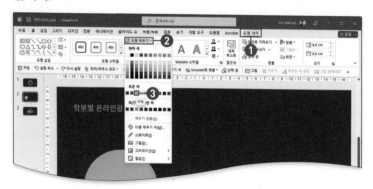

4 Ctrl+D를 눌러 정원 도형을 복제하고 복제한 정원 도형을 오른쪽으로 드래그하여 이동합니다. [도형 서식] 탭-[도형 삽입] 그룹에서 [도형 편집]을 클릭하고 [도형 모양 변경]을 선택한 후 '기본 도형'의 [부분 원형](⌓)을 클릭하세요.

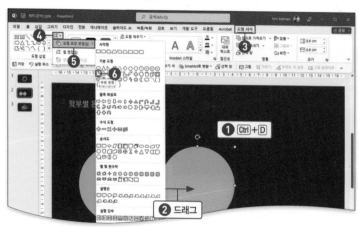

5 복제한 정원 도형이 부분 원형 모양으로 변형되었으면 [도형 서식] 탭-[도형 스타일] 그룹에서 [도형 채우기]를 클릭하고 '테마 색'의 [흰색, 배경 1, 35% 더 어둡게]를 클릭합니다.

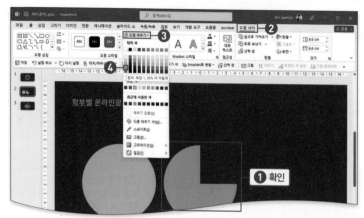

6 부분 원형 도형의 노란색 조절점을 드래그하여 부채꼴 모양으로 만듭니다. [Shift]를 이용해 정원 도형과 부분 원형 도형을 모두 선택하고 [도형 서식] 탭-[정렬] 그룹에서 [맞춤]을 클릭한 후 [가운데 맞춤]과 [중간 맞춤]을 차례대로 선택하세요.

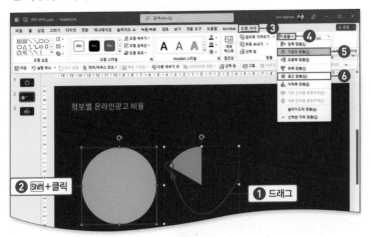

7 가운데 정렬된 2개의 도형들을 선택한 상태에서 [Ctrl]+[G]를 눌러 그룹으로 묶습니다.

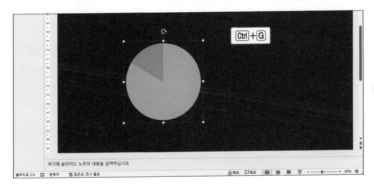

💡 **Tip**
[도형 서식] 탭-[정렬] 그룹에서 [그룹화]를 클릭하고 [그룹]을 선택해도 그룹으로 묶을 수 있습니다. 그리고 그룹 해제 단축키는 [Ctrl]+[Shift]+[G] 입니다.

8 [홈] 탭-[그리기] 그룹에서 [도형]을 클릭하고 '기본 도형'의 [텍스트 상자](▥)를 클릭하여 텍스트 상자를 삽입한 후 『79%』를 입력합니다. 글꼴 크기를 [18pt]로 지정하고 도형과 텍스트 상자를 가운데 정렬하세요.

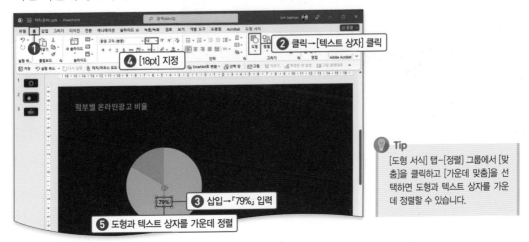

💡 **Tip**
[도형 서식] 탭-[정렬] 그룹에서 [맞춤]을 클릭하고 [가운데 맞춤]을 선택하면 도형과 텍스트 상자를 가운데 정렬할 수 있습니다.

작업 환경 설정

텍스트 입력

색상 선택

글꼴 지정

슬라이드 배치

도형 활용

표와 차트

이미지 찾기

9 Shift를 이용해 그룹으로 묶은 도형과 삽입된 텍스트 상자를 모두 선택하고 [도형 서식] 탭-[정렬] 그룹에서 [그룹화]를 클릭한 후 [그룹]을 선택하여 다시 한 번 더 그룹으로 묶습니다. 이 상태에서 Ctrl+D를 2번 눌러 그룹으로 묶은 도형과 텍스트 상자를 2개 더 복제하세요.

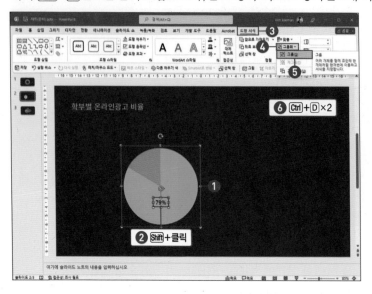

10 다음의 그림과 같이 3개의 도형을 슬라이드의 안쪽에 배치하고 Ctrl+A를 눌러 모두 선택합니다. [도형 서식] 탭-[정렬] 그룹에서 [맞춤]을 클릭하고 [가로 간격을 동일하게]와 [중간 맞춤]을 차례대로 선택하세요.

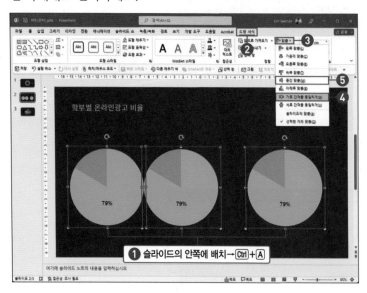

11 두 번째 텍스트를『81%』로 변경하고 부분 원형을 선택한 후 노란색 조절점을 드래그하여 기존의 부채꼴 모양보다 작게 크기를 조절합니다. 이와 같은 방법으로 세 번째 텍스트를『88%』로 변경하고 부분 원형의 크기도 더 작게 조절하세요.

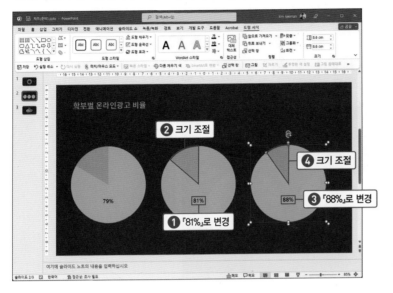

12 [홈] 탭-[그리기] 그룹에서 [도형]을 클릭하고 '기본 도형'의 [텍스트 상자](▭)를 클릭합니다. 왼쪽에 있는 부분 원형의 아래쪽에 텍스트 상자를 그리고『공학』을 입력한 후 [글꼴 크기]는 [18pt]를, [글꼴 색]은 '테마 색'의 [흰색, 배경 1]을 지정하세요.

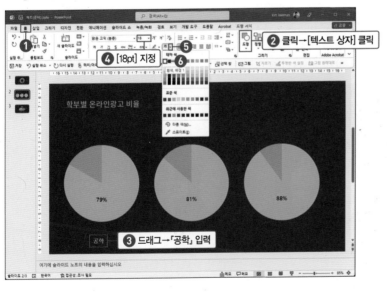

작업 환경 설정

텍스트 입력

색상 선택

글꼴 지정

슬라이드 배치

도형 활용

표와 차트

이미지 찾기

13 Ctrl + D 를 2번 눌러 '공학' 텍스트 상자를 2개 복제하고 각각 '이학'과 '경영학'으로 텍스트를 수정한 후 각 원형 도형의 아래쪽으로 이동합니다. Shift 를 이용해서 첫 번째 원형 도형과 텍스트 상자를 모두 선택하고 [도형 서식] 탭-[정렬] 그룹에서 [맞춤]을 클릭한 후 [가운데 맞춤]을 선택하세요.

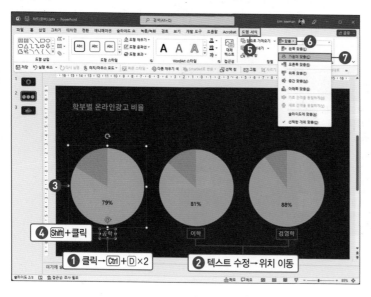

14 이와 같은 방법으로 '이학' 텍스트 상자와 원형 도형, '경영학' 텍스트 상자와 원형 도형을 가운데 정렬합니다.

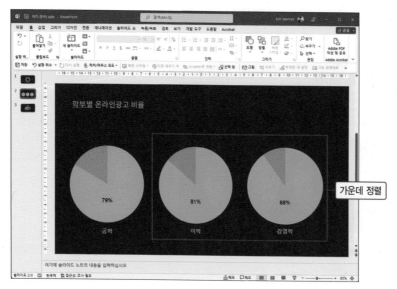

● 실습예제 : 인포차트(준비).pptx ● 완성예제 : 인포차트(완성).pptx

현장실무

08 | 인포그래픽 스타일의 원형 차트 작성하기

인포그래픽(infographic)이란, '정보(information)'와 '그래픽(graphic)'의 합성어로, 정보를 시각화하는 기법 중 하나입니다. 기본 제공 차트로 나타내지 못하는 부분은 도형을 활용하여 인포그래픽으로 표현할 수 있습니다.

1 1번 슬라이드에서 [보기] 탭-[표시] 그룹의 [안내선]에 체크하여 안내선을 표시합니다.

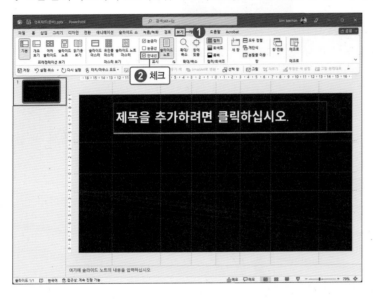

2 [홈] 탭-[그리기] 그룹에서 [도형]을 클릭하고 '기본 도형'의 [원형: 비어 있음](◎)을 클릭합니다. 노란색 안내선 안에서 드래그하여 다음의 그림과 같이 원형 도형을 삽입하세요.

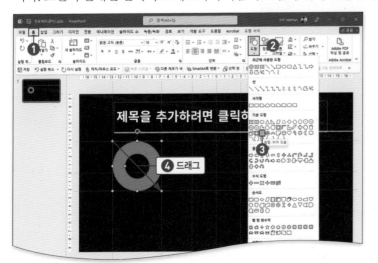

3 원형 도형의 노란색 크기 조절점을 왼쪽으로 드래그하여 도형의 굵기를 가늘게 조절합니다. 원형 도형을 마우스 오른쪽 단추로 클릭하고 [도형 서식]을 선택하세요.

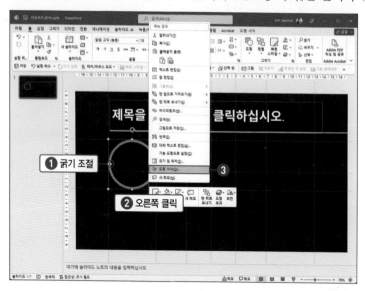

4 화면의 오른쪽에 [도형 서식] 창이 열리면 [도형 옵션]-[채우기 및 선]의 [채우기]에서 '색'을 '테마 색'의 [흰색, 배경 1, 25% 더 어둡게]로 설정하고 [선]의 [선 없음]을 선택합니다.

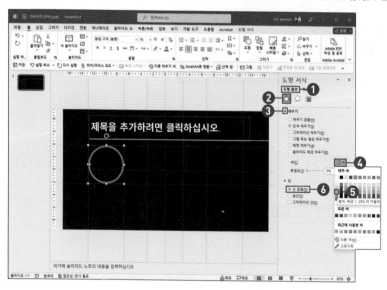

5 [홈] 탭-[그리기] 그룹에서 [도형]을 클릭하고 '기본 도형'의 [막힌 원호](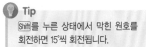)를 클릭합니다. 노란색 안내선 안에서 드래그하여 다음의 그림과 같이 막힌 원호 도형을 삽입하고 오른쪽으로 회전하세요.

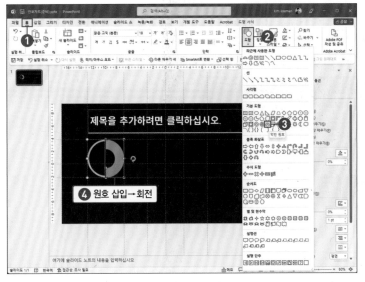

> **Tip**
>
> Shift를 누른 상태에서 막힌 원호를 회전하면 15°씩 회전됩니다.

6 도형의 노란색 조절점을 조절하여 도형의 두께와 막힌 원호 도형의 크기를 조절합니다. [도형 서식] 창에서 [채우기]의 '색'을 '테마 색'의 [황금색, 강조 4]로 지정하고 [선]의 [선 없음]을 선택한 후 [도형 서식] 창을 닫으세요.

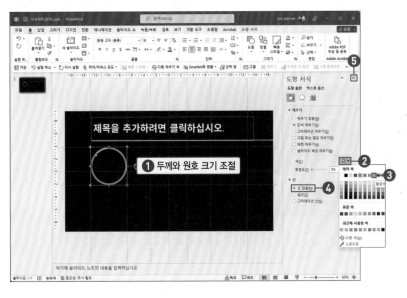

7 Shift를 이용해 2개의 도형을 모두 선택하고 [도형 서식] 탭-[정렬] 그룹에서 [그룹화]를 클릭한 후 [그룹]을 선택합니다.

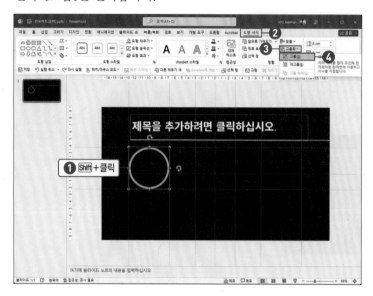

8 2개의 원형 도형들이 그룹화되었으면 Ctrl + D를 눌러 원형 도형을 복제하고 오른쪽으로 드래그하여 이동합니다. 이 상태에서 다시 Ctrl + D를 누르면 일정한 간격을 두고 오른쪽에 원형 도형이 자동으로 복제됩니다.

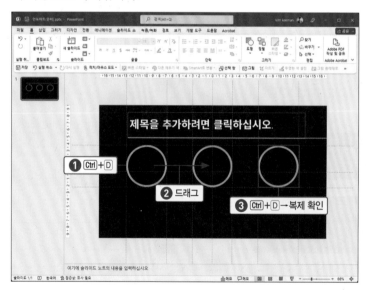

9 [홈] 탭-[슬라이드] 그룹에서 [레이아웃]을 클릭하고 'Office 테마'의 [빈 화면_인포]를 클릭합니다.

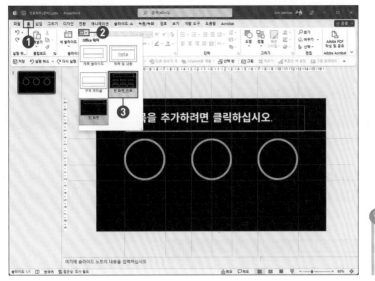

Tip
[빈 화면_인포]는 필자가 작성한 레이아웃으로, '인포차트(준비).pptx'에 포함되어 있습니다.

10 [빈 화면_인포] 레이아웃이 나타나면 제목에는 『시장점유율』을, 원형 도형 안의 텍스트 상자에는 각각 『98%』, 『80%』, 『74%』를 입력합니다. 원형 도형 아래의 텍스트 상자에도 관련 내용이 있으면 입력해서 완성하세요.

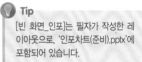

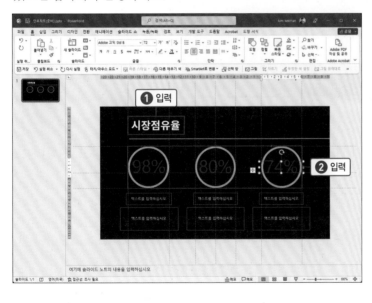

현장실무

09 | 3차원 차트를 2차원 차트로 변경하기

3차원 차트는 꼭 필요한 경우에 사용해야 효과적입니다. 3차원 차트가 멋있어 보여서 작성했지만 마음에 들지 않는 경우에는 다시 2차원 차트로 변경할 수 있습니다.

1 3번 슬라이드에서 차트를 선택하고 [차트 디자인] 탭-[종류] 그룹에서 [차트 종류 변경]을 클릭합니다. 이 차트를 2차원 차트로 변경하겠는지 묻는 메시지 창이 열리면 [차트 변경]을 클릭하세요.

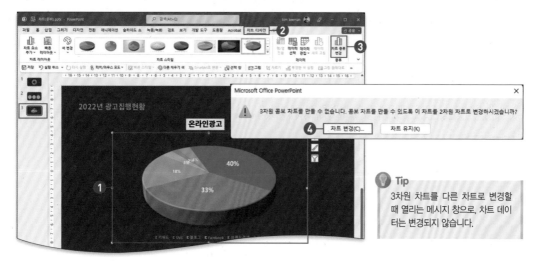

> 💡 **Tip**
>
> 3차원 차트를 다른 차트로 변경할 때 열리는 메시지 창으로, 차트 데이터는 변경되지 않습니다.

2 [차트 종류 변경] 대화상자가 열리면 [모든 차트] 탭에서 [원형] 범주를 선택하고 [원형] 차트를 선택한 후 [확인]을 클릭합니다.

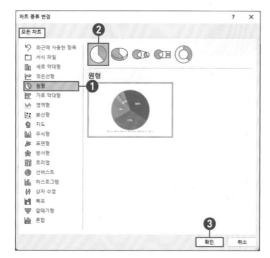

3 2차원 원형 차트로 변경되었으면 [차트 디자인] 탭-[차트 레이아웃] 그룹에서 [차트 요소 추가]를 클릭하고 [범례]-[오른쪽]을 선택합니다.

4 차트의 오른쪽에 범례가 추가되었으면 '3%' 데이터 레이블을 천천히 2번 클릭하여 '3%' 데이터 레이블만 선택하고 Delete를 눌러 삭제합니다. 이와 같은 방법으로 '2%' 데이터 레이블과 '4%' 데이터 레이블을 삭제하세요.

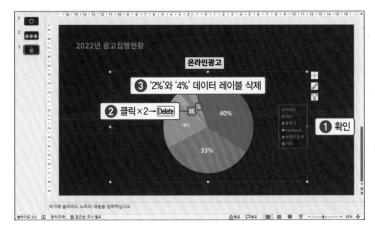

💡 **Tip**

파워포인트를 포함한 오피스 프로그램에서는 차트에서 개별적으로 레이블을 선택하려면 천천히 2번 클릭해야 합니다.

5 '40%' 데이터 레이블만 천천히 2번 클릭하여 선택하고 [글꼴 크기]를 [28pt]로 변경합니다.

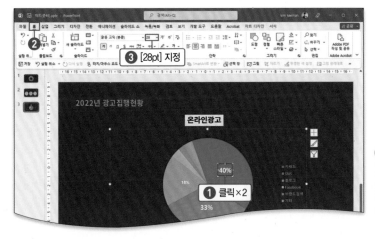

💡 **Tip**

발표자의 의도에 따라 강조하고 싶은 데이터 레이블의 글꼴 크기를 변경할 수 있습니다.

◉ 실습예제 : 엑셀차트.xlsx   ◉ 완성예제 : 엑셀차트(완성).pptx

현장실무

10

엑셀 차트의 색을
파워포인트에 정확하게 표현하기

엑셀에서 작성한 차트를 파워포인트로 가져올 경우 원래의 차트 색상이 바뀔 수 있습니다. 이번에는 엑셀에서
작성했던 차트 색을 파워포인트에서 똑같이 지정하는 방법을 살펴보겠습니다.

엑셀 차트에도 시각화 기능이 많이 추가되어 기초 데이터 작업뿐만 아니라 표와 차트의 시각화
작업까지 가능해졌습니다. 하지만 엑셀에서 만든 표나 차트를 슬라이드에 붙여넣으면 색상이 달
라지는 경우가 종종 발생하므로 주의해야 합니다.

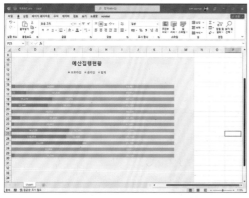

▲ 엑셀에서의 차트 색상

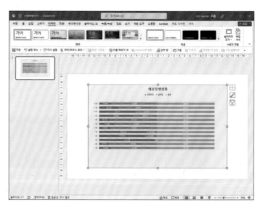

▲ 파워포인트로 복사한 후의 차트 색상

이 경우에는 테마 색을 변경하여 색상을 같게 조정할 수 있습니다.

1 '엑셀차트.xlsx'를 열고 [페이지 레이아웃] 탭-[테마] 그룹에서 [색]을 클릭한 후 테마 색인 [청
록색]을 확인합니다. 차트를 선택하고 Ctrl + C 를 눌러 복사하세요.

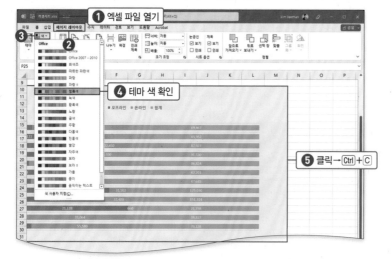

2 파워포인트를 실행하여 새 프레젠테이션 문서를 열고 Ctrl+V를 눌러 **1** 과정에서 복사한 엑셀 차트를 붙여넣으면 엑셀 차트의 색이 변경되어 있습니다. [디자인] 탭-[적용] 그룹에서 [자세히] 단추(▼)를 클릭하고 [색]을 선택하여 테마 색을 확인하세요. 여기에서는 테마 색이 [Office]로 선택되어 있습니다.

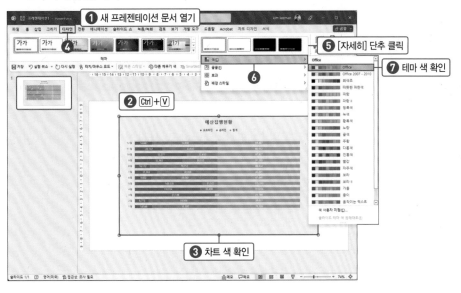

3 파워포인트의 테마 색을 '엑셀차트.xlsx'의 테마 색인 [청록색]과 동일하게 변경하여 차트의 색을 지정합니다.

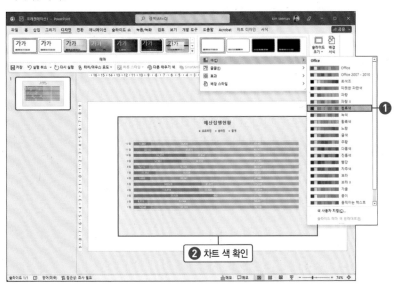

현장실무 11

인포그래픽 스타일의
막대형 차트 작성하기

기본 표 디자인 대신 도형을 활용해 인포그래픽 스타일로 막대형 차트를 작성하면 정보를 더욱 보기 좋게 전달할 수 있습니다.

1 1번 슬라이드에서 [홈] 탭-[그리기] 그룹의 [도형]을 클릭하고 '사각형'의 [직사각형](▢)을 클릭한 후 슬라이드의 오른쪽에서 드래그하여 직사각형 도형을 삽입하세요.

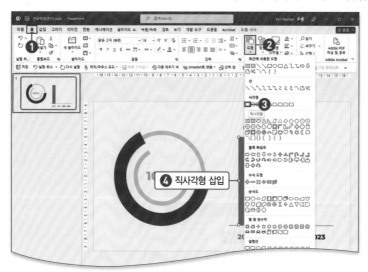

2 직사각형 도형을 마우스 오른쪽 단추로 클릭하고 [도형 서식]을 선택하세요.

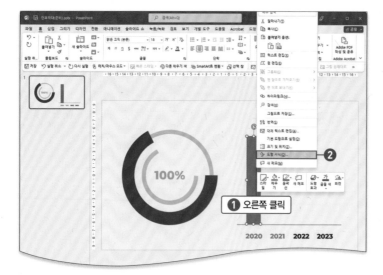

3 화면의 오른쪽에 [도형 서식] 창이 열리면 [도형 옵션]-[채우기 및 선]의 [선]에서 [선 없음]을 선택합니다. [채우기]에서 [패턴 채우기]를 선택하고 '패턴'의 [대각선 줄무늬: 넓은 하향]을 클릭합니다.

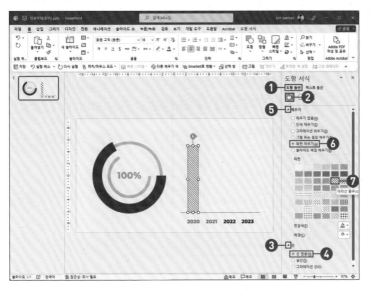

4 '전경색'에서 '테마 색'의 [흰색, 배경 1, 35% 더 어둡게]를 선택합니다.

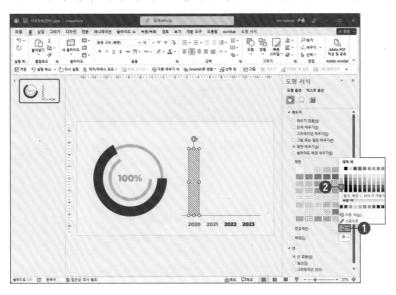

직업 환경 선정

텍스트 입력

색상 선택

글꼴 지정

슬라이드 배치

도형 활용

표와 차트

이미지 찾기

217

5 [홈] 탭-[그리기] 그룹에서 [도형]을 클릭하고 '사각형'의 [사각형: 잘린 한쪽 모서리](▱)를 클릭하세요.

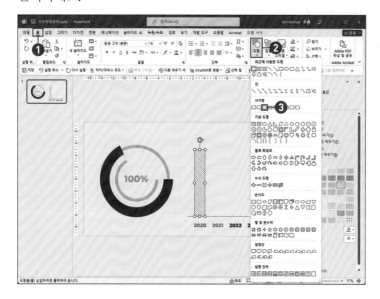

6 슬라이드에서 드래그하여 잘린 한쪽 모서리 사각형 도형을 삽입한 후 **1** 과정에서 삽입한 직사 각형 도형의 위에 배치하고 크기를 조절합니다. [도형 서식] 창에서 [선]의 [선 없음]을 선택한 후 [채우기]의 '색'에서 '테마 색'의 [파랑, 강조 5, 50% 더 어둡게]를 클릭하세요.

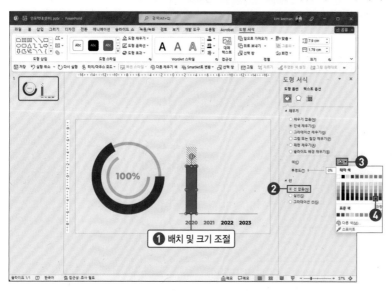

7 잘린 한쪽 모서리 사각형 도형을 선택한 상태에서 Shift를 이용해 직사각형 도형까지 함께 선택한 후 [도형 서식] 탭-[정렬] 그룹에서 [그룹화]를 클릭하고 [그룹]을 선택합니다.

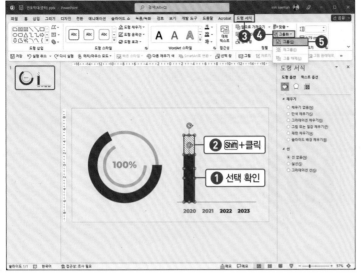

Tip
그룹화 단축키는 Ctrl + G입니다.

8 그룹화된 도형을 선택한 상태에서 단축키 Ctrl + D를 3번 눌러 복제합니다.

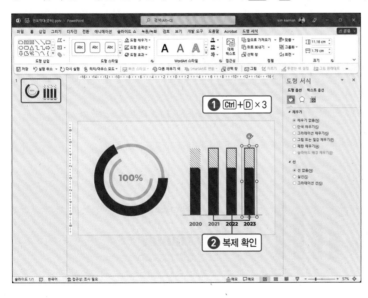

작업 환경 설정

텍스트 입력

색상 선택

글꼴 지정

슬라이드 배치

도형 활용

표와 차트

이미지 찾기

9 Shift를 이용해 도형들을 모두 선택하고 [도형 서식] 탭-[정렬] 그룹에서 [맞춤]을 클릭한 후 [아래쪽 맞춤]을 선택합니다.

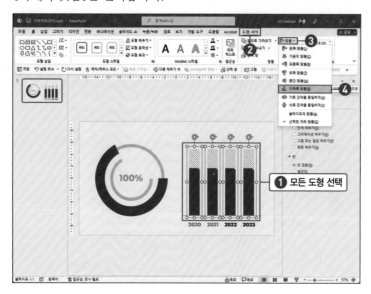

10 잘린 한쪽 모서리 사각형의 크기를 다음의 그림과 같이 조절한 후 2020년에 해당하는 잘린 한쪽 모서리 사각형을 선택합니다. [도형 서식] 창에서 [채우기]의 '색'을 '테마 색'의 [흰색, 배경 1, 35% 더 어둡게]로 변경하세요.

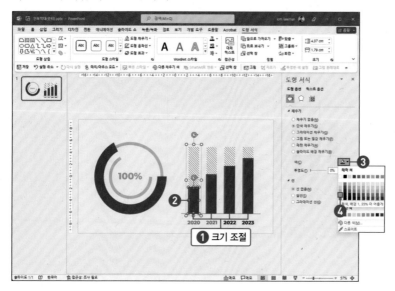

11 **10** 과정과 같은 방법으로 2021년에 해당하는 도형의 색을 변경합니다.

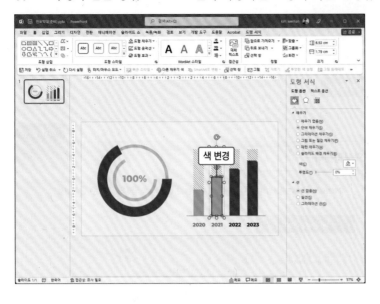

12 Shift 를 이용해 도형들을 모두 선택하고 [도형 서식] 탭-[정렬] 그룹에서 [맞춤]을 클릭한 후 [가로 간격을 동일하게]를 선택하여 완성합니다.

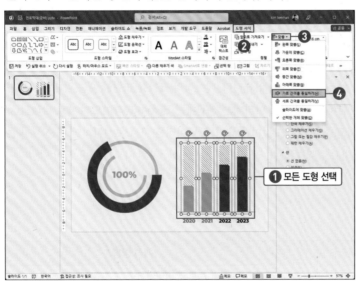

작업 환경 설정

텍스트 입력

색상 선택

글꼴 지정

슬라이드 배치

도형 활용

표와 차트

이미지 찾기

221

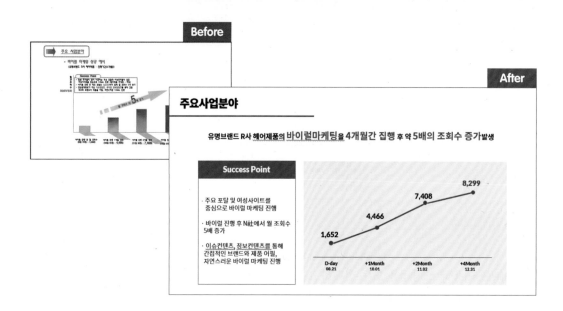

❖ 슬라이드에 대한 의견 ❖

Before 슬라이드는 '바이럴 마케팅 성공 예시'를 보여주는 슬라이드로, 마케팅을 하기 전의 조회 수와 마케팅 4개월 후의 조회 수를 비교하는 차트가 작성되어 있습니다. 데이터의 크기를 표현할 때는 막대형 차트가 효과적이지만, 데이터의 크기보다 변화하는 수치를 나타내는 경우에는 Before 슬라이드의 세로 막대형 차트보다 꺾은선형 차트나 영역형 차트를 선택하는 것이 좋습니다. 데이터를 차트로 시각화할 때는 '올바른 차트를 사용'하고, '이해하기 쉬운 차트로 작성'하며, '꼭 필요한 경우에만 3차원 차트를 사용'해야 합니다.

❖ 슬라이드의 문제점 ❖

문제점	개선 방향
데이터의 변화를 나타내는 데 세로 막대형 차트를 사용했다.	변화하는 부분을 이해하기 쉽게 표현하기 위해서 꺾은선형 차트를 사용한다.
'Success Point' 글자가 너무 작아서 가독성이 떨어진다.	차트 영역 밖에 'Success Point'를 기술하고 글자 크기를 적절하게 지정해서 차트의 가독성을 높인다.

❖ 해결 방법 ❖

1단계 슬라이드의 위쪽에는 제목과 소제목을, 왼쪽에는 'Success Point'를, 오른쪽에는 차트 영역을 배치합니다. 기존 제목의 왼쪽에 있는 의미 없는 화살표를 삭제하고 슬라이드의 테두리를 없애서 시각적으로 넓어 보이게 합니다. 그리고 소제목에는 슬라이드에서 강조하려는 내용을 미리 입력하는 것이 좋습니다.

2단계 꺾은선형 차트는 [삽입] 탭-[일러스트레이션] 그룹에서 [차트]를 클릭하거나 도형을 활용해서 작성합니다. [차트]로 삽입하지 않고 도형으로 차트를 만들면 시간이 좀 더 걸리지만, 작성자의 의도대로 만들 수 있어서 좋습니다. 완성한 차트는 그룹화(Ctrl+G)하여 편리하게 관리할 수 있습니다.

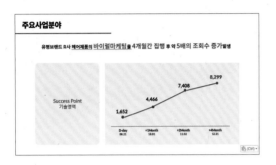

3단계 차트의 레이블은 x축에 표시하는 것이 아닙니다. 꺾은선형 차트에는 꺾이는 부분에, 막대형 차트에는 막대 그래프의 위쪽이나 안쪽에 레이블을 표시해야 정보 전달에 도움이 됩니다. 여기서는 'Success Point' 영역을 슬라이드의 왼쪽에 배치했지만, 발표자의 의도에 따라 오른쪽에 배치할 수 있습니다. 단, 강조하려는 내용은 차트 영역의 밖에 배치해야 텍스트와 차트 모두 가독성이 좋아집니다. 하나의 슬라이드에 여러 메시지를 넣지 않는 것처럼 차트 영역에 다른 메시지를 넣지 않아야 가독성을 높이고 정보를 효과적으로 전달할 수 있습니다.

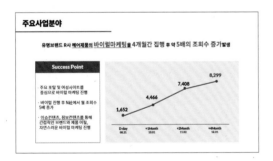

❖ 주의 사항 ❖

TV나 모니터와 같은 매체를 접할 때 사람의 시선은 왼쪽 위부터 오른쪽 아래 방향으로 흐릅니다. 슬라이드에서도 Z자 형태로 시선이 흘러가므로 강조하고 싶은 내용은 왼쪽에, 덜 강조하고 싶은 내용은 오른쪽에 배치하는 것이 좋습니다.

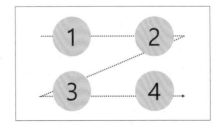

이미지 삽입해
돋보이는
보고서 작성하기

문서에 적합한 이미지
한 번에 찾기

● **실습예제** : 이미지추출(준비).pptx ● **완성예제** : '이미지추출(준비)' 폴더

현장실무

01 | 이미지와 동영상 파일 한 번에 추출하기

확장자가 pptx인 프레젠테이션 문서는 XML(eXtensible Mark-up Language, 확장 가능 마크업 언어) 기반의 파일로, 압축 파일 형태가 매우 다양합니다. 따라서 다른 사람이 제작해 놓은 프레젠테이션 문서를 참고할 때 압축 해제 프로그램으로 이미지나 동영상을 한 번에 추출할 수 있습니다.

1 웹 브라우저를 실행하고 네이버(https://www.naver.com)에서 '7-zip 다운로드'를 검색한 후 [Download – 7zip]의 [다운로드]를 선택합니다.

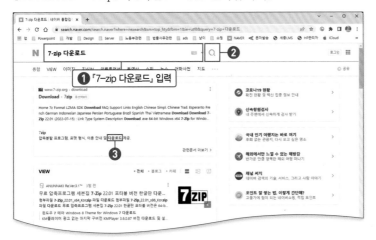

2 현재 사용중인 운영체제(OS)의 사양에 맞는 프로그램을 다운로드합니다. 필자의 경우에는 '64-bit Windonws x64'를 다운로드했어요.

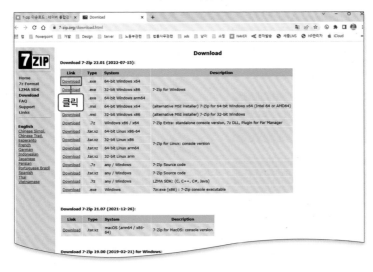

3 다운로드한 실행 파일을 더블클릭합니다.

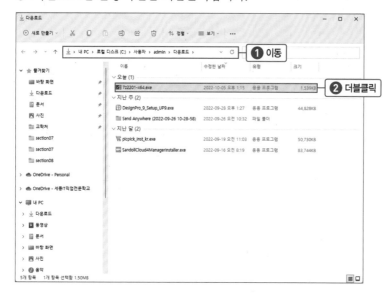

4 설치 대화상자가 열리면 [Install]을 클릭하여 7-Zip 압축 프로그램을 설치합니다.

5 파워포인트에서 '이미지추출(준비).pptx'를 열고 슬라이드의 내용을 확인한 후 문서를 닫습니다.

6 파일 탐색기를 열고 '이미지추출(준비).pptx'를 마우스 오른쪽 단추로 클릭한 후 [더 많은 옵션 표시]를 선택합니다.

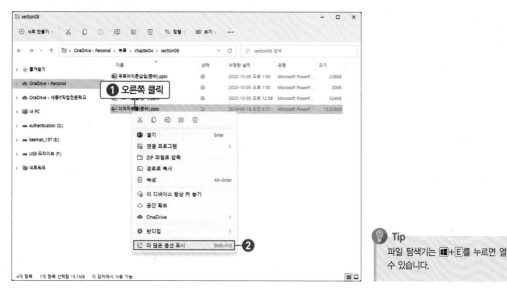

Tip
파일 탐색기는 ⊞+E를 누르면 열수 있습니다.

7 메뉴에 더 많은 옵션이 표시되면 [7-Zip]-[압축 풀기]를 선택합니다.

8 [압축 풀기] 대화상자가 열리면 압축을 풀 폴더를 확인하고 [확인]을 클릭합니다.

9 '이미지추출(준비).pptx'가 있는 폴더에 '이미지추출(준비)'라는 하위 폴더가 생기면서 여기에 파일의 압축이 해제됩니다.

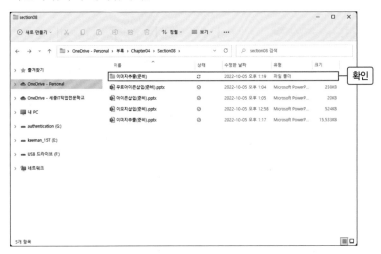

10 '이미지추출(준비)\ppt\media' 폴더로 이동하여 파워포인트의 이미지와 동영상이 저장되었는지 확인합니다.

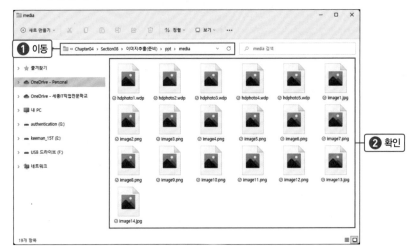

● **실습예제** : 아이콘삽입(준비).pptx ● **완성예제** : 아이콘삽입(완성).pptx

현장실무

02 간단한 아이콘 삽입 방법 익히기

파워포인트에 이미지나 아이콘을 삽입하는 가장 중요한 목적은 정보의 전달력을 높이기 위해서입니다. 파워포인트 2019 및 Microsoft 365(M365)부터는 도형과 같이 슬라이드에 아이콘을 삽입할 수 있게 업데이트되었습니다.

파워포인트 2016 버전까지는 아이콘 제공 사이트에서 아이콘을 검색한 후 다운로드해서 삽입해야 했습니다. 하지만 파워포인트 2019 버전부터는 새롭게 추가된 '아이콘 삽입' 기능을 사용하여 간단하게 아이콘을 삽입할 수 있습니다.

1 1번 슬라이드에서 [삽입] 탭-[일러스트레이션] 그룹의 [아이콘]을 클릭합니다.

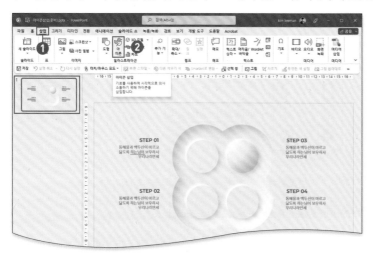

2 아이콘 삽입 창이 열리면 [분석] 범주에서 '톱니바퀴'와 '전구' 아이콘을 차례대로 선택하여 삽입합니다.

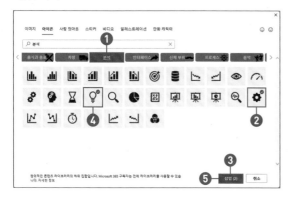

231

3 이와 같은 방법으로 [통신] 범주에서는 '네트워크' 아이콘을, [기술 및 전자제품] 범주에서는 '스마트폰' 아이콘을 선택하여 삽입합니다.

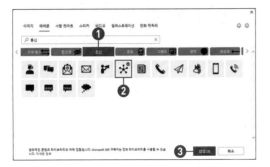
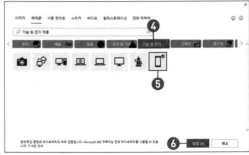

4 첫 번째 도형에는 '스마트폰' 아이콘을, 두 번째 도형에는 '전구' 아이콘을, 세 번째 도형에는 '톱니바퀴' 아이콘을, 네 번째 도형에는 '네트워크' 아이콘을 배치하고 Shift를 이용해 모든 아이콘을 선택합니다.

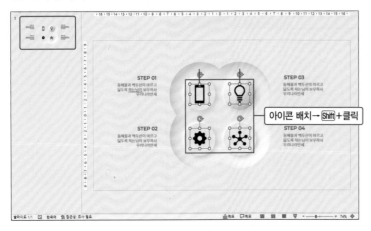

5 [그래픽 형식] 탭-[그래픽 스타일] 그룹에서 [그래픽 채우기]를 클릭하고 '테마 색'의 [밝은 회색, 배경 2, 90% 더 어둡게]를 클릭한 후 변경된 아이콘 색을 확인합니다.

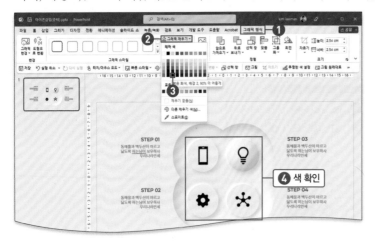

6 Shift를 이용해 위쪽에 있는 두 개의 아이콘을 선택하고 [그래픽 형식] 탭-[정렬] 그룹에서 [맞춤]을 클릭한 후 [중간 맞춤]을 선택합니다.

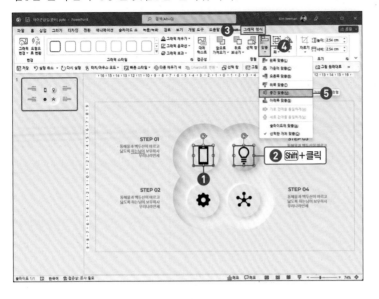

7 이와 같은 방법으로 아래쪽에 있는 두 개의 아이콘도 [중간 맞춤]으로 정렬합니다.

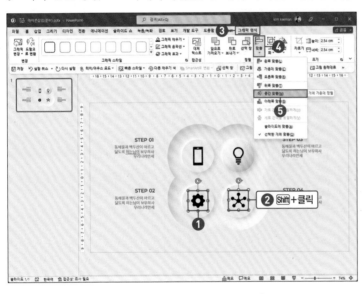

직업 환경 설정 · 텍스트 입력 · 색상 선택 · 글꼴 지정 · 슬라이드 배치 · 도형 활용 · 표와 차트 · 이미지 찾기

8 Shift를 이용해 왼쪽에 있는 두 개의 아이콘을 선택하고 [그래픽 형식] 탭-[정렬] 그룹에서 [맞춤]을 클릭한 후 [가운데 맞춤]을 선택합니다.

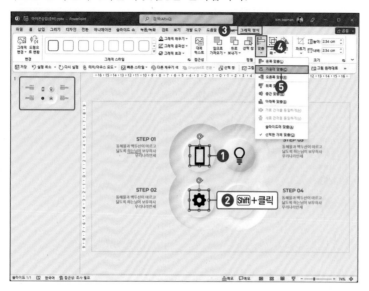

9 이와 같은 방법으로 오른쪽에 있는 두 개의 아이콘도 [가운데 맞춤]으로 정렬합니다.

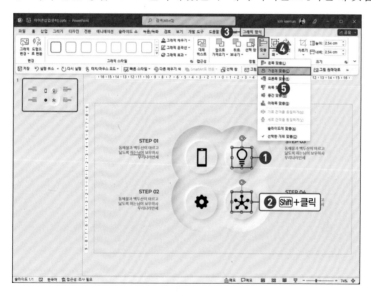

● **실습예제** : 이모지삽입(준비).pptx　● **완성예제** : 이모지삽입(완성).pptx

현장실무

03 | 이모지 삽입 방법 익히기

이모지(Emoji)는 스마트폰이나 PC 등 다양한 환경에서 사용하는 그림 문자를 말합니다. 스마트폰 보급률이 높아지고 모바일 환경이 형성되면서 이모지를 더 많이 사용하고 확대되고 있습니다. 파워포인트에서는 추가 기능으로 이모지를 지원하고 있고, 윈도우에서도 이모지를 제공하고 있습니다.

방법 1 'Emoji Keyboard' 추가 기능 이용하기(2013, 2016, 2019, 2021, M365)

1 1번 슬라이드에서 [삽입] 탭-[추가 기능] 그룹의 [추가 기능 가져오기]를 클릭합니다.

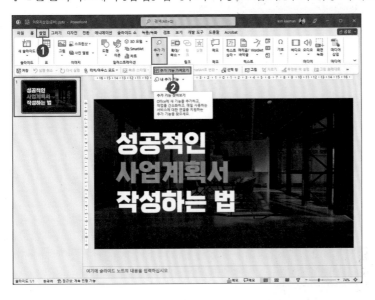

2 [Office 추가 기능] 창이 열리면 [스토어] 범주에서 『emoji』를 입력하여 검색하고 'Emoji Keyboard'의 [추가]를 클릭하여 'Emoji Keyboard'를 설치합니다.

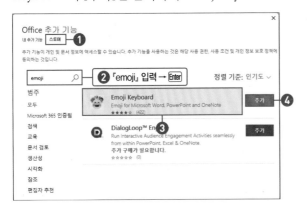

3 설치가 완료되어 [삽입] 탭의 오른쪽에 [Emoji] 그룹이 표시되면 [Emoji Keyboard]를 클릭합니다.

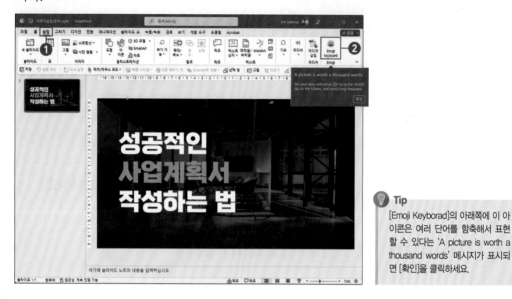

4 슬라이드의 오른쪽에 [Emoji Keyboard] 창이 열리면 원하는 이모지를 클릭하여 슬라이드에 삽입합니다.

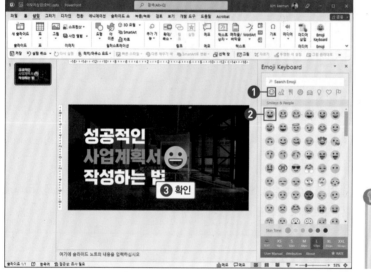

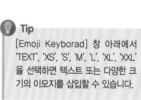

작업 환경 설정

텍스트 입력

색상 선택

글꼴 지정

슬라이드 배치

도형 활용

표외 차트

이미지 찾기

방법2 윈도우 11 기능 이용하기

1 1번 슬라이드에서 [홈] 탭-[그리기] 그룹의 [도형]을 클릭하고 '최근에 사용한 도형'의 [텍스트 상자](⬜)를 클릭한 후 슬라이드에서 클릭하여 텍스트 상자를 삽입합니다. ⊞+⬚나 ⊞+⬚을 눌러 [이모지] 창을 열고 '최근에 사용한 항목'(◎)에서 가장 첫 번째 이모지를 클릭하세요.

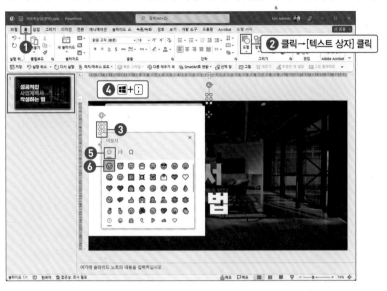

2 이모지가 삽입되면 [홈] 탭-[글꼴] 그룹에서 [글꼴 크기]를 [96pt]로 지정하고 다음의 그림과 같이 적당한 위치에 배치합니다.

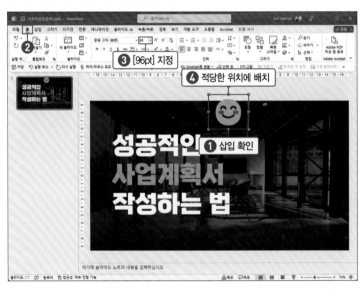

윈도우에서는 다양한 이모지를 입력할 수 있습니다. ⊞+. 또는 ⊞+; 을 눌러 이모지를 삽입해 보세요.

▲ 최근에 사용한 항목

▲ 웃는 얼굴 및 동물

▲ 사람

▲ 축하 행사 및 물건

▲ 음식 및 식물

▲ 교통편 및 장소

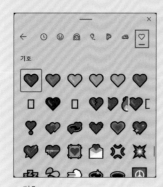

▲ 기호

현장실무
04 무료 아이콘 삽입하고 바탕색 바꾸기

무료 이미지 다운로드 사이트를 활용하면 파워포인트 문서를 더욱 다양하게 디자인할 수 있습니다. 이번에는 무료 아이콘을 이용해서 문서를 깔끔하게 작성해 보겠습니다.

1 웹 브라우저를 실행하고 픽사베이(https://www.pixabay.com)에 접속한 후 'google+'를 검색합니다.

2 다음의 그림과 같은 구글 아이콘을 선택하고 [Free Download]를 클릭합니다. [1280×1251]을 선택하고 [Download]를 클릭하여 아이콘 파일을 다운로드하세요

> 💡 **Tip**
>
> 해당 이미지는 검색 페이지의 맨 아래쪽이나 두 번째 페이지에서 검색됩니다.

3 파워포인트에서 '무료아이콘삽입(준비).pptx'를 열고 [삽입] 탭-[이미지] 그룹에서 [그림]을 클릭한 후 [이 디바이스]를 선택합니다. [그림 삽입] 대화상자가 열리면 **2** 과정에서 다운로드한 이미지를 선택하고 [삽입]을 클릭하세요.

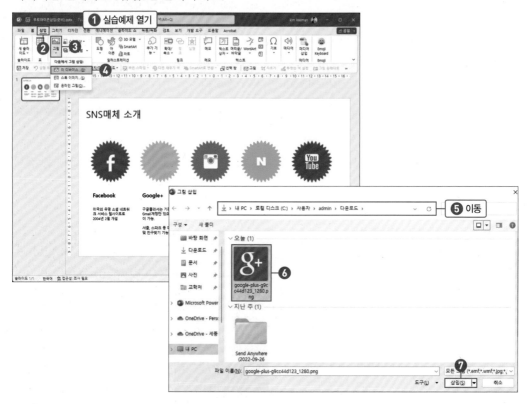

4 슬라이드에 이미지가 삽입되면 이미지의 크기를 조절하고 왼쪽에서 두 번째에 있는 회색 도형의 가운데에 배치합니다.

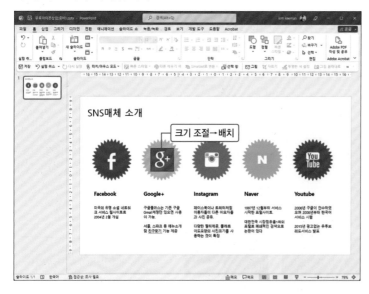

5 왼쪽에서 두 번째 있는 회색 도형을 선택하고 [도형 서식] 탭-[도형 스타일] 그룹에서 [도형 채우기]를 클릭한 후 [스포이트]를 선택합니다.

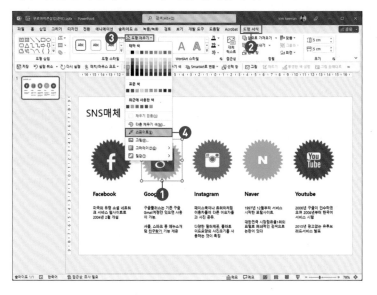

6 마우스 포인터가 스포이트 모양( )으로 변경되면 삽입된 구글 아이콘의 빨간색을 클릭하여 회색 도형의 바탕색을 빨간색으로 변경합니다.

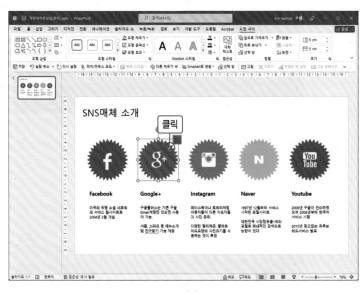

필수기능

05 | 무료 이미지 사이트 알아보기

좀 더 고급스러운 분위기의 문서를 작성하려면 다양한 이미지가 필요합니다. 구글이나 국내 포털에서 검색되는 이미지는 저작권 때문에 자유롭게 사용할 수 없는 이미지가 많습니다. 퀄리티가 높은 이미지를 구하기 위해서 유료 사이트를 이용하는 것도 좋지만, 가격이 부담스러울 수 있습니다. 이번에는 높은 퀄리티를 보장하면서 저작권을 고민하지 않아도 되는 무료 이미지 사이트를 소개합니다.

1 언스플래시 - unsplash.com

언스플래시(Unsplash)는 고해상도 사진을 무료로 제공하는 사이트로, 사진의 퀄리티가 매우 우수합니다. 전 세계 265,000명 이상의 사진작가들이 활동하고 있고, 한글이 아닌 영문으로 사진을 검색해야 합니다.

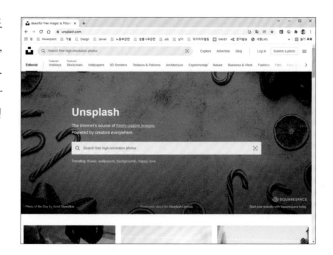

2 픽사베이 - pixabay.com

픽사베이(Pixabay)는 대부분의 사람이 무료 이미지 사이트를 검색할 때 가장 먼저 접하는 사이트입니다. 이 사이트에서는 저작권이 없는 이미지와 동영상, 사진뿐만 아니라 일러스트, 비디오, 음악, 사운드 효과까지 다양한 콘텐츠를 무료로 다운로드할 수 있습니다. 그리고 언스플래시(Unsplash)와 마찬가지로 한글이 아닌 영문으로 검색해야 합니다.

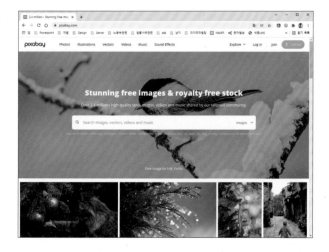

3 thenounproject – thenounproject.com

파워포인트에서는 [삽입] 탭-[일러스트레이션] 그룹에서 [아이콘]을 클릭하여 픽토그램을 삽입할 수 있지만, 제공되는 픽토그램이 다양하지 않습니다. 하지만 thenounproject에서는 전 세계 그래픽 디자이너들이 만든 다양한 형태의 픽토그램 자료를 볼 수 있습니다. 픽토그램을 다운로드하려면 회원 가입을 하거나 페이스북 계정이 필요합니다. 다운로드할 수 있는 파일의 형식은 SVG(Scalable Vector Graphics)와 PNG(Portable Network Graphics) 파일인데, 다양한 색상 변화를 연출하려면 SVG 파일로 다운로드하는 것을 추천합니다.

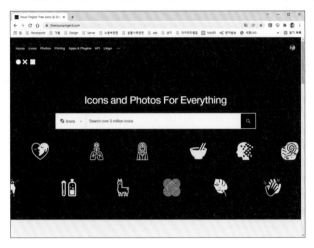

4 일러스트레이션즈 – illlustrations.co

일러스트레이션즈(illlustrations)는 120개 이상의 일러스트레이션을 AI, PNG, SVG, EPS 파일로 다운로드할 수 있는 사이트입니다. 이 사이트는 무료이고 회원으로 가입하지 않아도 됩니다.

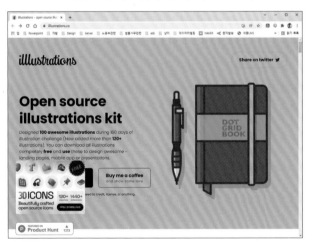

243

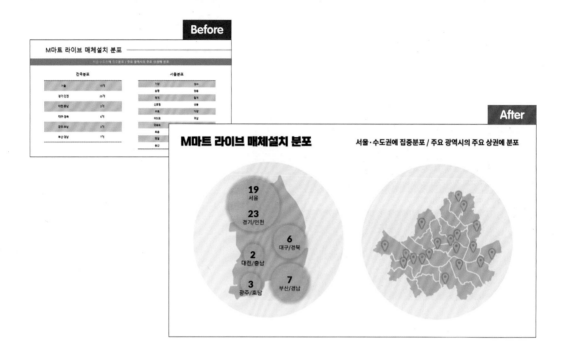

❖ 슬라이드에 대한 의견 ❖

필자는 '청중들은 읽지 않고 본다.'라는 말을 믿습니다. 따라서 프레젠테이션 문서와 같은 시각 자료는 읽지 않고 보도록 만들어야 합니다. 슬라이드에 담기는 텍스트, 도해, 표, 차트, 이미지 등은 서로 속성이 다르지만, '전부 이미지다.'라고 생각하면서 청중들의 기억 속에 남을 수 있도록 작성해야 합니다. Before 슬라이드는 M마트의 '라이브 매체'가 어느 곳에 어느 정도 분포되어 있는지 보여주는 표로 작성되어 있습니다. 이와 같이 그냥 텍스트로 정리한 것보다 표로 보여주는 것이 정보 전달 측면에서는 훨씬 도움이 됩니다. 그러나 청중들을 고려한 시각적인 자료로서는 아쉬운 점이 있습니다.

❖ 슬라이드의 문제점 ❖

문제점	개선 방향
지역별 라이브 매체 설치 분포 상황을 기계식으로 나열했다.	지도 아이콘을 활용해 라이브 매체 설치의 분포 상황을 시각적으로 수정한다.

❖ 해결 방법 ❖

──────────

1단계 표나 텍스트의 내용을 훨씬 시각적으로 보기 좋게 만들기 위해 'thenounproject.com'에서 제공하는 아이콘을 다운로드해서 활용합니다. 전국의 라이브 매체 개수와 서울의 라이브 매체 개수를 나타낼 때 각각 대한민국 지도와 서울 지도를 다운로드한 후 배치하여 활용합니다.

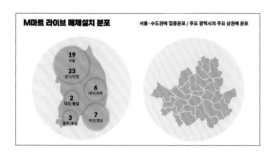

2단계 인포그래픽의 표현 기법을 응용해 전국의 라이브 매체 분포 상황을 표현합니다. 라이브 매체가 많은 곳은 도형의 크기를 크게, 라이브 매체가 적은 곳은 도형의 크기를 작게 삽입하고 적절하게 텍스트를 입력하여 전국의 분포도를 표현합니다.

3단계 [삽입] 탭-[일러스트레이션] 그룹에서 [아이콘]을 클릭하여 서울에 분포되어 있는 라이브 매체의 위치에 아이콘을 삽입해서 서울 지역의 분포도를 표현합니다. 단, [아이콘]은 파워포인트 2019 이상 버전과 Microsoft 365에서 지원하는 기능으로, 파워포인트 2016 이하 버전에서는 무료 아이콘 제공 사이트 등에서 아이콘을 다운로드하세요.

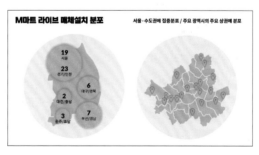

❖ 주의 사항 ❖

──────────

텍스트나 표보다 이미지와 아이콘을 사용해야 청중들의 집중도를 높일 수 있습니다. 수치화된 데이터는 표나 차트를 활용해 효과적으로 표현할 수 있습니다. 그리고 다이어그램을 활용해 표나 차트를 시각적으로 표현하면 더욱 쉽게 정보를 전달할 수 있습니다.

포토샵처럼 다양한
그래픽 효과 지정하기

● **실습예제** : 이미지자르기(준비).pptx   ● **완성예제** : 이미지자르기(완성).pptx

그래픽 효과

동영상 삽입

애니메이션 효과

발표자 도구

인쇄

유튜브

이미지 디자인

동영상 제작

필수기능

01 이미지 잘라서 심플한 표지 만들기

1 1번 슬라이드에서 Alt + F9 를 눌러 안내선을 표시하고 이미지를 복사한 후 복사한 이미지를 더블클릭합니다. 이미지와 관련된 [그림 서식] 탭이 선택되면 [크기] 그룹에서 [자르기]를 클릭하고 [자르기]를 선택하세요.

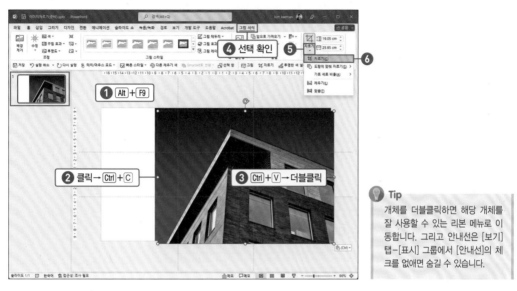

> 💡 **Tip**
>
> 개체를 더블클릭하면 해당 개체를 잘 사용할 수 있는 리본 메뉴로 이동합니다. 그리고 안내선은 [보기] 탭-[표시] 그룹에서 [안내선]의 체크를 없애면 숨길 수 있습니다.

2 그림에 자르기 표식이 표시되면 건물이 나오지 않고 왼쪽의 파란색 부분만 남도록 자르기 표식을 왼쪽으로 드래그한 후 Esc 를 눌러 이미지를 잘라내세요.

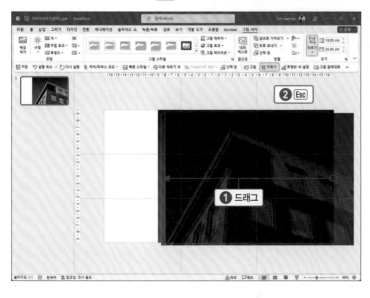

247

3 잘라낸 이미지는 슬라이드의 왼쪽 끝에 배치하고 원래의 건물 이미지는 이미지를 3등분했을 때 건물의 중앙이 오른쪽 가운데에 오도록 배치합니다.

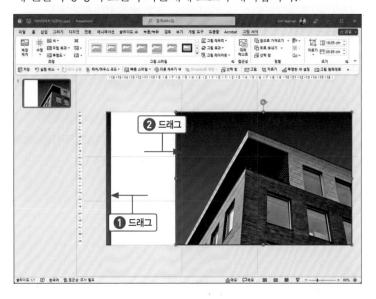

4 잘라낸 이미지를 선택하고 이미지 조절점을 클릭한 상태에서 오른쪽 건물 이미지의 왼쪽 끝까지 드래그하여 늘립니다.

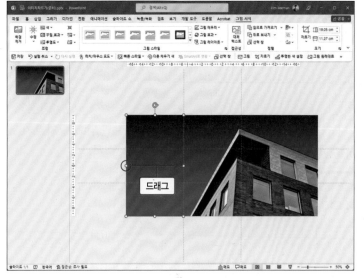

Tip
이 과정을 통해 건물 이미지의 왼쪽에 제목을 입력할 수 있는 공간을 만드는 것입니다.

5 오른쪽 건물 이미지를 더블클릭하여 [그림 서식] 탭을 선택하고 [크기] 그룹에서 [자르기]를 클릭한 후 [자르기]를 선택하여 슬라이드의 크기에 맞게 자릅니다.

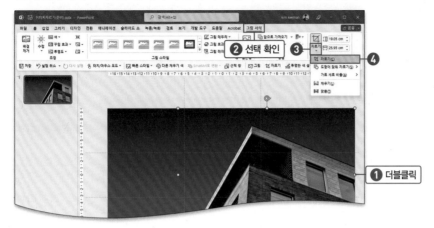

6 [홈] 탭-[슬라이드] 그룹에서 [레이아웃]을 클릭한 후 'Office 테마'의 [이미지_자르기_표지] 를 선택합니다.

> 💡 **Tip**
> [이미지_자르기_표지]는 필자가 작성한 레이아웃으로, '이미지자르기(준비).pptx'에 포함되어 있습니다.

7 '제목을 입력하십시오.' 텍스트 상자가 나타나면 제목을 입력합니다. 제목에 글꼴, 색과 크기를 보기 좋게 지정하고 적절한 곳에 배치하여 표지를 완성하세요.

● **실습예제** : 이미지크기(준비).pptx　● **완성예제** : 이미지크기(완성).jpg

현장실무

02 | 픽셀 값으로 이미지 크기 조절하기

인터넷에 용량이나 크기가 너무 큰 이미지를 업로드하면 업로드 시간이 너무 오래 걸리거나 제대로 업로드되지 않을 수 있으므로 피해야 합니다. 그러므로 이미지에 대한 정보를 자세히 알고 있는 것이 중요합니다.

마케팅에서는 홈페이지나 SNS, 블로그 등에 이미지를 업로드하는 일이 많습니다. 이때 각 플랫폼은 이미지의 크기를 픽셀 값으로 규정해 안내합니다. 파워포인트에서는 기본적으로 센티미터(cm)를 사용하여 이미지의 크기를 표현하므로 픽셀 단위로 조절하려면 포토샵과 같은 그래픽 프로그램을 사용해야 합니다. 하지만 파워포인트 2013부터는 슬라이드 크기뿐만 아니라 이미지 크기도 픽셀 단위로 설정할 수 있습니다.

1 파일 탐색기를 열고 '부록\Chapter04\Section09' 폴더의 '이미지크기(준비).jpg'를 마우스 오른쪽 단추로 클릭한 후 [속성]을 선택합니다.

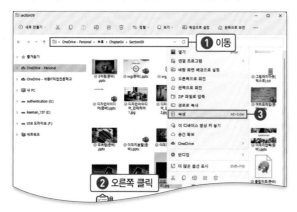

2 이미지 속성 대화상자가 열리면 [자세히] 탭에서 사진 크기 '1600×1067'과 해상도 '96 DPI'를 확인하고 [확인]을 클릭합니다. 파일 탐색기로 되돌아오면 '이미지크기(준비).jpg'를 마우스 오른쪽 단추로 클릭하고 [복사]([C])를 클릭하세요.

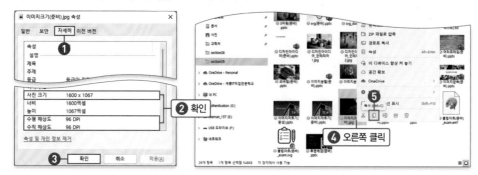

3 '이미지크기(준비).pptx'를 열고 1번 슬라이드에서 Ctrl+V를 눌러 이미지를 붙여넣은 후 [그림 서식] 탭-[크기] 그룹에서 [도형 너비]에 『960px』을 입력합니다.

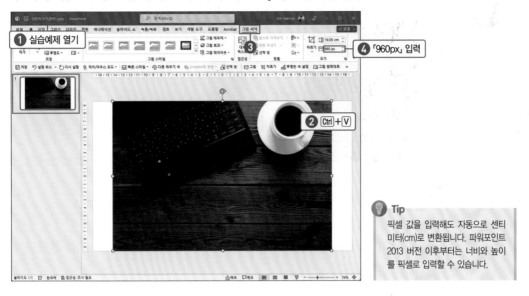

4 이미지의 크기가 조절되면 Ctrl+C를 눌러 이미지를 복사하고 [홈] 탭-[클립보드] 그룹에서 [붙여넣기]를 클릭한 후 [선택하여 붙여넣기]를 선택합니다.

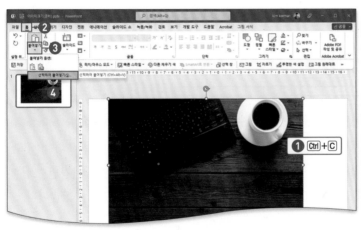

5 [선택하여 붙여넣기] 대화상자가 열리면 '형식'에서 [비트맵]을 선택하고 [확인]을 클릭합니다.

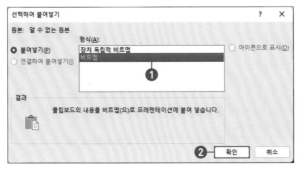

6 복사한 이미지를 마우스 오른쪽 단추로 클릭하고 [그림으로 저장]을 선택합니다.

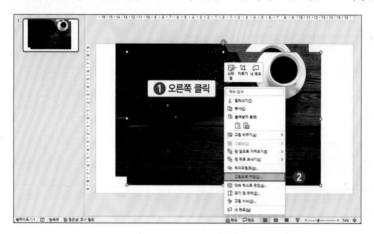

7 [그림으로 저장] 대화상자가 열리면 파일 이름을 입력하고 '파일 형식'에서 JPEG를 선택한 후 [저장]을 클릭합니다.

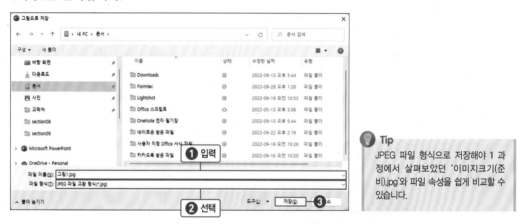

💡 **Tip**
JPEG 파일 형식으로 저장해야 1 과정에서 살펴보았던 '이미지크기(준비).jpg'와 파일 속성을 쉽게 비교할 수 있습니다.

8 1 과정을 참고하여 속성 대화상자를 열고 [자세히] 탭에서 JPEG 파일 형식으로 변경된 그림 파일의 크기를 확인합니다. 사진 크기가 960px로 작아지면서 너비와 높이 픽셀도 작아졌습니다.

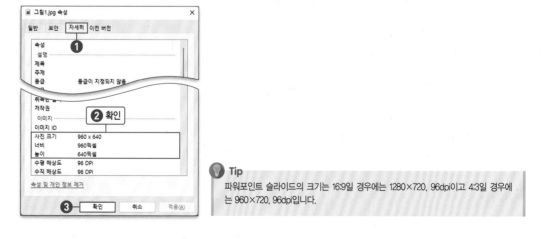

💡 **Tip**
파워포인트 슬라이드의 크기는 16:9일 경우에는 1280×720, 96dpi이고 4:3일 경우에는 960×720, 96dpi입니다.

● **실습예제** : 그림레이아웃(준비).pptx ● **완성예제** : 그림레이아웃(완성).pptx

필수기능

03 | 빠르게 이미지 배치해 그림 레이아웃 완성하기

그래픽 효과

동영상 삽입

애니메이션 효과

빠른 표지 도구

인쇄

유튜브리티

이미지 디자인!

동영상 제작

1 1번 슬라이드에서 Ctrl + A 를 눌러 모든 이미지를 선택합니다.

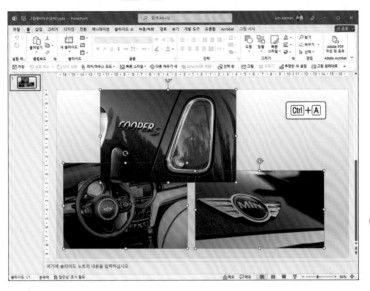

> 💡 **Tip**
> Shift 를 누른 상태에서 이미지를 차례대로 클릭해도 모두 선택할 수 있습니다.

2 [그림 서식] 탭-[그림 스타일] 그룹에서 [그림 레이아웃]을 클릭하고 [그림 설명형]을 클릭합니다.

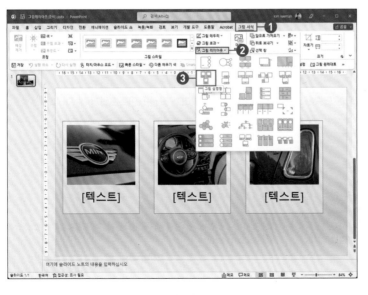

3 [SmartArt 디자인] 탭-[SmartArt 스타일] 그룹에서 [색 변경]을 클릭하고 '강조 3'의 [색 채우기 - 강조3]을 클릭합니다.

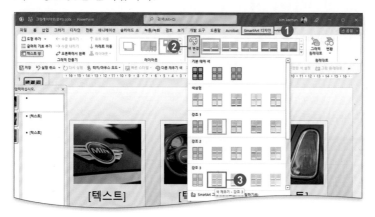

4 왼쪽의 텍스트 입력 창에 『INTERIOR』, 『ENGINE HOOD』, 『ACCESSORIES』를 차례대로 입력합니다.

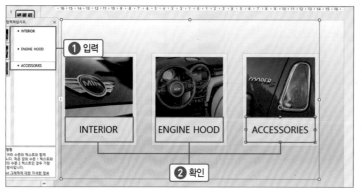

💡 **Tip**

텍스트 입력 창에 텍스트를 입력하면 슬라이드 창에 텍스트가 그대로 표시됩니다.

5 'INTERIOR' 텍스트의 끝에 커서를 올려놓고 Enter 와 Tab 을 차례대로 눌러 하위 레벨을 만든 후 세부 내용을 입력합니다.

> 행복은 안으로부터 시작됩니다. 차량에 탑승하시면 세련된 색상의 인테리어가 당신을 만족스럽게 해 줍니다.

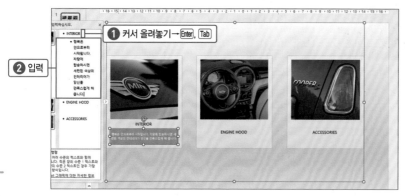

💡 **Tip**

세부 내용은 '부록\Chapter04\Section09' 폴더에서 '그림레이아웃(텍스트).txt'를 참고하세요.

6 이와 같은 방법으로 텍스트 입력 창에 'ENGINE HOOD'와 'ACCESSORIES'의 세부 내용을 입력합니다.

> • 'ENGINE HOOD'의 세부 내용 : 부드러우면서도 강인한 이미지의 조형미 넘치는 파워돔이 친숙한 얼굴을 더해줍니다.
> • 'ACCESSORIES'의 세부 내용 : 액세서리를 통해 당신만의 감각을 보여주세요. 한 대밖에 없는 당신만의 CAR로 만들 수 있습니다.

7 슬라이드에서 이미지 레이아웃을 선택합니다. [서식] 탭-[정렬] 그룹에서 [맞춤]을 클릭하고 [가운데 맞춤]과 [중간 맞춤]을 차례대로 선택하여 슬라이드의 중앙에 이미지 레이아웃을 정렬하세요.

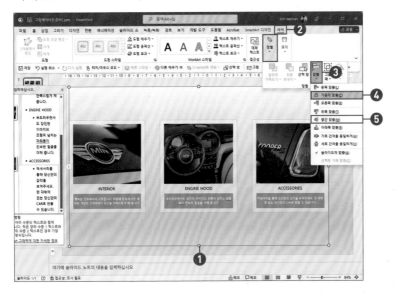

그래픽 효과

동영상 삽입

애니메이션 효과

발표자 도구

인쇄

유튜브

이미지 디자인

동영상 제작

8 [서식] 탭-[정렬] 그룹에서 [그룹화]를 클릭하고 [그룹 해제]를 선택합니다. 그림 레이아웃의 그룹이 해제되면 Ctrl+Shift+G를 눌러 그림 레이아웃의 그룹을 다시 한 번 더 해제하세요.

💡 **Tip**

도형으로 변환한 후 [도형 서식] 탭-[정렬] 그룹-[그룹화]에서 [그룹 해제]를 선택해도 그림 레이아웃의 그룹을 해제할 수 있습니다.

9 Esc를 눌러 도형의 선택을 모두 해제합니다. Shift를 이용해 배경이 되는 도형들을 모두 선택하고 도형 조절점을 드래그하여 도형의 크기를 크게 조절하세요.

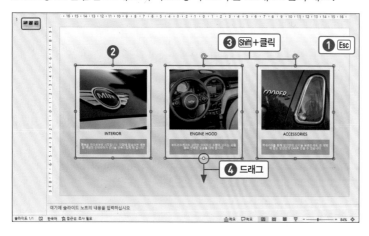

10 이와 같은 방법으로 세부 내용이 들어간 도형의 크기를 조정하고 [홈] 탭-[글꼴] 그룹에서 [글꼴 크기]를 [14pt]로 지정합니다.

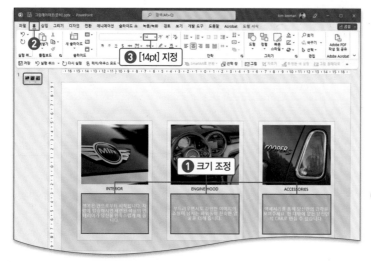

💡 **Tip**

Ctrl+]는 글꼴 크기를 크게, Ctrl+[는 글꼴 크기를 작게 조절합니다.

11 Shift를 이용해 'INTERIOR', 'ENGINE HOOD', 'ACCESSORIES' 소제목 텍스트 상자를 모두 선택하고 [홈] 탭-[글꼴] 그룹에서 [글꼴 크기]를 [20pt]로 지정합니다.

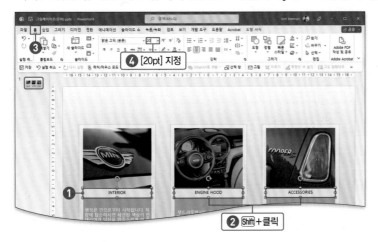

12 Ctrl+A를 눌러 모든 도형을 선택하고 [도형 서식] 탭-[정렬] 그룹에서 [그룹화]를 클릭한 후 [그룹]을 선택하여 그룹화합니다.

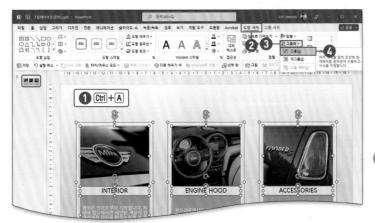

> **Tip**
> Ctrl+G를 눌러도 선택한 모든 도형들을 그룹화할 수 있습니다.

13 [도형 서식] 탭-[정렬] 그룹에서 [맞춤]을 클릭하고 [가운데 맞춤]과 [중간 맞춤]을 차례대로 선택하여 그룹화한 도형을 슬라이드의 가운데에 정렬합니다.

그래픽 종과

동영상 삽입

애니메이션 효과

발표자 도구

인쇄

유튜브

이미지 디자인

동영상 제작

● **실습예제** : 투명배경(준비).pptx   ● **완성예제** : 투명배경(완성).pptx

현장실무

04 | 투명하게 배경 처리하기

슬라이드에 아이폰 그림을 삽입할 경우 아이폰의 배경색과 슬라이드의 배경색이 다르면 시선이 집중되지 않을 수 있습니다. 이 경우에는 아이폰의 배경색을 투명하게 지정해야 합니다.

방법 1 **[투명한 색 설정]** 이용하기

1 1번 슬라이드에서 아이폰 그림을 클릭하고 [그림 서식] 탭-[조정] 그룹에서 [색]을 클릭한 후 [투명한 색 설정]을 선택합니다. 마우스 포인터가 ◁ 모양으로 변경되면 아이폰 그림의 흰색 부분을 클릭하세요.

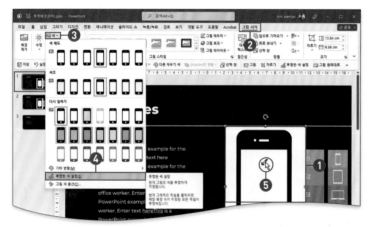

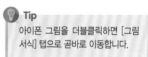

💡 **Tip**
아이폰 그림을 더블클릭하면 [그림 서식] 탭으로 곧바로 이동합니다.

2 아이폰 그림이 투명해지면 [그림 서식] 탭-[정렬] 그룹에서 [뒤로 보내기]를 클릭하고 [맨 뒤로 보내기]를 선택합니다. 아이폰 그림을 맨 뒤로 보냈으면 Esc를 눌러 마우스 포인터의 모양을 원래대로 되돌리세요.

3 아이폰 그림을 선택한 상태에서 [그림 서식] 탭-[조정] 그룹의 [색]을 클릭하고 '다시 칠하기'의 [희미하게]를 클릭합니다.

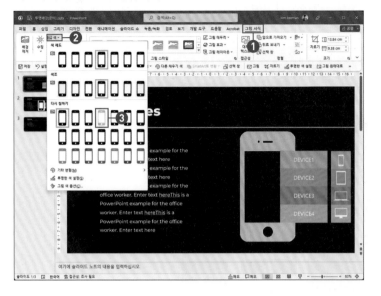

4 'DEVICE1'부터 'DEVICE4'까지 구성된 도형 그룹을 선택하고 배경이 제거된 아이폰 그림의 위쪽으로 드래그하여 정렬합니다.

💡 **Tip**
도형 그룹을 아이폰 그림의 위에 정렬할 때 방향키(→, ←, ↑, ↓)를 이용하면 더욱 세밀하게 이동할 수 있습니다.

1 2번 슬라이드에서 아이폰 그림을 클릭하고 [그림 서식] 탭-[조정] 그룹에서 [배경 제거]를 클릭합니다.

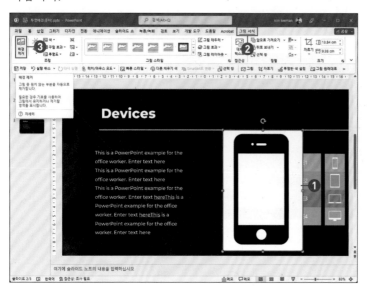

2 [배경 제거] 탭-[미세 조정] 그룹에서 [보관할 영역 표시]를 클릭합니다. 아이폰 그림 위에 연필 모양의 아이콘(✎)이 표시되면 보관할 영역을 드래그합니다.

💡 **Tip**

보라색 바탕은 이미지의 전체 크기를 나타냅니다. [보관할 영역 표시]를 클릭한 후 드래그하는 부분은 배경이 제거되지 않고 보관됩니다.

3 상태 표시줄에서 [확대/축소] 슬라이드바를 오른쪽으로 드래그하여 화면을 크게 확대합니다. [배경 제거] 탭-[미세 조정] 그룹에서 [제거할 영역 표시]를 클릭하고 마우스 포인터가 🖊 모양으로 변경되면 배경을 제거할 부분을 드래그하세요.

💡 **Tip**
[제거할 영역 표시]를 클릭하고 드래그하면 배경이 제거됩니다. 이때 여러 번 드래그하여 배경을 제거할 수 있습니다.

4 배경을 제거했으면 Ctrl +마우스 휠을 아래쪽으로 굴려서 화면을 축소하여 원래의 화면으로 되돌아옵니다. [배경 제거] 탭-[닫기] 그룹에서 [변경 내용 유지]를 클릭하세요.

💡 **Tip**
상태 표시줄에서 [확대/축소] 슬라이드바를 왼쪽으로 드래그해도 화면을 축소할 수 있습니다.

그래픽 효과

동영상 삽입

애니메이션 효과

발표자 도구

인쇄

유튜브

이미지 디자인

동영상 제작

5 아이폰 그림을 선택한 상태에서 [그림 서식] 탭-[정렬] 그룹에서 [뒤로 보내기]를 클릭하고 [맨 뒤로 보내기]를 선택합니다.

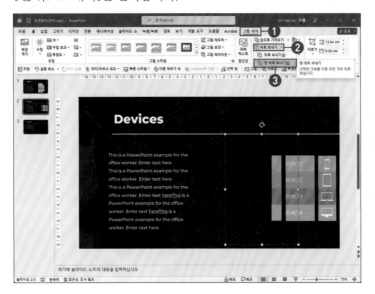

6 [그림 서식] 탭-[조정] 그룹에서 [색]을 클릭하고 '다시 칠하기'의 [희미하게]를 클릭합니다. 'DEVICE1'부터 'DEVICE4'까지 구성된 도형 그룹을 선택하여 배경이 제거된 아이폰 그림의 위쪽으로 드래그하여 정렬합니다.

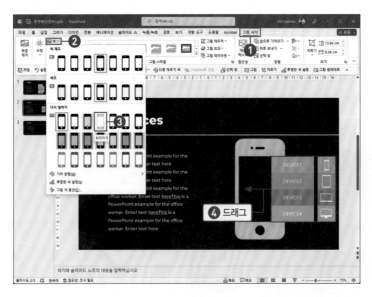

방법 3 배경 제거 사이트 활용하기

1 웹 브라우저를 실행하고 removebg(https://remove.bg/ko)에 접속한 후 [이미지 업로드]를 클릭합니다.

2 [열기] 대화상자가 열리면 '부록\Chapter04\Section09' 폴더의 '이미지배경제거.jpg'를 선택하여 업로드합니다.

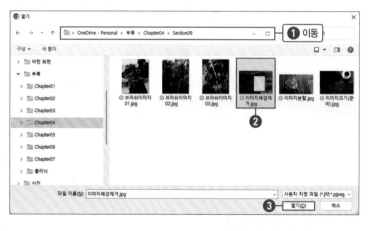

3 배경이 제거된 화면에서 [다운로드]를 클릭합니다.

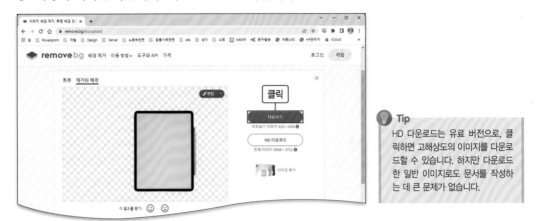

Tip

HD 다운로드는 유료 버전으로, 클릭하면 고해상도의 이미지를 다운로드할 수 있습니다. 하지만 다운로드한 일반 이미지로도 문서를 작성하는 데 큰 문제가 없습니다.

4 '투명배경(준비).pptx'에서 3번 슬라이드를 선택한 후 [삽입] 탭-[이미지] 그룹에서 [그림]을 클릭하고 [이 디바이스]를 선택합니다. [그림 삽입] 대화상자가 열리면 다운로드한 파일을 삽입합니다.

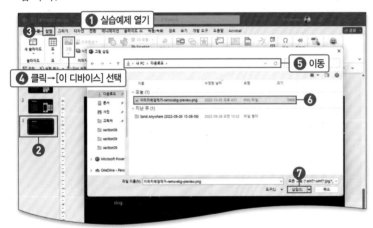

5 다음의 그림과 같이 슬라이드에 그림을 적당하게 배치합니다.

264

◉ 실습예제 : svg(준비).pptx   ◉ 완성예제 : svg(완성).pptx

현장실무

05 | SVG 파일 한 번에 삽입하기

SVG 포맷은 2차원 벡터 그래픽을 표현하기 위한 XML 기반의 파일 형식입니다. 이전에는 SVG 파일을 오피스 문서에 직접 삽입할 수 없었지만, 파워포인트 2019 버전부터는 삽입할 수 있습니다.

SVG(Scalable Vector Graphics) 포맷은 화면 크기에 상관없이 모든 해상도의 컴퓨터 디스플레이어에서 이미지를 볼 수 있는 벡터 그래픽 파일 형식으로, 1999년 W3C(World Wide Web Consortium)가 주축이 되어 개발했습니다. 이전 파워포인트 버전에서는 시각적인 정보를 쉽게 전달하기 위해 도해 및 다이어그램을 사용할 경우 다양한 프로그램을 이용해서 SVG 파일을 PNG 나 EMF 파일로 변환해야 했습니다. 그러나 Microsoft 365 버전 및 파워포인트 2019 버전 이후부터는 SVG 파일을 곧바로 삽입할 수 있게 업데이트되어 매우 편리해졌습니다.

1 1번 슬라이드에서 [삽입] 탭-[이미지] 그룹의 [그림]을 클릭하고 [이 디바이스]를 선택합니다.

2 [그림 삽입] 대화상자가 열리면 파일 확장자에서 [모든 그림 (*.emf, *.wmf, *.jpg…)]을 선택하여 모든 그림 파일을 표시합니다. '부록\Chapter04\Section09' 폴더에서 Shift를 이용해 'svg_doc. svg'와 'svg_human.svg'를 선택한 후 [삽입]을 클릭합니다.

265

3 '강의평가서작성'의 왼쪽에는 사람 이미지를, 오른쪽에는 종이 모양 이미지를 배치하고 사람 이미지를 선택한 후 [그래픽 형식] 탭-[크기] 그룹에서 [높이]에 [13cm]를 지정합니다. 이와 같은 방법으로 종이 모양 이미지는 [높이]에 [8cm]를 지정하세요.

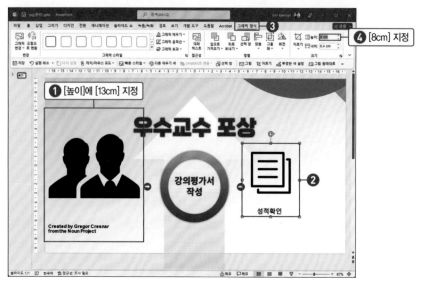

Tip

SVG 파일은 벡터 파일이어서 이미지의 크기를 크게 설정해도 윤곽선에 계단 현상이 나타나지 않습니다.

4 사람 이미지를 더블클릭하여 [그래픽 형식] 탭을 선택하고 [크기] 그룹에서 [자르기]를 클릭한 후 [자르기]를 선택합니다.

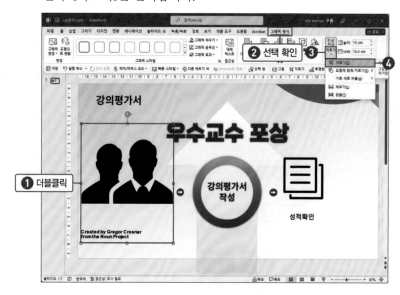

5 사람 이미지에서 아래쪽의 텍스트를 잘라내고 [그래픽 형식] 탭-[크기] 그룹에서 [너비]에 [5cm]를 지정합니다. 이와 같은 방법으로 종이 모양 이미지도 [너비]에 [5cm]를 지정하세요.

6 Shift를 이용해 사람 이미지와 중앙의 원형 도형, 종이 모양 이미지를 모두 선택합니다. [그래픽 형식] 탭-[정렬] 그룹에서 [맞춤]을 클릭하고 [중간 맞춤]을 선택하세요.

그래픽 효과

동영상 삽입

애니메이션 효과

발표자 도구

인쇄

하이퍼링크

이미지 디자인

동영상 제작

7 Shift를 이용해 사람 이미지와 종이 모양 이미지를 모두 선택합니다. [그래픽 형식] 탭-[그래픽 스타일] 그룹에서 [그래픽 채우기]를 클릭하고 '테마 색'의 [검정, 텍스트 1, 35% 더 밝게]를 클릭하세요.

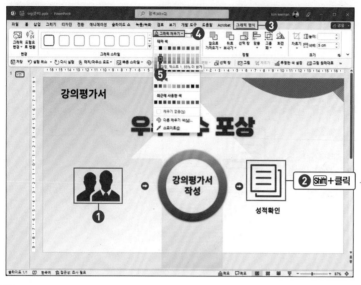

> 💡 **Tip**
>
> SVG 파일은 일반 도형과 같이 자유롭게 색상을 선택하여 지정할 수 있습니다.

 잠깐만요 :: EPS 그래픽 파일 포맷 사용하기

EPS(Encapsulated PostScript)는 포스트스크립트 언어에서 사용하는 그래픽 파일 포맷으로, 파워포인트 2010 이전 버전에서는 사용할 수 있었습니다. 하지만 마이크로소프트의 그래픽 보안 정책의 변화로 현재는 사용할 수 없습니다. 파워포인트에서 EPS 파일을 계속 사용하려면 구글에서 'office eps 지원'을 검색한 후 첫 번째 검색 결과인 'Microsoft 지원' 사이트에 접속해 이 페이지에서 소개하는 레지스트리를 수정해야 합니다.

▲ 'Microsoft 지원' 사이트에서 레지스트리를 수정해야 파워포인트에서 EPS 파일을 사용할 수 있다.

● 실습예제 : 이미지압축(준비).pptx ● 완성예제 : 이미지압축(완성).pptx

현장실무

06 | 이미지 압축해 파일 용량 줄이기

프레젠테이션 문서에서는 고해상도 이미지를 사용해야 선명하게 표현할 수 있습니다. 만약 저해상도 이미지를
사용하면 이미지 흐림 현상과 계단 현상이 나타나므로 주의해야 합니다.

저사양 컴퓨터에서 고해상도 이미지를 사용할 경우에는 이미지 용량이 커서 작업중 오류가 발생
할 수 있습니다. 이때는 이미지를 압축해서 사용해야 파일 용량을 조절하면서 선명한 프레젠테이
션 문서를 완성할 수 있습니다.

1 파일 탐색기를 열고 '부록\Chapter04\Section09' 폴더에 있는 '이미지압축(준비).pptx'의 크기
가 5,690KB인 것을 확인합니다.

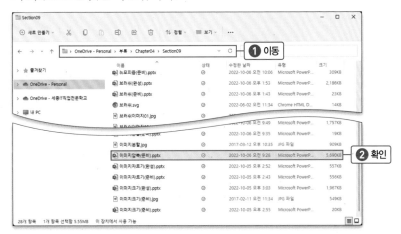

2 '이미지압축(준비).pptx'를 열고 [파일] 탭-[다른 이름으로 저장]을 선택한 후 [찾아보기]를
선택합니다.

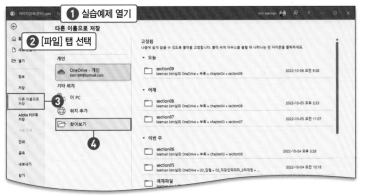

💡 **Tip**

다른 이름으로 저장 단축키는 Ctrl +
Shift + S 입니다.

269

3 [다른 이름으로 저장] 대화상자가 열리면 [도구]를 클릭하고 [그림 압축]을 선택합니다.

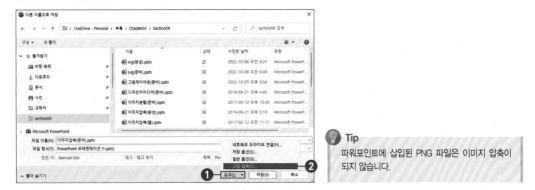

Tip
파워포인트에 삽입된 PNG 파일은 이미지 압축이
되지 않습니다.

4 [그림 압축] 대화상자가 열리면 '해상도'의 [웹(150ppi): 웹 페이지 및 프로젝터에 적절합니다.]를 선택하고 [확인]을 클릭합니다. [다른 이름으로 저장] 대화상자로 되돌아오면 '파일 이름'에『이미지압축(완성)』을 입력하고 [저장]을 클릭하세요.

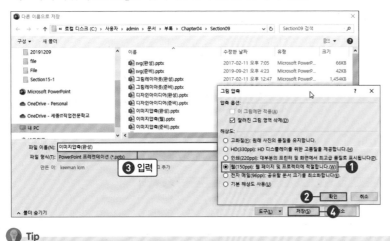

Tip
[그림 압축] 대화상자에서 '압축 옵션'의 [잘려진 그림 영역 삭제]에 체크되어 있으면 잘려진 그림 영역에 있는 이미지가 저장되지 않아 파일 용량을 더 줄일 수 있습니다. '이미지압축(준비).pptx'에 삽입된 이미지의 크기는 2~4MB입니다. 이미지의 크기가 크고 이미지를 많이 사용할수록 컴퓨터가 느려지지만, [그림 압축] 대화상자의 '해상도'에서 [인쇄(220ppi): 대부분의 프린터 및 화면에서 최고급 품질로 표시됩니다.]를 선택하면 느림 현상이 없어집니다.

5 파일 탐색기를 열고 파일이 저장된 폴더로 이동한 후 압축하여 저장한 파일의 크기를 확인합니다.

● **실습예제** : 이미지분할(준비).pptx   ● **완성예제** : 이미지분할(완성).pptx

현장실무

07 | 표 활용해 이미지 균등하게 분할하기

파워포인트에서도 손쉽게 이미지를 균등하게 분할할 수 있습니다. 이미지를 여러 조각으로 나누면 특정 부분에만 애니메이션을 적용하거나, 인스타그램과 같은 SNS에 따로따로 업로드할 수 있습니다.

1 1번 슬라이드에서 [보기] 탭-[표시] 그룹의 [안내선]에 체크하세요.

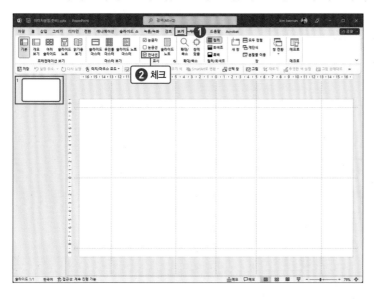

2 [삽입] 탭-[표] 그룹에서 [표]를 클릭하고 2행 3열의 표를 삽입한 후 노란색 안내선에 맞게 표의 크기를 조절합니다.

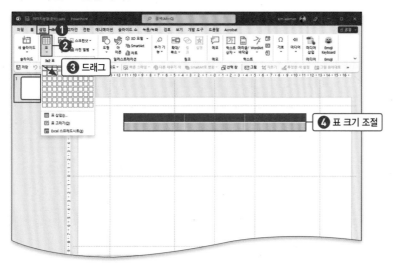

3 표를 선택한 상태에서 [테이블 디자인] 탭-[표 스타일] 그룹에서 [자세히] 단추(▼)를 클릭하고 '문서와 가장 일치하는 항목'의 [스타일 없음, 눈금 없음]을 클릭합니다.

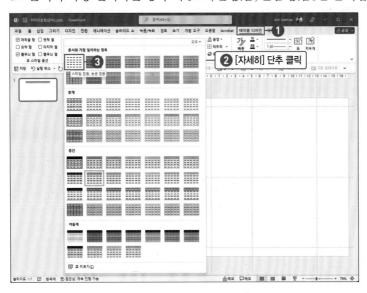

4 표를 마우스 오른쪽 단추로 클릭하고 [도형 서식]을 선택합니다.

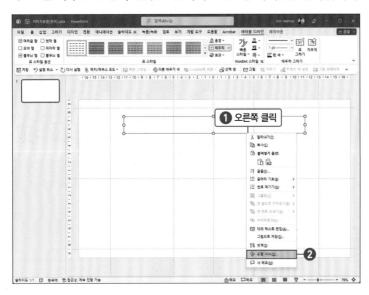

5 화면의 오른쪽에 [도형 서식] 창이 열리면 [도형 옵션]-[채우기 및 선]의 [채우기]에서 [그림 또는 질감 채우기]를 선택한 후 [삽입]을 클릭하세요. [그림 삽입] 창이 열리면 [파일에서]를 선택합니다.

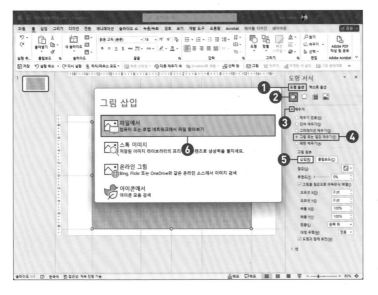

6 [그림 삽입] 대화상자가 열리면 '부록\Chapter04\Section09' 폴더에서 '이미지분할.jpg'를 선택하고 [삽입]을 클릭합니다.

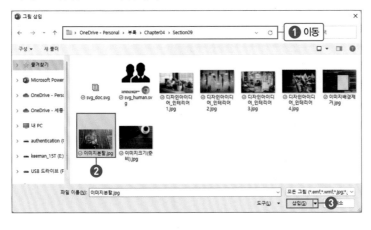

그래픽 효과

동영상 삽입

애니메이션 효과

발표자 도구

인쇄

유틸리티

이미지 디자인

동영상 제작

7 [도형 서식] 창에서 [그림을 질감으로 바둑판식 배열]에 체크하고 '오프셋 X'에는 『-35pt』를, '배율 X'와 '배율 Y'에는 각각 『60%』를 입력한 후 [도형 서식] 창을 닫습니다. 표를 선택한 상태에서 Ctrl + C를 눌러 표를 복사하고 슬라이드 창에서 1번 슬라이드를 선택한 후 Enter를 누르세요.

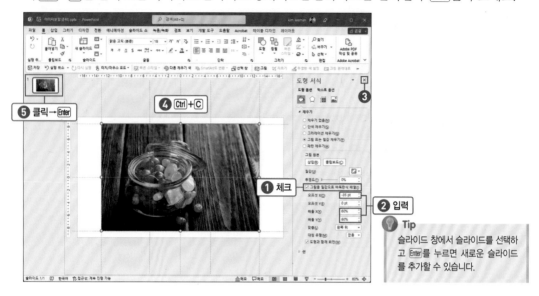

8 슬라이드 창에 2번 슬라이드가 추가되면 [홈] 탭-[클립보드] 그룹에서 [붙여넣기]를 클릭한 후 [선택하여 붙여넣기]를 선택합니다. [선택하여 붙여넣기] 대화상자가 열리면 '형식'에서 [그림 (Windows 메타파일)]을 선택하고 [확인]을 클릭하세요.

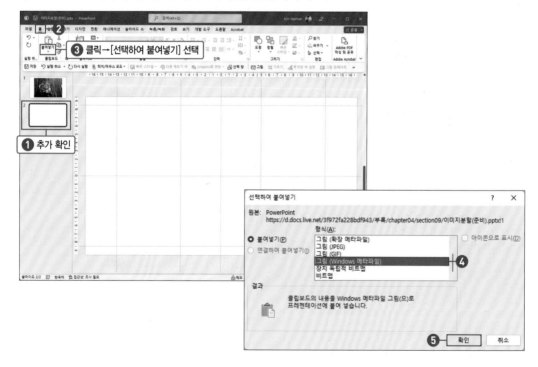

9 이미지가 삽입되면 Ctrl+Shift+G를 눌러 그룹을 해제합니다. 그룹이 아닌 가져온 그림을 그리기 개체로 변환하겠느냐고 묻는 메시지 창이 열리면 [예]를 클릭하고 다시 한 번 더 Ctrl+Shift+G를 눌러 그룹을 완전히 해제하세요.

10 그룹이 해제되면서 삽입된 그림이 조각으로 분리되었습니다. 필요한 그림조각을 원하는 방향으로 드래그해 이동할 수 있습니다.

현장실무

08 뉴모피즘 효과 연출하기

'뉴모피즘' 디자인을 활용하면 입체적이고 부드러운 느낌의 프레젠테이션 문서를 만들 수 있습니다. 도형을 활용해 파워포인트에서도 뉴모피즘 디자인을 연출해 보겠습니다.

뉴모피즘(Neumorphism) 디자인이란, 개체와 배경 간을 오직 그림자로 구분하여 볼륨감 있고 생생하게 살아있는 듯한 느낌을 주는 디자인입니다. UI/UX 디자인에서 주로 사용되며, 입체감이 생생하게 살아있어서 촉각적인 느낌을 줍니다.

다음과 같이 양각 스타일과 음각 스타일 및 볼록 튀어나온 스타일로 디자인할 수 있습니다. 파워포인트에서는 두 개의 도형을 겹치고 그림자 효과를 주어 뉴모피즘 디자인을 구현할 수 있습니다.

양각 스타일　　　　음각 스타일　　　　볼록 스타일

▲ 뉴모피즘 디자인의 유형

방법1 양각 스타일 만들기

1 2번 슬라이드에서 [홈] 탭-[그리기] 그룹의 [도형]을 클릭하고 '사각형'의 [사각형: 둥근 모서리](□)를 클릭하여 둥근 모서리 사각형을 삽입합니다.

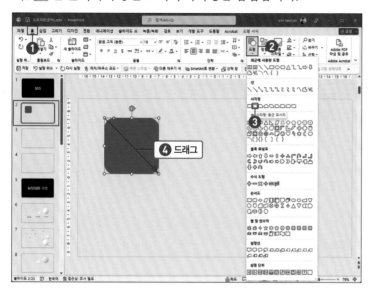

2 [도형 서식] 탭-[도형 스타일] 그룹에서 [도형 윤곽선]을 클릭하고 [윤곽선 없음]을 선택합니다.

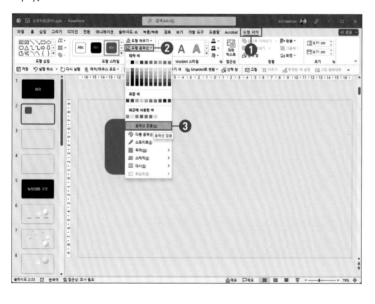

동영상 삽입

애니메이션 효과

발표자 도구

인쇄

구글리티

이미지 디자인

동영상 제작

3 Ctrl+D를 눌러 도형을 복제하고 왼쪽 도형을 마우스 오른쪽 단추로 클릭한 후 [도형 서식]을 선택합니다.

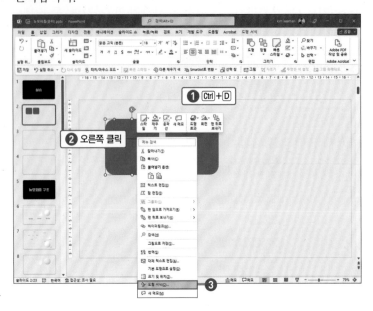

4 화면의 오른쪽에 [도형 서식] 창이 열리면 [도형 옵션]-[채우기 및 선]의 [채우기]에서 [단색 채우기]를 선택합니다. '색'의 단추를 클릭하고 [스포이트]를 선택하세요.

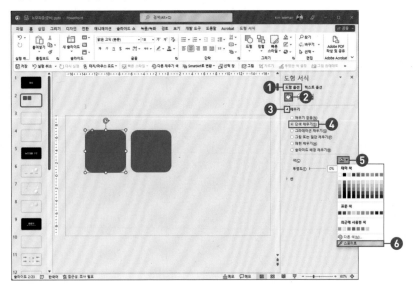

5 마우스 포인터가 스포이트 모양(🖊)으로 변경되면 배경을 클릭합니다.

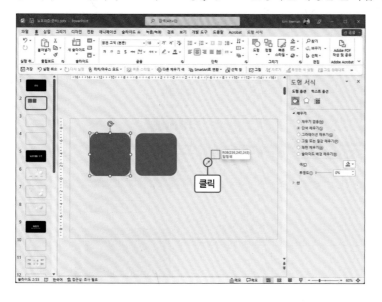

6 왼쪽 도형에 배경색이 채워졌으면 [도형 서식] 창에서 [효과]를 클릭하고 [그림자]의 '미리 설정'에서 '바깥쪽'의 [오프셋: 오른쪽 아래]를 클릭합니다.

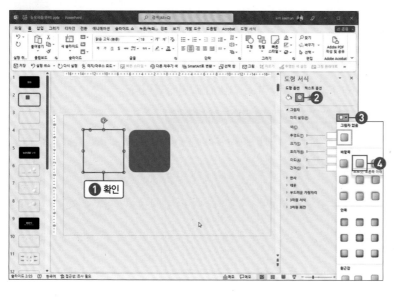

그래픽 효과

동영상 삽입

애니메이션 효과

발표자 도구

인쇄

유튜브리티

이미지 디자인

동영상 제작

7 그림자의 색을 지정하기 위해 '색'의 단추를 클릭하고 [다른 색]을 선택합니다. [색] 대화상자가 열리면 [사용자 지정] 탭에서 '육각'에 『#A6B4C8』을 입력하고 [확인]을 클릭하세요.

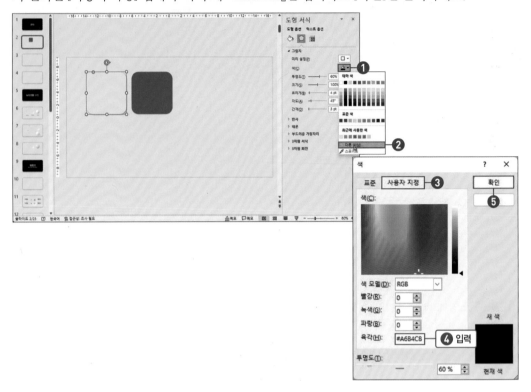

8 [도형 서식] 창에서 '흐리게'는 [10pt]로, '간격'은 [10pt]로 지정합니다.

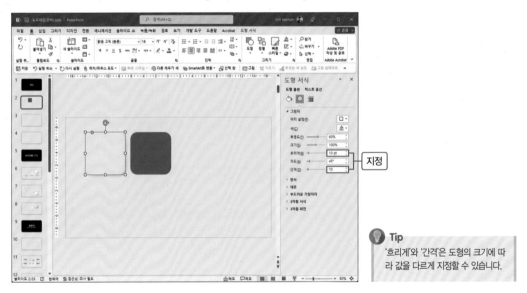

💡 **Tip**

'흐리게'와 '간격'은 도형의 크기에 따라 값을 다르게 지정할 수 있습니다.

9 이와 같은 방법으로 오른쪽 도형도 단색으로 채웁니다.

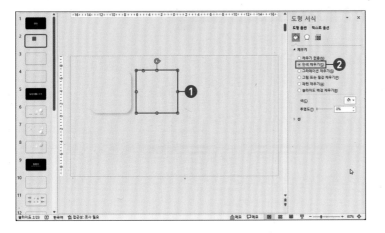

10 [도형 서식] 창에서 [효과]를 클릭하고 [그림자]의 '미리 설정'에서 '바깥쪽'의 [오프셋: 왼쪽 위]를 클릭합니다.

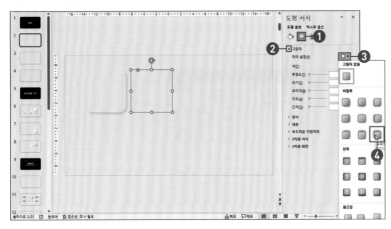

11 오른쪽 도형의 그림자 색은 '테마 색'의 [흰색, 배경 1]로 지정합니다.

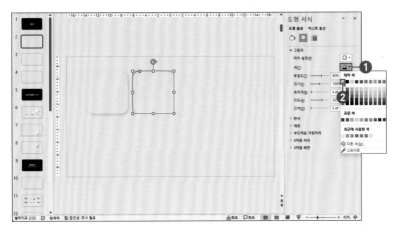

그래픽 효과

동영상 삽입

애니메이션 효과

발표자 도구

인쇄

유틸리티

이미지 디자인

동영상 제작

12 '그림자'의 '투명도'는 [20%]로, '흐리게'는 [5pt]로, '간격'은 [5pt]로 지정합니다.

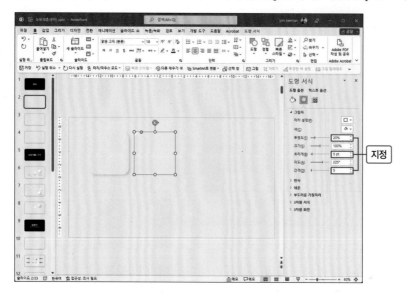

13 Shift를 이용해 두 개의 도형을 모두 선택하고 [도형 서식] 탭-[정렬] 그룹에서 [맞춤]을 클릭한 후 [가운데 맞춤]과 [중간 맞춤]을 차례대로 선택합니다.

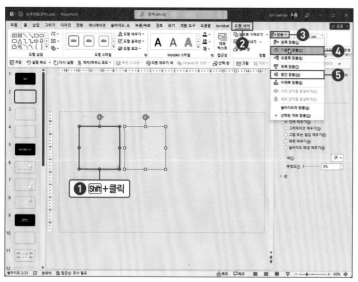

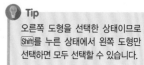

Tip
오른쪽 도형을 선택한 상태이므로
Shift를 누른 상태에서 왼쪽 도형만
선택하면 모두 선택할 수 있습니다.

14 완성한 양각 스타일의 왼쪽 도형 이미지를 확인합니다.

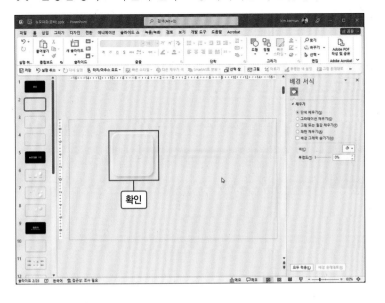

방법 2 음각 스타일 만들기

1 2번 슬라이드에서 [홈] 탭-[그리기] 그룹의 [도형]을 클릭하고 '사각형'의 [사각형: 둥근 모서리](□)를 클릭하여 둥근 모서리 사각형을 삽입합니다.

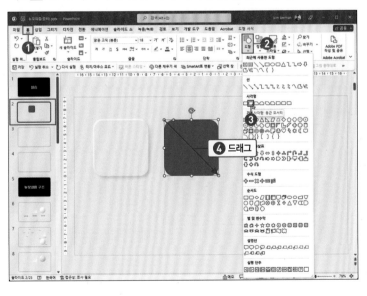

2 [도형 서식] 탭-[도형 스타일] 그룹에서 [도형 윤곽선]을 클릭하고 [윤곽선 없음]을 선택합니다.

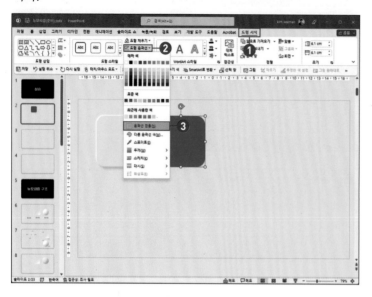

3 오른쪽 도형을 마우스 오른쪽 단추로 클릭하고 [도형 서식]을 선택합니다.

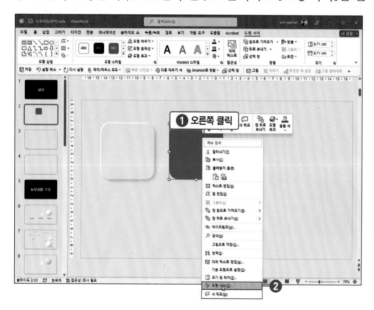

4 화면의 오른쪽에 [도형 서식] 창이 열리면 [도형 옵션]-[채우기 및 선]의 [채우기]에서 [그라데이션 채우기]를 선택합니다. '그라데이션 중지점'에서 첫 번째 중지점을 선택하고 [그라데이션 중지점 제거] 단추(🔳)를 클릭해 중지점을 제거합니다. 이와 같은 방법으로 두 번째 중지점도 제거하여 중지점을 두 개만 남기세요.

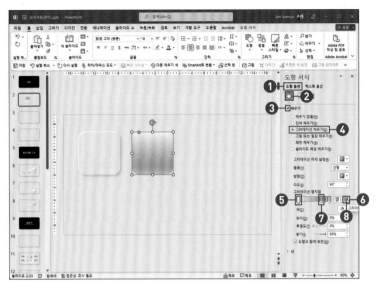

5 '그라데이션 중지점'에서 왼쪽에 있는 첫 번째 중지점을 선택하고 '위치'에 『50%』를 입력하여 위치를 이동합니다.

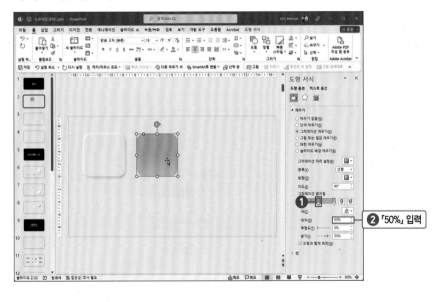

동영상 삽입

애니메이션 효과

발표자 도구

인쇄

유튜브

이미지 디자인

동영상 제작

6 그라데이션의 '종류'는 [선형]으로, '각도'는 [45°]로 지정합니다.

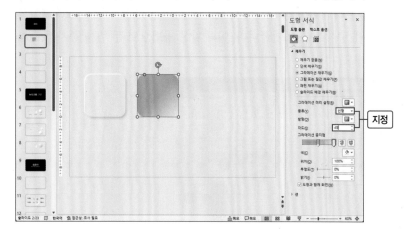

7 왼쪽 중지점의 색은 배경색(#ECF0F3)으로, 오른쪽 중지점의 색은 '테마 색'의 [흰색, 배경 1]로 지정합니다.

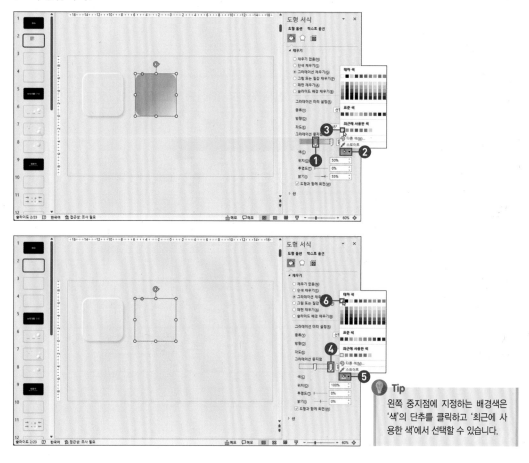

Tip
왼쪽 중지점에 지정하는 배경색은 '색'의 단추를 클릭하고 '최근에 사용한 색'에서 선택할 수 있습니다.

8 [도형 서식] 창에서 [효과]를 클릭하고 '그림자'의 '미리 설정'에서 '안쪽'의 [오프셋: 왼쪽 위]를 클릭합니다.

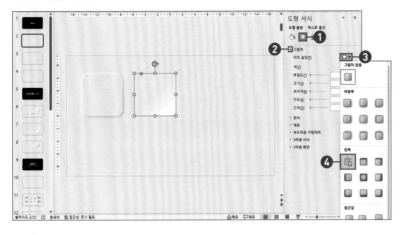

9 그림자의 색은 '최근에 사용한 색'의 [담청색]을 선택하고 '흐리게'는 [10pt]로, '간격'은 [8pt]로 지정합니다.

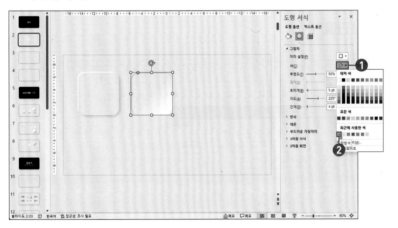

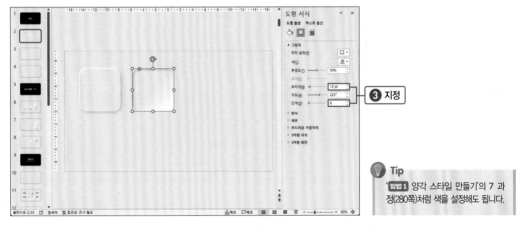

Tip
'**방법1** 양각 스타일 만들기'의 7 과정(280쪽)처럼 색을 설정해도 됩니다.

그래픽 효과

영상인 삽입

애니메이션 효과

발표자 도구

인쇄

유튜브

이미지 디자인

영상인 제작

10 완성한 음각 스타일의 오른쪽 도형 이미지를 확인합니다.

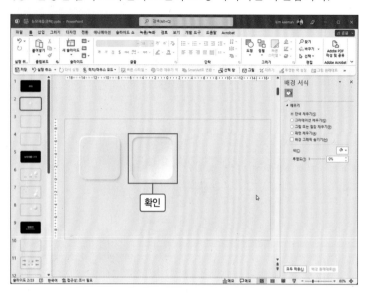

방법 3 볼록 튀어나온 스타일 만들기

1 2번 슬라이드에서 양각 스타일 도형을 선택하고 Ctrl + D를 눌러 복제한 후 복제한 도형을 오른쪽으로 드래그하여 이동합니다.

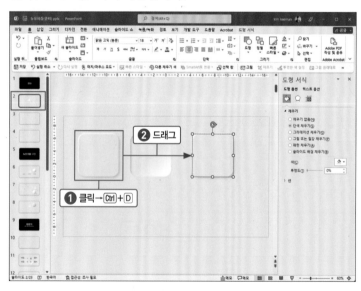

2 [도형 서식] 탭-[도형 삽입] 그룹에서 [도형 편집]을 클릭하고 [도형 모양 변경]을 선택한 후 '기본 도형'의 [타원](◯)을 클릭합니다.

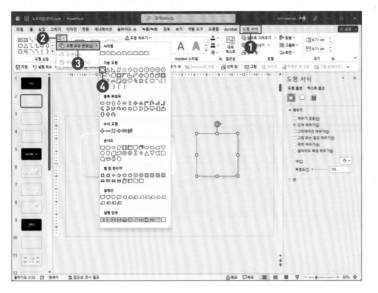

3 흰색 그림자가 있는 도형을 선택하고 [도형 서식] 탭-[정렬] 그룹에서 [뒤로 보내기]를 클릭한 후 [맨 뒤로 보내기]를 선택합니다.

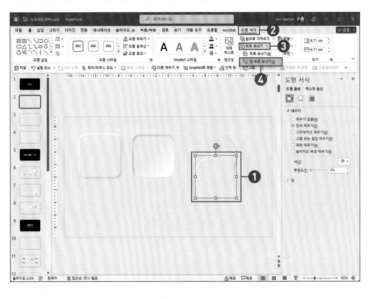

그래픽 효과

동영상 삽입

애니메이션 효과

발표자 도구

인쇄

유튜브리티

이미지 디자인

동영상 제작

4 Shift를 이용해 오른쪽에 있는 두 개의 도형을 선택하고 [도형 서식] 탭-[정렬] 그룹에서 [맞춤]을 클릭한 후 [위쪽 맞춤]을 선택해 정렬합니다.

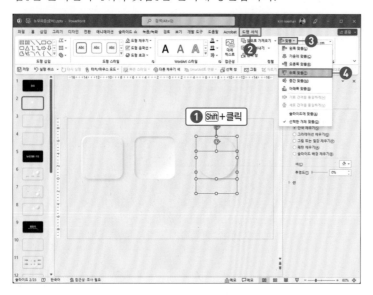

5 [도형 서식] 창에서 [도형 옵션]-[채우기 및 선]의 [채우기]에서 [그라데이션 채우기]를 선택한 후 '그라데이션 중지점'의 [그라데이션 중지점 추가] 단추(▮)를 클릭해 중지점을 추가합니다.

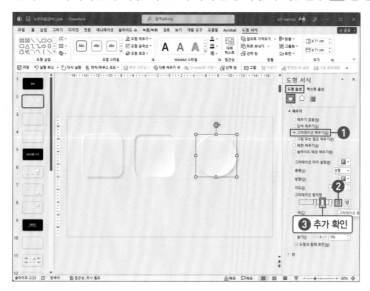

6 왼쪽 중지점의 '위치'는 [0%]로, 가운데 중지점의 '위치'는 [50%]로 지정합니다.

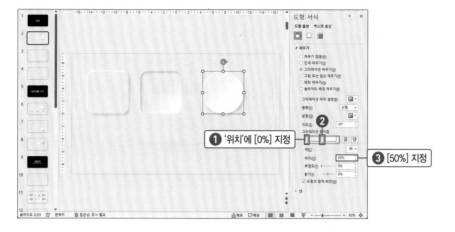

7 왼쪽 중지점의 색은 '테마 색'의 [흰색, 배경 1]로, 가운데 중지점의 색은 배경색(#ecf0f3)으로 지정합니다.

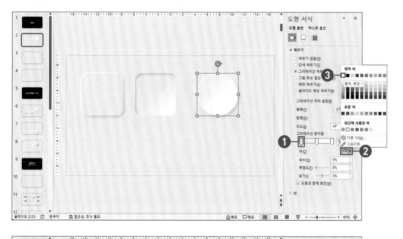

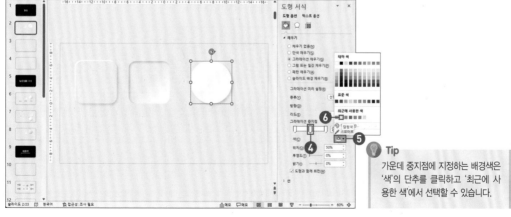

💡 **Tip**

가운데 중지점에 지정하는 배경색은 '색'의 단추를 클릭하고 '최근에 사용한 색'에서 선택할 수 있습니다.

그래픽 효과

동영상 삽입

애니메이션 효과

발표자 도구

인쇄

유튜브

이미지 디자인

동영상 제작

8 오른쪽 중지점의 색은 그림자 색(#a6b4c8)으로 지정합니다.

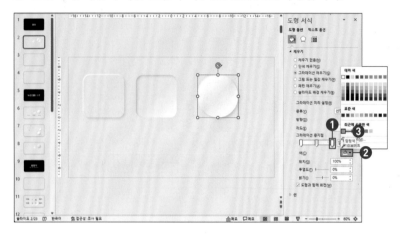

9 그라데이션의 '종류'는 [방사형]으로, '방향'은 [왼쪽 위 모서리에서]로 지정합니다.

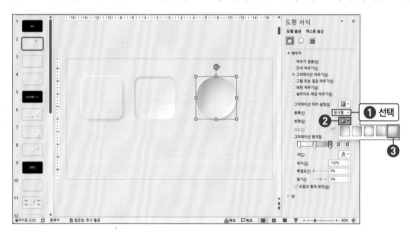

10 완성한 볼록 튀어나온 스타일의 도형 이미지를 확인합니다.

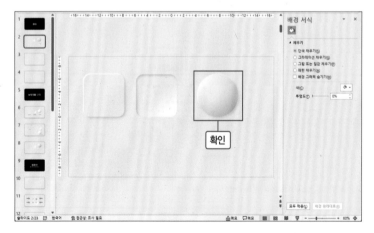

뉴모피즘 디자인은 다음의 이미지와 같이 활용할 수 있습니다. 이들 디자인은 부록 실습파일에서 템플릿으로 제공되므로 프레젠테이션 문서를 작성할 때 잘 활용해 보세요.

그래픽 효과

동영상 삽입

애니메이션 효과

발표자 도구

인쇄

유튜버

이미지 디자인

동영상 제작

M365 | 2021 | 2019 | 2016 | 2013

◉ 실습예제 : 네온(준비).pptx   ◉ 완성예제 : 네온(완성).pptx

현장실무

09 네온사인 효과 연출하기

파워포인트에서는 기본적으로 네온사인 효과를 제공합니다. 하지만 도형에 그림자를 설정하고 개체를 복제하여 더욱 자연스러운 네온사인 효과를 연출할 수 있습니다.

1 1번 슬라이드에서 [홈] 탭-[그리기] 그룹의 [도형]을 클릭하고 '기본 도형'의 [타원](◯)을 클릭하여 타원을 삽입합니다. 타원을 추가할 때 Shift를 누른 상태에서 드래그해 정원 도형을 그리고 크기를 적절하게 조절하세요.

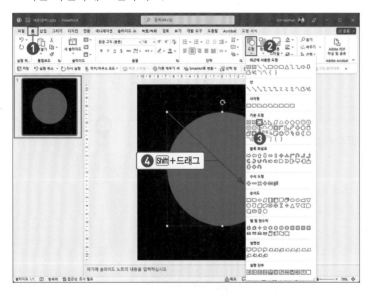

2 정원 도형을 마우스 오른쪽 단추로 클릭하고 [도형 서식]을 선택합니다.

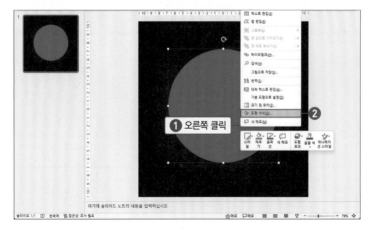

3 화면의 오른쪽에 [도형 서식] 창이 열리면 [도형 옵션]-[채우기 및 선]의 [채우기]에서 [채우기 없음]을 선택합니다. '선'에서 '너비'는 [4pt]로 지정하고 '색'은 '테마색' 범주의 [흰색, 배경 1]을 선택하세요.

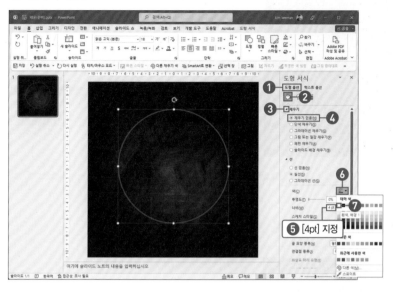

4 [도형 서식] 창에서 [도형 옵션]-[효과]의 [그림자]에서 '미리 설정'의 단추를 클릭하고 '바깥쪽'의 [오프셋: 오른쪽 아래]를 선택합니다.

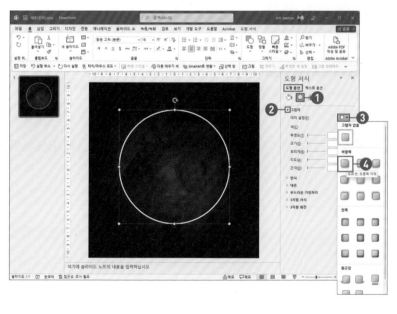

5 '투명도'는 [0%]로, '흐리게'는 [15pt]로, '간격'은 [0pt]로 지정합니다.

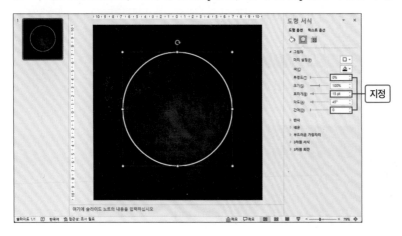

6 그림자의 색을 지정하기 위해 '색'의 단추를 클릭하고 [다른 색]을 선택합니다.

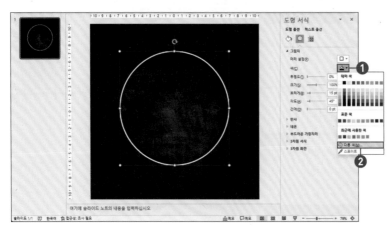

7 [색] 대화상자가 열리면 [사용자 지정] 탭에서 '육각'에 『#008AB0』을 입력하고 [확인]을 클릭하세요.

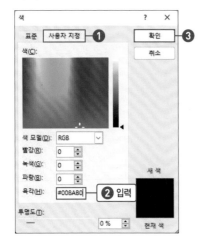

8 Ctrl + D 를 두 번 눌러 두 개의 도형을 더 복제합니다. 도형들을 모두 선택하고 [도형 서식] 탭-[정렬] 그룹에서 [맞춤]을 클릭한 후 [가운데 맞춤]과 [중간 맞춤]을 차례대로 선택하세요.

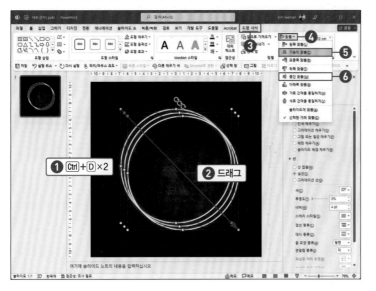

9 [도형 서식] 탭-[정렬] 그룹에서 [그룹화]를 클릭하고 [그룹]을 선택합니다.

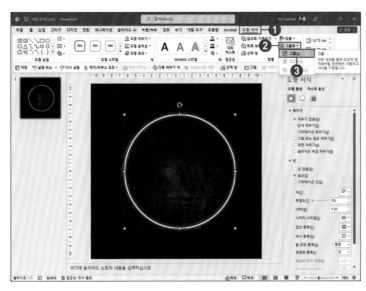

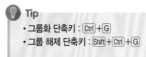

Tip
- 그룹화 단축키 : Ctrl + G
- 그룹 해제 단축키 : Shift + Ctrl + G

동영상 삽입

애니메이션 효과

발표자 도구

인쇄

유틸리티

이미지 디자인

동영상 제작

10 [홈] 탭-[그리기] 그룹에서 [도형]을 클릭하고 '기본' 도형의 [텍스트 상자](▦)를 클릭합니다. 도형 안에 텍스트『컴활개강안내』를 입력하고 [글꼴 크기]는 [66pt]로, [글꼴]은 [배달의민족 주아]를 선택하세요.

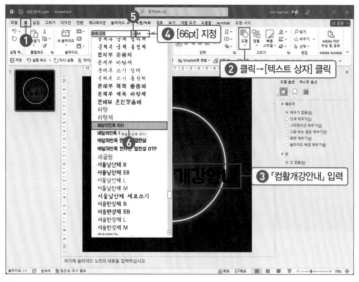

11 [도형 서식] 창에서 [텍스트 옵션]-[텍스트 채우기 및 윤곽선]의 [텍스트 채우기]에서 [채우기 없음]을 선택한 후 '텍스트 윤곽선'에서 [너비]를 [2pt]로 지정합니다.

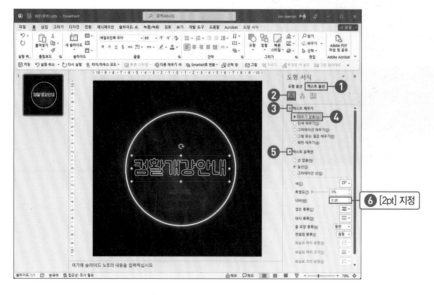

12 [텍스트 효과]를 클릭하고 [그림자]의 '미리 설정'에서 '바깥쪽'의 [오프셋: 오른쪽 아래]를 선택합니다.

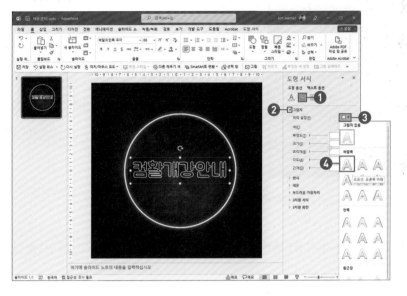

13 '투명도'는 [0%]로, '흐리게'는 [10pt]로, '간격'은 [0pt]로 지정합니다.

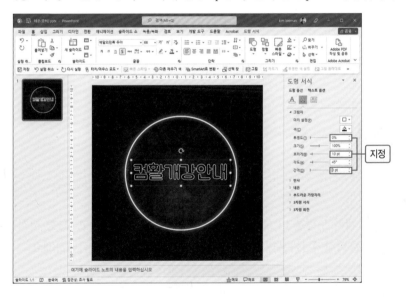

그래픽 효과

동영상 삽입

애니메이션 효과

발표자 도구

인쇄

유튜버

이미지 디자인

동영상 제작

14 그림자 색을 지정하기 위해 '색'의 단추를 클릭하고 [다른 색]을 선택합니다.

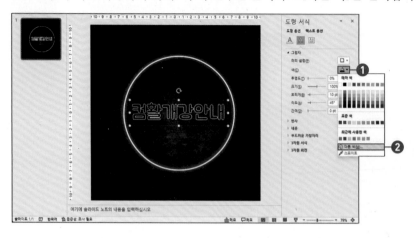

15 [색] 대화상자가 열리면 [사용자 지정] 탭에서 '육각'에 『#B60098』을 입력하고 [확인]을 클릭하세요.

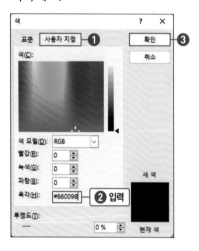

16 `Ctrl`+`D`를 두 번 눌러 두 개의 도형을 더 복제합니다. 도형들을 모두 선택하고 [도형 서식] 탭-[정렬] 그룹에서 [맞춤]을 클릭한 후 [가운데 맞춤]과 [중간 맞춤]을 차례대로 선택하세요.

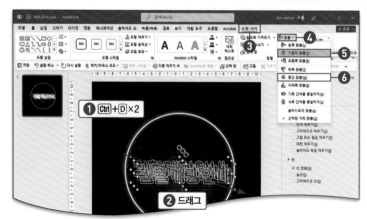

17 [도형 서식] 탭-[정렬] 그룹에서 [그룹화]를 클릭하고 [그룹]을 선택합니다.

18 [도형 서식] 탭-[그리기] 그룹에서 [도형]을 클릭하고 '기본 도형'의 [텍스트 상자](📷)를 클릭합니다. '컴활개강안내'의 아래쪽에 텍스트 상자를 그리고 『Aug 2023』을 입력합니다.

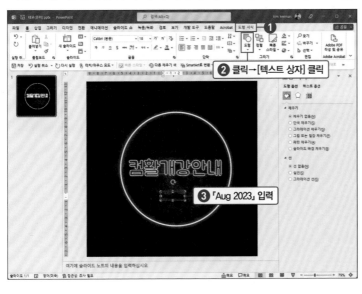

그래픽 효과

동영상 삽입

애니메이션 효과

발표자 도구

인쇄

유틸리티

이미지 디자인

동영상 제작

19 [컴활개강안내] 텍스트 상자를 선택하고 [홈] 탭-[클립보드] 그룹에서 [서식 복사]를 클릭한 후 새로 삽입한 텍스트 상자를 클릭해 서식을 복사합니다.

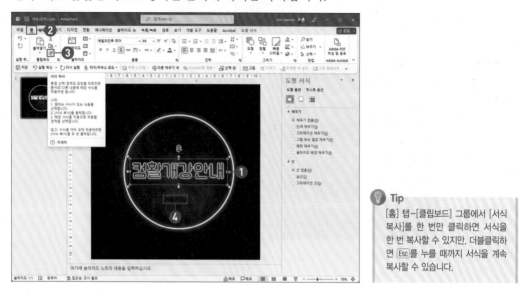

Tip

[홈] 탭-[클립보드] 그룹에서 [서식 복사]를 한 번만 클릭하면 서식을 한 번 복사할 수 있지만, 더블클릭하면 Esc 를 누를 때까지 서식을 계속 복사할 수 있습니다.

20 [도형 서식] 창에서 [텍스트 옵션]-[텍스트 효과]의 [그림자]에서 '색'은 '최근에 사용한 색'의 [옥색]을 선택합니다.

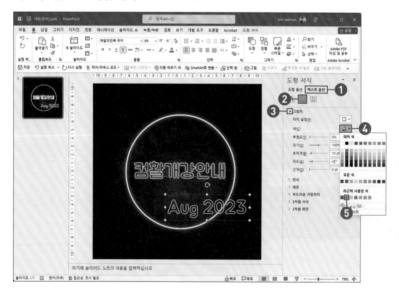

21 [홈] 탭-[글꼴] 그룹에서 [글꼴 크기]를 [36pt]로 변경한 후 **16~17** 과정을 반복해서 텍스트 상자를 정렬하고 그룹화합니다.

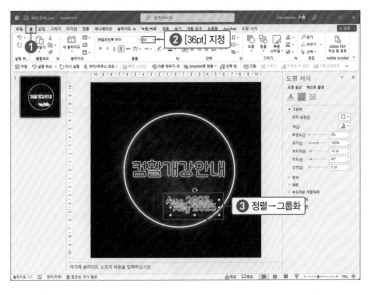

22 [홈] 탭-[슬라이드] 그룹에서 [레이아웃]을 클릭하고 'Office 테마'의 [배경화면]을 선택하여 완성합니다.

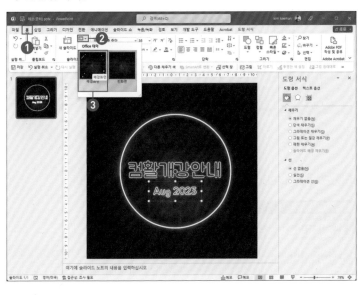

그래픽 효과

동영상 삽입

애니메이션 효과

발표자 도구

인쇄

유튜브

이미지 디자인

동영상 제작

현장실무

10 브러시 효과 연출하기

텍스트나 SVG 파일을 도형 병합 기능과 함께 활용하면 브러시에 이미지를 삽입해 멋진 효과를 연출할 수 있습니다.

방법 1 **글꼴 활용하기**

1 2번 슬라이드에서 [홈] 탭-[그리기] 그룹의 [도형]을 클릭하고 '기본 도형'의 [텍스트 상자] (回)를 클릭한 후 슬라이드의 왼쪽에 영문자『i』를 입력합니다.

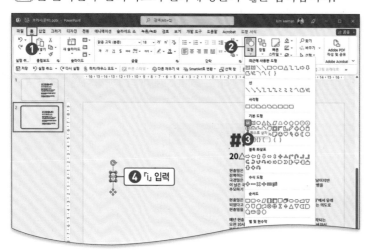

2 [홈] 탭-[글꼴] 그룹에서 [글꼴 크기]는 [48pt]로, [글꼴]은 [KUST]로 변경합니다.

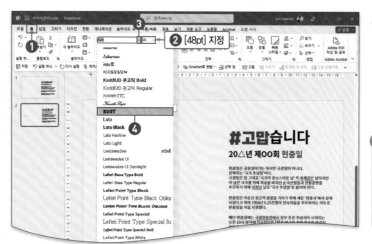

> 💡 **Tip**
>
> KUST 글꼴은 브러시 효과를 내는 영문 전용 무료 폰트로, 'https://www.dafontfree.io/kust-brush-font-free'에서 다운로드할 수 있습니다.

3 [글꼴 크기]를 약 [413pt] 정도로 지정합니다. [홈] 탭-[그리기] 그룹에서 [도형]을 클릭하고 '사각형'의 [직사각형](□)을 클릭한 후 텍스트 i가 안 보일 정도의 크기로 직사각형을 삽입하세요.

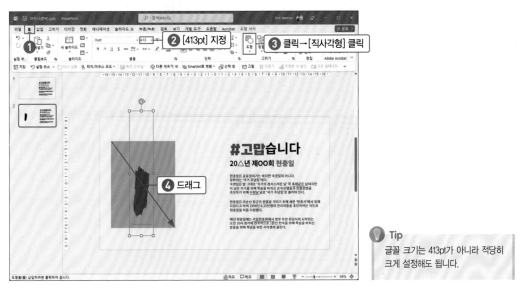

Tip
글꼴 크기는 413pt가 아니라 적당히 크게 설정해도 됩니다.

4 [도형 서식] 탭-[도형 삽입] 그룹에서 [도형 병합]을 클릭하고 [교차]를 선택한 후 직사각형 도형이 30도 정도 기울게 기울기 조절점을 오른쪽으로 드래그합니다.

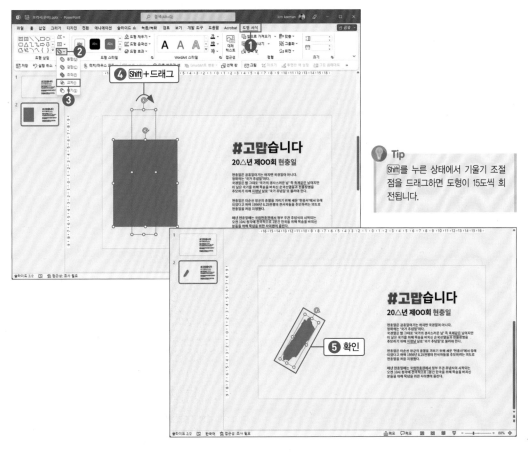

Tip
Shift 를 누른 상태에서 기울기 조절점을 드래그하면 도형이 15도씩 회전됩니다.

그래픽 효과

동영상 삽입

애니메이션 효과

발표자 도구

인쇄

유튜브

이미지 디자인

동영상 제작

5 Ctrl+D를 여러 번 눌러 도형을 여러 개 복제하고 다음의 그림과 같이 적당히 배치합니다.

6 모든 도형을 선택하고 [도형 서식] 탭-[도형 삽입] 그룹에서 [도형 병합]을 클릭한 후 [통합]
을 선택합니다.

7 [삽입] 탭-[이미지] 그룹에서 [그림]을 클릭하여 [그림 삽입] 대화상자를 열고 '부록\Chapter04\
Section09' 폴더에서 '브러시이미지02.jpg'를 삽입합니다.

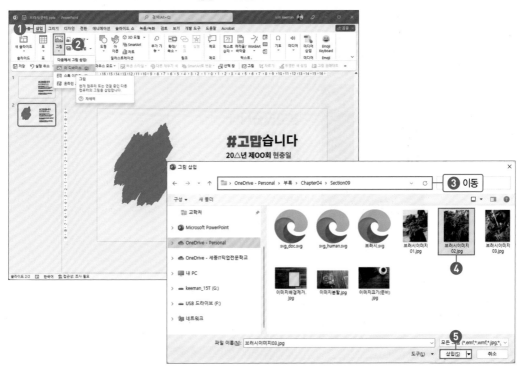

8 그림이 삽입되면 [그림 서식] 탭-[정렬] 그룹에서 [뒤로 보내기]를 클릭하고 [맨 뒤로 보내
기]를 선택합니다.

그래픽 효과

동영상 삽입

애니메이션 효과

발표자 도구

인쇄

유튜브

이미지 디자인

동영상 제작

9 도형의 크기를 조절하고 적당한 곳으로 이동한 후 이미지와 도형을 모두 선택합니다.

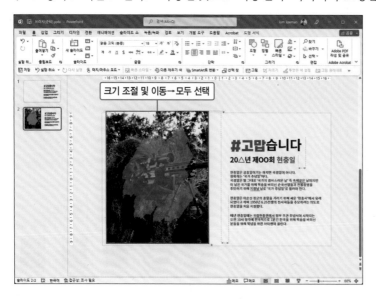

10 [도형 서식] 탭-[도형 삽입] 그룹에서 [도형 병합]을 클릭하고 [교차]를 선택합니다. 브러시 효과를 적용하여 완성한 이미지를 확인하세요.

방법 2 SVG 파일 활용하기

1 1번 슬라이드에서 [삽입] 탭-[이미지] 그룹의 [그림]을 클릭하여 [그림 삽입] 대화상자를 열고 '부록\Chapter04\Section09' 폴더에서 '브러시.svg'를 삽입합니다.

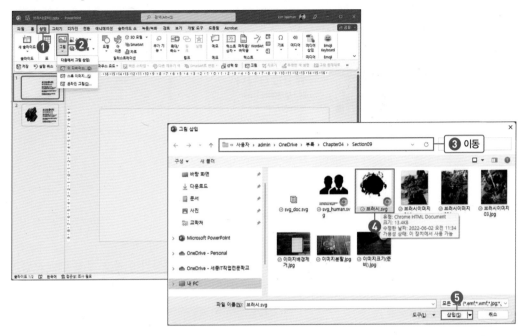

2 그림이 삽입되면 [그래픽 형식] 탭-[변경] 그룹에서 [도형으로 변환]을 클릭하여 이미지를 도형으로 변환합니다.

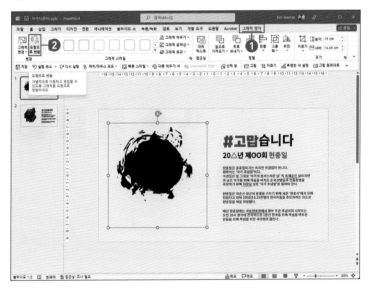

3 [도형 서식] 탭-[도형 삽입] 그룹에서 [도형 병합]을 클릭하고 [통합]을 선택합니다.

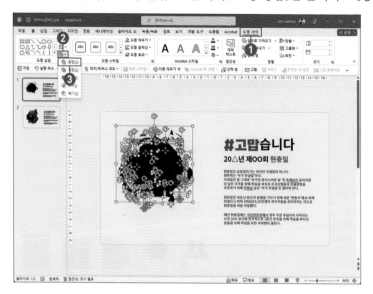

4 [삽입] 탭-[이미지] 그룹에서 [그림]을 클릭하여 [그림 삽입] 대화상자를 열고 '부록\Chapter04\Section09' 폴더에서 '브러시이미지03.jpg'를 삽입합니다.

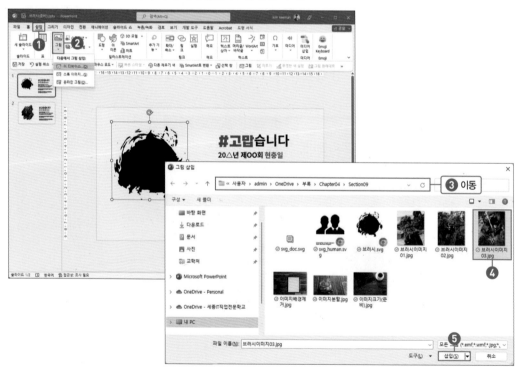

5 `방법1` 글꼴 활용하기'의 **8~9** 과정을 반복하여 완성합니다.

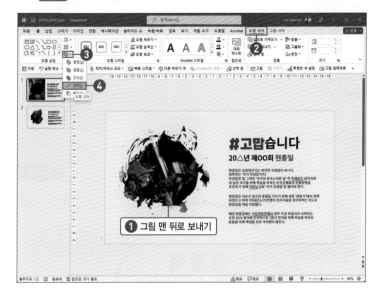

그래픽 효과

응용상식인

애니메이션 효과

발표자 도구

인쇄

유튜브리티

이미지 디자인

영상 제작

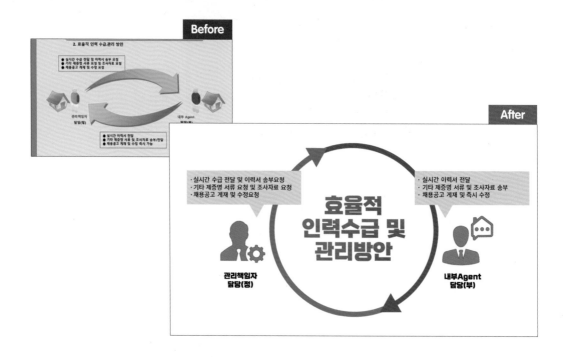

❖ 슬라이드에 대한 의견 ❖

Before 슬라이드는 '관리책임자'와 '내부Agent'가 좌우로 치우쳐져 있어서 불안정해 보입니다. 또한 화살표 아이콘을 과도하게 사용하여 전달하려는 내용이 무엇인지 요점이 제대로 파악되지 않습니다. 슬라이드에 개체를 배치할 경우 항상 3등분의 법칙에 대한 개념을 기억해야 합니다(111쪽 '슬라이드 3등분의 법칙 이해하기' 참고). 의도적으로 3등분의 법칙에 어긋나게 디자인하는 경우가 아니라면 가급적 3등분의 법칙을 기준으로 슬라이드를 디자인해야 균형감 있게 프레젠테이션 문서를 완성할 수 있습니다.

❖ 슬라이드의 문제점 ❖

문제점	개선 방향
핵심 내용이 불안정하게 배치되어 있다.	3등분의 법칙에 따라 배치한다.
화살표 아이콘을 과도하게 사용했다.	전달하려는 내용이 잘 드러나도록 아이콘을 적절하게 사용한다.

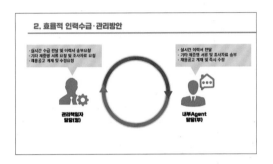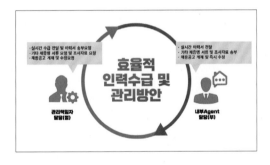그래픽 효과

동영상 삽입

애니메이션 효과

발표자 도구

인쇄

유틸리티

이미지 디자인

동영상 제작

❖ 해결 방법 ❖

1단계 슬라이드를 디자인할 때 안내선의 역할은 매우 중요하므로 Alt + F9 를 눌러 안내선을 표시합니다. 안내선을 미리 설정한 상태에서 다양한 개체들을 배치하면 좀 더 안정적으로 디자인할 수 있습니다.

2단계 상호교환 관계를 표현할 때는 주로 '막힌 원호' 다이어그램을 사용합니다. 슬라이드의 중앙에 막힌 원호 도형을 배치하고 왼쪽에는 관리 책임자 아이콘을, 오른쪽에는 내부 Agent 아이콘을 배치합니다.

3단계 나머지 텍스트를 입력해서 완성합니다. 기존의 슬라이드에서는 아이콘을 불안정하게 배치했지만, 3등분의 법칙에 따라 안정적으로 재배치합니다. 그리고 막힌 원호 도형을 사용하여 화살표 아이콘을 적절하게 표현합니다.

❖ 주의 사항 ❖

제목을 위쪽에 입력하지 않고 원호의 중앙에 배치하는 것도 좋은 방법입니다. 위쪽의 제목과 아래쪽에 삽입된 회사 로고 때문에 슬라이드 공간이 많이 손실되므로, 회사와 상의하여 로고를 넣지 않는 것도 슬라이드를 넓게 사용할 수 있는 방법입니다.

CHAPTER

05

발표에 강한
프레젠테이션 만들기

동영상 삽입해
청중들의 관심 집중시키기

필수기능
01 동영상 삽입 방법 익히기

파워포인트에서는 '온라인 비디오'나 '스톡 비디오', '이 디바이스의 비디오'의 세 가지 방법을 이용해서 동영상을 삽입할 수 있습니다.

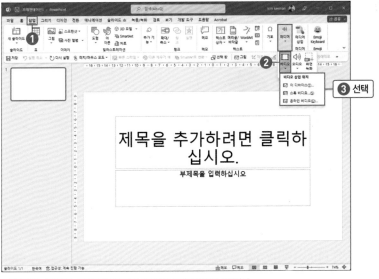

▲ [삽입] 탭-[미디어] 그룹에서 [비디오]를 클릭하여 온라인 비디오 삽입하기

방법 1 '온라인 비디오'로 삽입하기

'온라인 비디오'는 온라인에서 동영상을 삽입하는 기능으로, 자주 시청하는 유튜브나 비메오(Vimeo) 등의 동영상을 삽입할 수 있습니다.

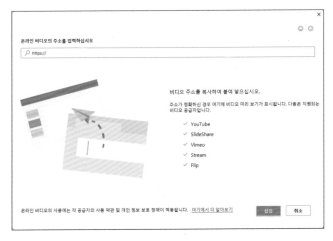

💡 Tip

'온라인 비디오'로 동영상을 삽입하면 동영상이 프레젠테이션에 직접 삽입되는 것이 아니라 웹사이트에 있는 것입니다. 그러므로 발표할 때 동영상을 재생하려면 사용하는 컴퓨터가 인터넷에 연결되어 있어야 합니다.

방법 2 '스톡 비디오'로 삽입하기

'스톡 비디오'로 동영상을 삽입하면 Microsoft 365 구독자와 오피스 2021 사용자에게 제공됩니다. 그리고 비디오뿐만 아니라 이미지, 아이콘, 일러스트레이션 등 문서와 프레젠테이션, 전자우편에 사용할 수 있는 라이브러리에 접근할 수 있습니다.

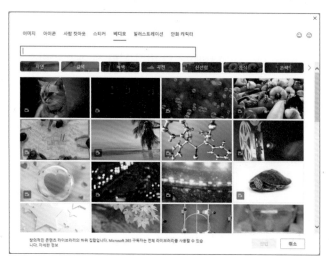

방법 3 '이 디바이스 비디오'로 삽입하기

'이 디바이스 비디오'는 사용 중인 디바이스(PC)에 파일을 삽입한다고 생각하면 됩니다. '이 디바이스 비디오' 삽입은 '삽입'과 '파일에 연결'로 나뉘어지는데, 파워포인트 2010부터는 기본적으로 '삽입'이 설정되어 있습니다. '삽입'을 이용하면 파워포인트 문서에 동영상이 삽입되므로 저장한 문서의 용량이 동영상 파일 용량만큼 증가합니다.

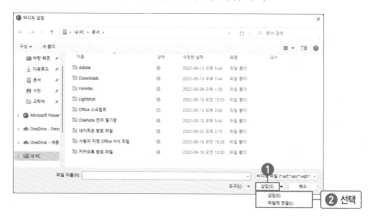

프레젠테이션 문서에 용량이 큰 동영상 파일이 포함될 경우 낮은 사양의 컴퓨터에서는 동영상이 제대로 실행되지 않을 수 있어요. 세미나 장소에서 사용하는 컴퓨터의 사양이 낮다면 발표할 때 문제가 생길 수 있으므로 파워포인트에 동영상을 직접 '삽입'하지 않고 '파일에 연결'해서 삽입해야 합니다. 이렇게 '파일에 연결'하려면 절대 경로를 사용하는 것이 좋습니다. 만약 상대 경로를 설정할 경우에는 드라이브명, 폴더, 슬래시 등을 포함해서 최대 128자를 넘지 않게 지정해야 합니다.

절대 경로	작업한 프레젠테이션 문서와 삽입된 동영상 파일이 '같은' 폴더에 있는 경우
상대 경로	작업한 프레젠테이션 문서와 삽입된 동영상 파일이 '다른' 폴더에 있는 경우

 Tip

버전별로 지원되는 동영상 형식
• **오피스 최신 버전** : H.264 비디오(MPEG-4 AVC) 및 AAC 오디오로 인코딩된 mp4 파일
• **오피스 2010** : wmv 파일
• **오피스 2007** : 동영상 파일만 연결 가능

잠깐만요 :: '파일 삽입' 문서와 '파일에 연결' 문서의 용량 비교하기

같은 동영상을 사용해도 파일을 직접 '삽입'한 문서와 '파일에 연결'해 저장한 문서의 용량이 크게 다릅니다. 파일 탐색기를 열고 2개의 문서 용량을 비교해 보면 '파일에 연결'된 문서의 크기가 훨씬 작습니다.

▲ 비디오 파일을 삽입한 문서 크기는 약 130MB(왼쪽)이고 연결한 문서의 크기는 약 218KB(오른쪽)이다.

그래픽 효과
동영상 삽입
애니메이션 효과
발표자 도구
인쇄
유튜브리더
이미지 디자인
동영상 제작

● 실습예제 : 동영상편집(준비).pptx   ● 완성예제 : 동영상편집(완성).pptx

현장실무

02 | 발표자 의도대로 동영상 편집하기

동영상은 주로 전문 프로그램을 사용해서 편집하지만, 간단한 동영상은 파워포인트에서도 편집할 수 있습니다. 이번에는 파워포인트에서 비디오를 잘라내거나 책갈피를 추가하는 등 동영상을 편집해 보겠습니다.

방법 1 비디오 잘라내기

1 1번 슬라이드에서 동영상을 선택하고 [재생] 탭-[편집] 그룹에서 [비디오 트리밍]을 클릭합니다.

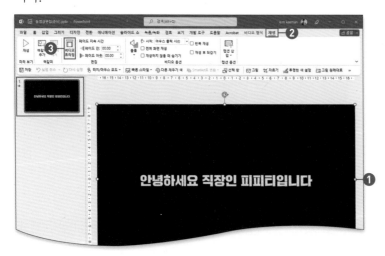

2 [비디오 트리밍] 창이 열리면 '시작 시간'에 『00:26.05』를 입력하고 [확인]을 클릭합니다.

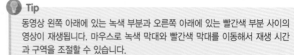

💡 **Tip**

동영상 왼쪽 아래에 있는 녹색 부분과 오른쪽 아래에 있는 빨간색 부분 사이의 영상이 재생됩니다. 마우스로 녹색 막대와 빨간색 막대를 이동해서 재생 시간과 구역을 조절할 수 있습니다.

방법 2 책갈피 추가하기(인덱스 기능)

1 동영상이 약 '01:13' 정도 진행되었을 때 [재생] 탭-[책갈피] 그룹에서 [책갈피 추가]를 클릭합니다.

2 이와 같은 방법으로 동영상이 '02:35' 정도 진행되었을 때 [재생] 탭-[책갈피] 그룹에서 [책갈피 추가]를 클릭합니다.

3 동영상이 '04:14', '05:59' 정도 진행되었을 때 책갈피를 추가합니다.

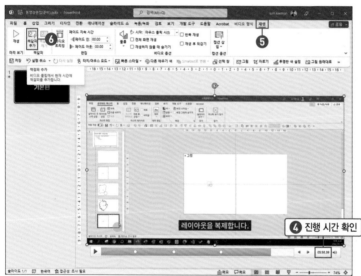

 잠깐만요 :: '책갈피' 기능으로 이동할 위치 미리 지정하기

비디오를 보면서 프레젠테이션을 진행할 경우 설명할
위치로 정확하게 이동하려면 '책갈피' 기능을 활용해
이동할 위치를 미리 지정해야 합니다. '책갈피' 기능을
지정하면 오른쪽 화면처럼 동영상의 아래쪽에 지정된
위치가 표시되며 각 단추를 클릭하면 지정된 위치에
서 곧바로 동영상이 재생됩니다.

현장실무

03 | 프레젠테이션 화면을 동영상으로 녹화하기

Full HD급 동영상으로 내보내기가 지원되지 않는 파워포인트 2016 이하 버전에서는 VBA를 활용해 이 작업을 할 수 있습니다. 이번에는 비주얼베이직 코드를 이용해 고화질 동영상을 삽입하는 방법을 살펴보겠습니다.

1 1번 슬라이드에서 [삽입] 탭-[미디어] 그룹의 [화면 녹화]를 클릭합니다.

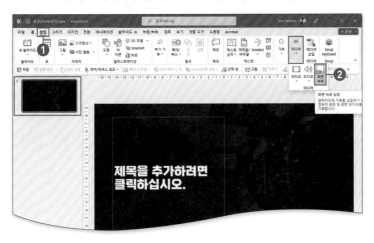

2 화면 녹화 메뉴 창이 열리면 Alt + Tab 을 눌러 화면에 프레젠테이션 문서를 표시하고 화면 녹화 메뉴 창에서 [영역 선택](🔲)을 클릭합니다. 녹화할 영역을 드래그하여 빨간색 점선으로 영역을 표시하세요.

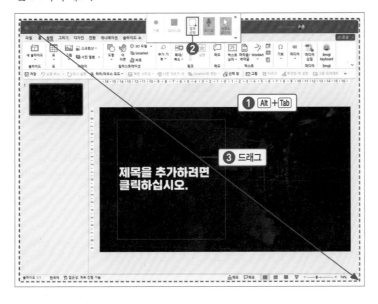

3 화면 녹화 메뉴 창에서 [기록](⬤)을 클릭하여 녹화를 시작하고 다시 [기록](⬤)을 클릭하여 녹화를 종료합니다.

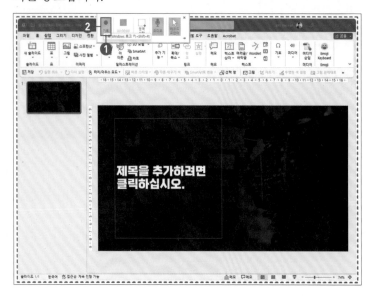

4 프레젠테이션 문서에 녹화된 화면이 삽입되면 화면을 마우스 오른쪽 단추로 클릭하고 [다른 이름으로 미디어 저장]을 선택합니다.

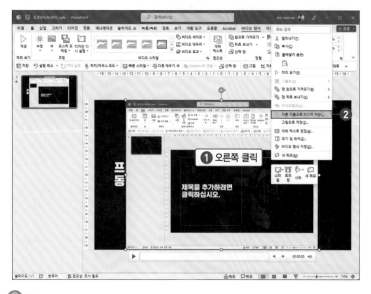

💡 **Tip**

파워포인트에서는 mp4 파일로만 저장할 수 있습니다. 다른 종류의 파일로 변경하려면 '샤나 인코더(Shana Encoder)'와 같은 동영상 인코딩 프로그램이 별도로 필요합니다.

5 [다른 이름으로 미디어 저장] 대화상자가 열리면 '파일 이름'에 파일 이름을 입력하고 [저장]을 클릭합니다.

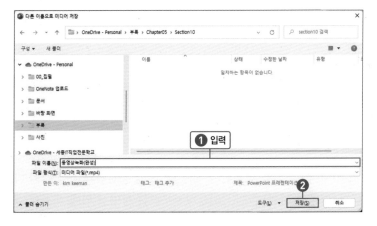

그래픽 효과

동영상 삽입

애니메이션 효과

발표자 도구

인쇄

유튜브

이미지 디자인

동영상 제작

 잠깐만요 :: 파워포인트 버전별로 내보내기 동영상의 해상도 비교하기

Microsoft 365	파워포인트 2019	파워포인트 2016	파워포인트 2013	파워포인트 2010
ULTRA HD(4k)*	ULTRA HD(4k)**			
Full HD(1080p)	Full HD(1080p)	프레젠테이션 품질	컴퓨터 및 HD 디스플레이	
HD(720p)	HD(720p)	인터넷 품질	인터넷 및 DVD	
Standard(480p)	Standard(480p)	저품질	휴대용 장치	

* ULTRA HD(4k) 옵션은 윈도우 10을 사용할 경우에만 사용 가능

** 파워포인트 2016 볼륨 라이선스 버전에서는 ULTRA HD(4k) 옵션 사용 불가

● **실습예제** : 새 프레젠테이션 문서에서 실습하세요 ● **완성예제** : 자막(완성).pptx

현장실무

04 | 캡션 파일 만들어 동영상에 자막 넣기

자막을 삽입하면 청각 장애가 있거나 발표자의 언어를 이해하지 못하는 청중들에게 프레젠테이션을 쉽게 전달할 수 있습니다.

동영상 위에 자막을 표현하기 위해 애니메이션을 활용할 수 있는데, 이때 동영상과 자막 간의 타이밍을 맞추기가 매우 어렵습니다. 다행히 파워포인트 2016 버전부터는 동영상 위에 텍스트 개체로 자막을 표현할 수 있는 기능이 포함되어 있습니다.

1 윈도우의 바탕 화면에서 [시작] 단추(■)를 클릭하고 [메모장]을 검색한 후 실행하세요.

2 메모장이 실행되면 첫 줄에 『WEBVTT』를 입력하고 Enter를 2번 눌러 행을 바꿉니다. 그런 다음 다음의 그림과 같이 자막이 실행될 시간과 자막의 내용을 입력합니다.

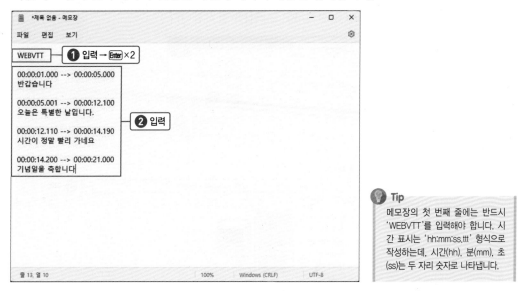

3 [파일]-[저장] 메뉴를 선택합니다. [다른 이름으로 저장] 대화상자가 열리면 '파일 형식'은 [모든 파일 (*.*)]을, '인코딩'은 [UTF-8]을 선택하고 파일 이름을 입력한 후 [저장]을 클릭합니다.

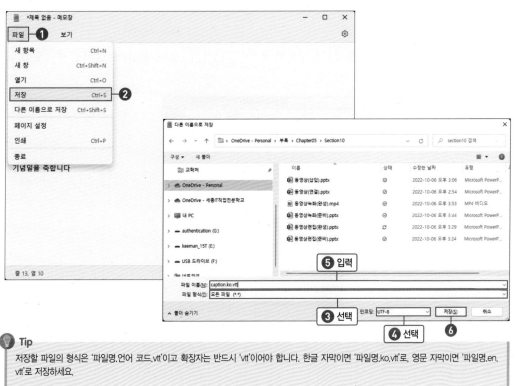

4 파워포인트를 실행하여 새 프레젠테이션 문서를 열고 [삽입] 탭-[미디어] 그룹에서 [비디오]를 클릭한 후 [이 디바이스]를 선택하세요. [비디오 삽입] 대화상자가 열리면 '부록\Chapter05\Section10' 폴더에서 동영상 파일을 선택하고 [삽입]을 클릭합니다.

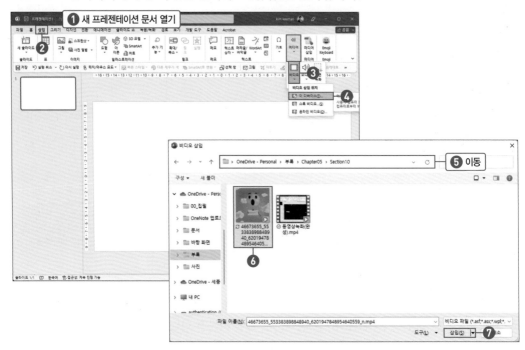

5 동영상이 삽입되었으면 [재생] 탭-[캡션 옵션] 그룹에서 [캡션 삽입]을 클릭한 후 [캡션 삽입]을 선택합니다.

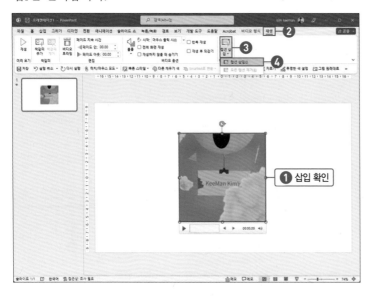

6 [캡션 삽입] 대화상자가 열리면 **3** 과정에서 저장한 파일을 선택하여 삽입합니다.

7 동영상의 아래쪽에 있는 [오디오 및 자막] 단추(▭)를 클릭하고 [한국어]를 선택합니다.

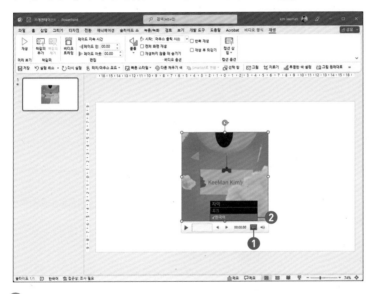

> 💡 **Tip**
>
> **3** 과정에서 저장할 파일 형식 '파일명.언어코드.vtt'에서 언어 코드에 'en'을 입력했으면 [오디오 및 자막] 도구(▭)에 [영어]가 표시됩니다.

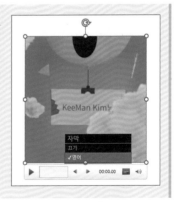

그래픽 효과

동영상 삽입

애니메이션 효과

발표자 도구

인쇄

슬라이드쇼

이미지 디자인

동영상 제작

8 동영상을 실행해 자막을 확인해 보세요. 동영상과 자막이 잘 맞지 않는 경우에는 **2** 과정으로
되돌아가서 시간을 다시 입력한 후 저장합니다.

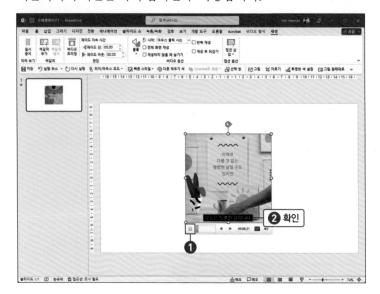

현장실무

05 | '스톡 비디오' 기능으로 텍스트에 동영상 삽입하기

파워포인 2021 이상 버전에서는 라이브러리에 저장되어 있는 스톡 비디오를 사용자의 슬라이드에 삽입할 수 있습니다. 이 기능을 활용하면 텍스트에도 동영상을 삽입할 수 있습니다.

1 1번 슬라이드에서 'S'를 선택하고 [홈] 탭-[글꼴] 그룹에서 [글꼴 크기]를 [400pt]로 지정합니다.

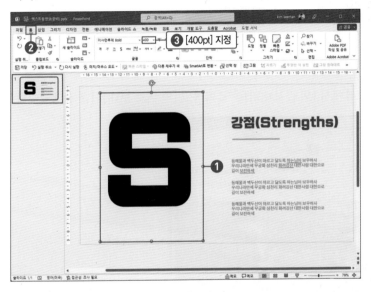

2 [삽입] 탭-[미디어] 그룹에서 [비디오]를 클릭하고 [스톡 비디오]를 선택합니다.

3 [비디오] 범주에서 적당한 비디오를 선택하고 [삽입]을 클릭합니다.

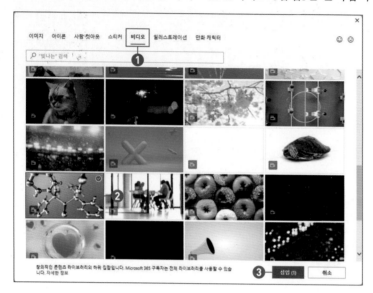

4 [비디오 형식] 탭-[정렬] 그룹에서 [뒤로 보내기]를 클릭하고 [맨 뒤로 보내기]를 선택합니다.

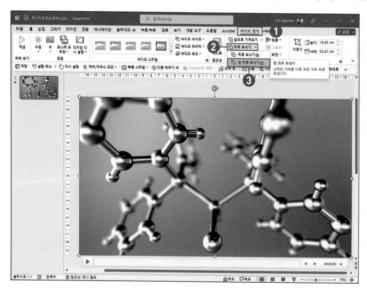

5 비디오를 먼저 선택하고 텍스트 'S'를 선택한 후 위쪽의 검색 창에서 [도형]을 검색합니다. 도형과 관련된 메뉴가 검색되면 [도형 병합]-[교차]를 선택하세요.

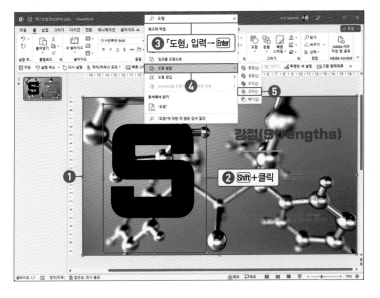

6 [재생] 탭-[비디오 옵션] 그룹에서 [시작]은 [자동 실행]으로 지정하고 [반복 재생]에 체크합니다.

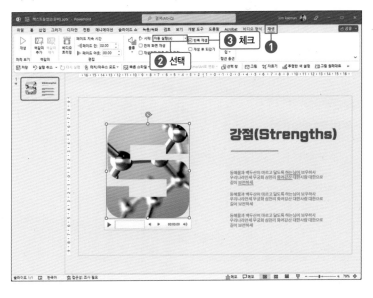

그래픽 효과

영상 삽입

애니메이션 효과

발표자 도구

인쇄

유틸리티

이미지 디자인

동영상 제작

7 비디오를 마우스 오른쪽 단추로 클릭하고 [비디오 형식 지정]을 선택합니다.

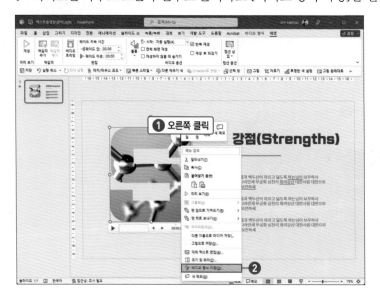

8 화면의 오른쪽에 [비디오 형식 지정] 창이 열리면 [옵션]을 클릭하고 [그림자]의 '미리 설정'에서 '바깥쪽'의 [오프셋: 오른쪽 아래]를 선택합니다.

9 '그림자'의 '흐리게'는 [15pt]로, '간격'은 [5pt]로 지정합니다.

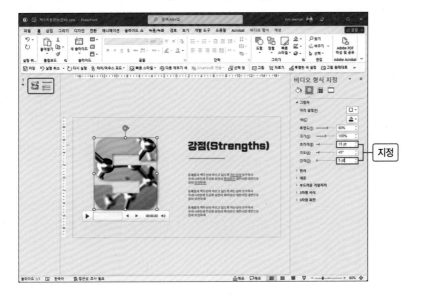

10 '스톡 비디오' 기능을 이용해서 텍스트에 동영상을 삽입했습니다.

그래픽 효과

동영상 삽입

애니메이션 효과

발표자 도구

인쇄

규플리티

이미지 디자인

동영상 제작

애니메이션과
화면 전환 효과 지정하기

● **실습예제** : 모핑(준비).pptx   ● **완성예제** : 모핑(완성).pptx

필수기능
01 | 슬라이드 복제하고 모핑 효과 지정하기

파워포인트 2019 이상의 버전에서 눈길을 끌 만한 변화는 '모핑(morphing)' 화면 전환 효과를 연출할 수 있다는 것입니다. 즉 애플의 키노트(Keynote) 프로그램에서 지원하던 모핑 효과를 활용할 수 있습니다. 모핑 효과는 Microsoft 365를 구독하거나 웹용 파워포인트를 사용하는 경우에 이용할 수 있습니다.

파워포인트 버전	모핑으로 실행할 수 있는 작업
Microsoft 365	모핑 전환 작성 및 재생
파워포인트 2019, 2021	
웹용 파워포인트	
파워포인트 2016	모핑 전환 재생
파워포인트 2013 이전	모핑 전환 대신 페이드 전환으로 재생

1 슬라이드 창에서 1번 슬라이드를 마우스 오른쪽 단추로 클릭하고 [슬라이드 복제]를 선택합니다.

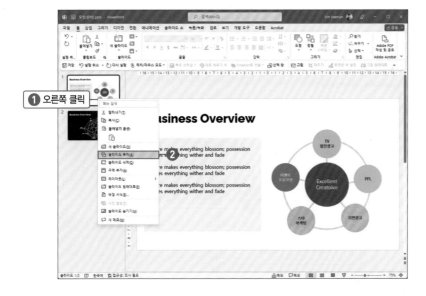

2 2번 슬라이드가 복제되면 원형 도형 개체를 시계 방향으로 한 칸씩 이동해서 새롭게 배치합니다. 즉 'TV협찬광고' 개체의 자리에는 '이벤트 프로모션' 개체를, 'PPL' 개체의 자리에는 'TV협찬광고'를 배치하는 방법으로 모든 원형 개체를 다시 배치하세요.

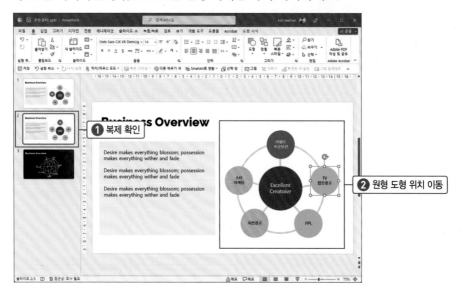

3 슬라이드 창에서 2번 슬라이드를 마우스 오른쪽 단추로 클릭하고 [슬라이드 복제]를 선택하여 3번 슬라이드를 복제합니다. **2** 과정과 같은 방법으로 원형 도형 개체를 시계 방향으로 한 칸씩 이동해서 새롭게 배치하세요.

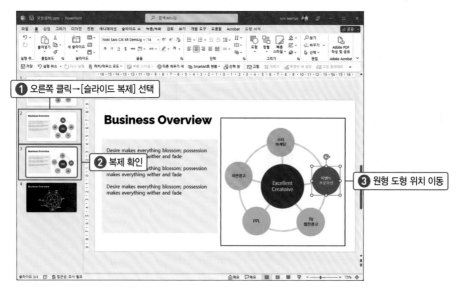

4 슬라이드 창에서 4번 슬라이드를 마우스 오른쪽 단추로 클릭하고 [슬라이드 복제]를 선택합니다.

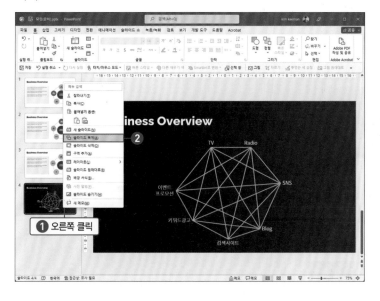

5 복제한 5번 슬라이드에서 '이벤트 프로모션', 'TV', 'Radio', 'SNS', 'Blog' 개체를 바깥쪽으로 드래그하여 배치합니다.

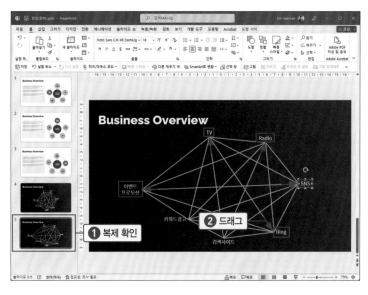

6 슬라이드 창에서 5번 슬라이드를 마우스 오른쪽 단추로 클릭하고 [슬라이드 복제]를 선택합니다. 6번 슬라이드가 복제되면 'TV', 'Radio', 'SNS', 'Blog', '검색사이트', '키워드광고', '이벤트프로모션'의 텍스트 개체를 시계 방향으로 한 칸씩 이동하여 새롭게 배치하세요.

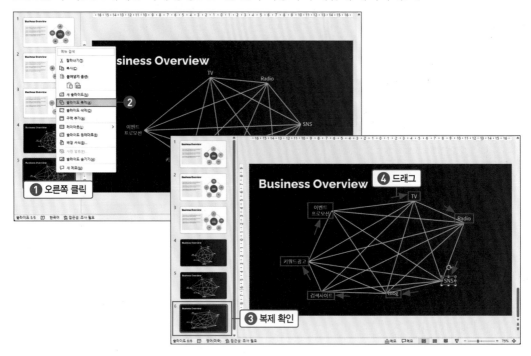

7 슬라이드 창에서 [Shift]를 이용해 2번 슬라이드부터 6번 슬라이드까지 모두 선택하고 [전환] 탭-[슬라이드 화면 전환] 그룹에서 [모핑]을 클릭합니다. [전환] 탭-[타이밍] 그룹에서 [기간]에 『00.75』를 입력하여 2~6번 슬라이드의 타이밍 시간을 [00.75]로 지정하고 [F5]를 눌러 슬라이드 쇼를 실행합니다.

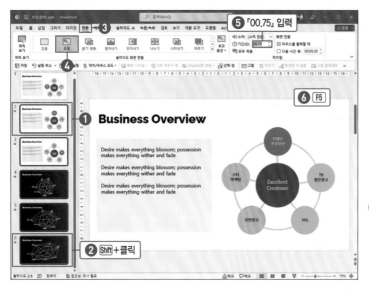

> **Tip**
> 슬라이드 창에서 [모핑] 슬라이드 화면 전환 효과가 지정된 슬라이드는 슬라이드 번호의 아래쪽에 [★]가 표시됩니다.

현장실무

02 | 모핑 효과로 다양한 화면 연출하기

앞에서 실습한 모핑 효과를 활용하면 동영상을 보는 것과 같은 다양한 슬라이드 화면을 연출해 청중의 관심을 높일 수 있습니다.

1 1번 슬라이드에서 [삽입] 탭-[이미지] 그룹의 [그림]을 클릭하여 [그림 삽입] 대화상자를 열고 '부록\Chapter05\Section11' 폴더에서 '모핑(서울).jpg'를 삽입합니다.

2 [그림 서식] 탭-[크기] 그룹에서 [자르기]를 클릭하고 [가로 세로 비율]-[16:9]를 선택합니다.

동영상 삽입

애니메이션 효과

발표자 도구

인쇄

하이퍼링크

이미지 디자인

동영상 제작

3 슬라이드의 크기에 맞추어 그림의 크기를 조절합니다.

그림 크기 조절

4 1 과정과 같은 방법으로 '모핑(부산).jpg'를 삽입합니다. [그림 서식] 탭-[크기] 그룹에서 [자르기]를 클릭하고 [가로 세로 비율]-[16:9]를 선택하세요.

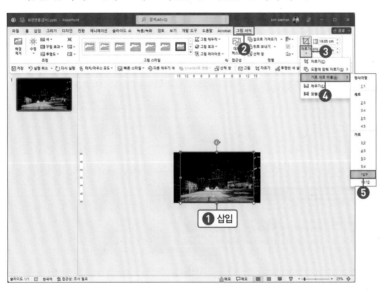

❶ 삽입

💡 **Tip**

상태 표시줄에서 [축소] 단추(─)를 클릭하거나 Ctrl+마우스 휠을 아래쪽으로 굴리면 화면을 축소할 수 있습니다.

5 슬라이드의 크기에 맞게 그림의 크기를 조절하고 슬라이드의 오른쪽에 배치합니다.

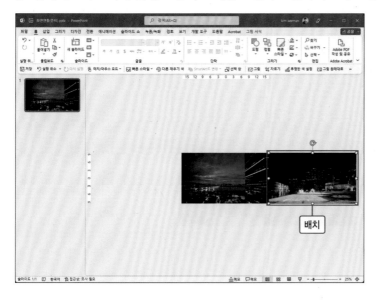

배치

6 슬라이드 창에서 1번 슬라이드를 마우스 오른쪽 단추로 클릭하고 [슬라이드 복제]를 선택합니다.

① 오른쪽 클릭

②

그래픽 효과

동영상 삽입

애니메이션 효과

발표자 도구

인쇄

유튜브

이미지 디자인

동영상 제작

7 2번 슬라이드가 복제되면 이미지를 정렬하기 위해 [보기] 탭-[표시] 그룹에서 [안내선]에 체크합니다.

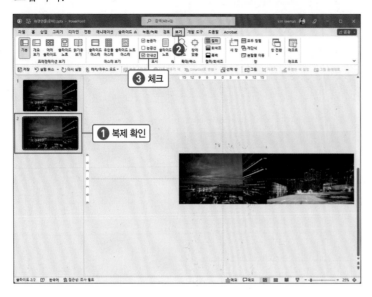

8 '모핑(서울).jpg' 이미지는 오른쪽 끝을 슬라이드의 중앙선에 맞추어 배치하고 '모핑(부산).jpg' 이미지는 슬라이드의 가운데에 배치합니다.

9 '모핑(전주).jpg'를 삽입하고 **2** 과정과 같은 방법으로 이미지를 16:8 비율로 자릅니다. 자른 이미지를 슬라이드의 크기에 맞게 조절하고 슬라이드의 오른쪽에 배치하세요.

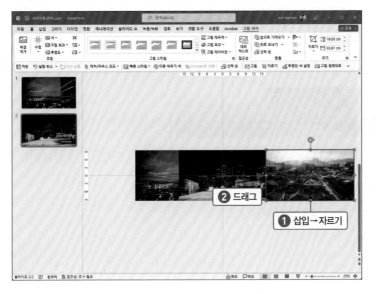

10 [전환] 탭-[슬라이드 화면 전환] 그룹에서 [모핑]을 선택하고 [전환] 탭-[타이밍] 그룹에서 [기간]에 [02.00]을 지정합니다.

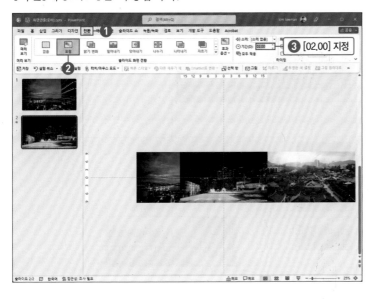

11 슬라이드 창에서 2번 슬라이드를 마우스 오른쪽 단추로 클릭하고 [슬라이드 복제]를 선택합니다.

12 3번 슬라이드가 복제되면 '모핑(서울).jpg' 이미지는 삭제합니다. '모핑(부산).jpg' 이미지는 오른쪽 끝을 슬라이드의 중앙선에 맞추어 배치하고 '모핑(전주).jpg' 이미지는 슬라이드의 중앙에 배치합니다.

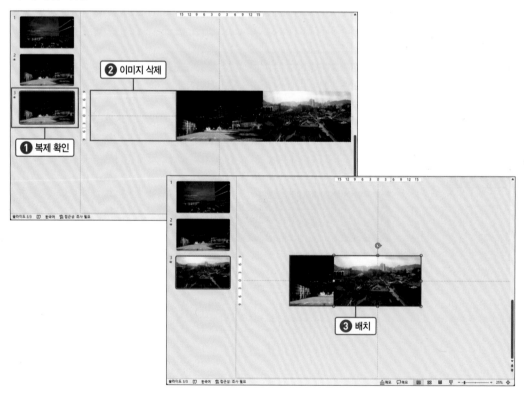

13 1번 슬라이드를 선택하고 [삽입] 탭-[이미지] 그룹에서 [그림]을 클릭한 후 [이 디바이스]를 선택합니다.

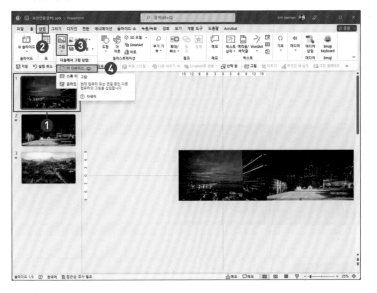

14 [그림 삽입] 대화상자가 열리면 '부록\Chapter05\Section11' 폴더에서 '모핑(카메라투명).png'를 삽입합니다.

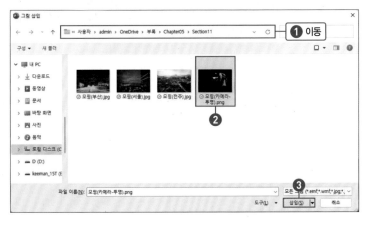

그래픽 효과

동영상 삽입

애니메이션 효과

발표자 도구

인쇄

유틸리티

이미지 디자인

동영상 제작

15 [그림 서식] 탭-[크기] 그룹에서 [자르기]를 클릭하고 [자르기]를 선택한 후 카메라 이미지의 왼쪽 여백 부분을 잘라냅니다.

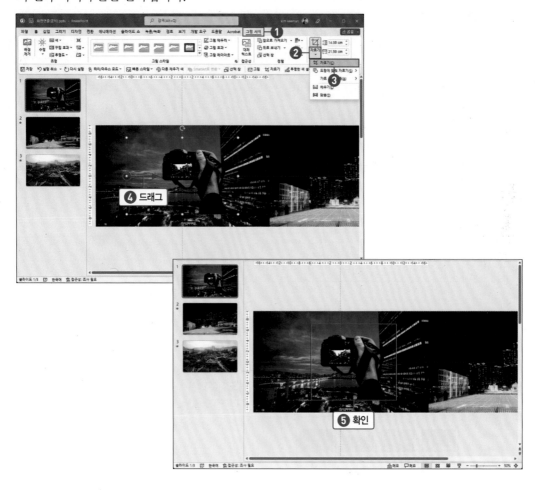

16 카메라 이미지의 크기를 줄이고 슬라이드의 중앙 아래쪽에 배치합니다.

17 카메라 이미지를 복사하고 2번 슬라이드와 3번 슬라이드에 붙여넣기합니다.

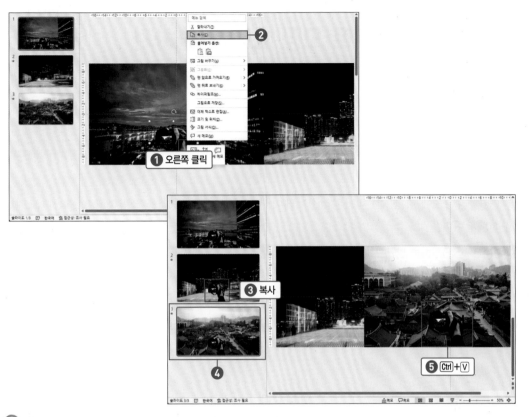

💡 **Tip**

이후 텍스트 삽입과 같은 자세한 제작 과정은 유튜브 'https://youtube/5VvNfb1QqrY'에 게재되어 있으니 참고하세요.

그래픽 효과

동영상 삽입

애니메이션 효과

발표자 도구

인쇄

유틸리티

이미지 디자인

동영상 제작

현장실무

03 | 3D로 모핑 효과 연출하기

슬라이드에 3D 모델을 삽입하면 모델을 회전하거나 위아래로 기울여서 개체의 특정 기능을 효과적으로 보여 줄 수 있습니다.

1 1번 슬라이드에서 [삽입] 탭-[일러스트레이션] 그룹의 [3D 모델]을 클릭하고 [스톡 3D 모델]을 선택합니다.

2 [온라인 3D 모델] 창이 열리면 'Animated for Educatioin'을 선택하고 하위 목록에서 항공기 엔진 모델을 선택한 후 [삽입]을 클릭합니다.

💡 **Tip**

3D 모델의 왼쪽 아래에 [애니메이션 3D 모델] 아이콘(🔲)이 없으면 애니메이션 기능이 지원되지 않습니다.

3 [3D 모델] 탭-[3D 모델 보기] 그룹에서 왼쪽의 두 번째 애니메이션을 선택합니다.

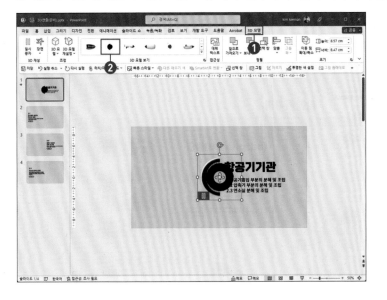

4 다음의 그림과 같이 3D 모델의 크기를 조절하고 슬라이드의 왼쪽에 배치합니다.

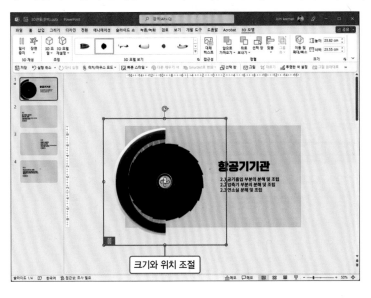

5 3D 모델을 복사하고 2번 슬라이드에 붙여넣기합니다.

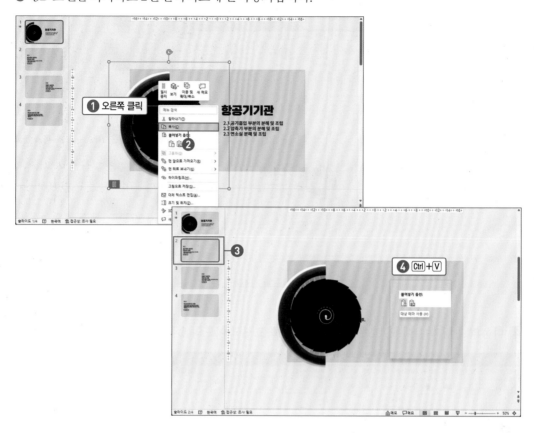

6 [3D 모델] 탭-[3D 모델 보기] 그룹에서 왼쪽의 첫 번째 애니메이션을 선택합니다.

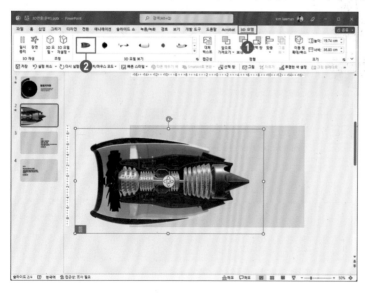

7 다음의 그림과 같이 3D 모델의 크기를 조절하고 슬라이드의 오른쪽에 배치합니다.

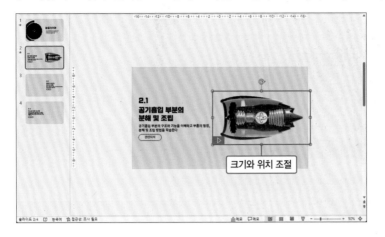

8 3D 모델을 복사하고 3번 슬라이드에 붙여넣기한 후 [3D 모델 회전] 아이콘(⟲)을 드래그하면서 3D 모델을 회전시킵니다.

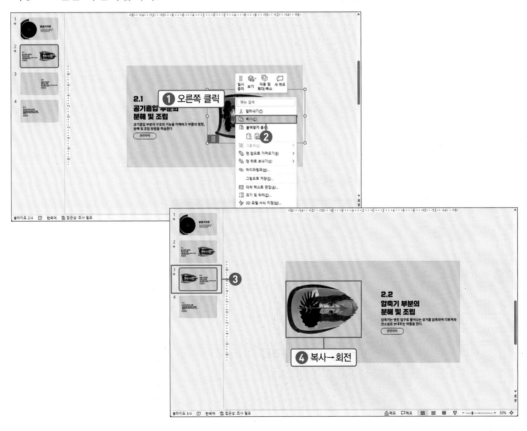

그래픽 효과

동영상 삽입

애니메이션 효과

발표자 도구

인쇄

유틸리티

이미지 디자인

동영상 제작

9 3D 모델을 복사하고 4번 슬라이드에 붙여넣기한 후 [3D 모델 회전] 아이콘(🔄)을 드래그하면서 3D 모델을 회전시킵니다.

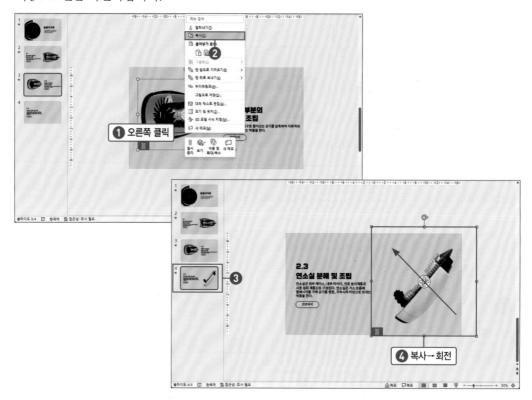

10 [Shift]를 이용해 슬라이드 창에서 모든 슬라이드를 선택하고 [전환] 탭-[슬라이드 화면 전환] 그룹에서 [모핑]을 클릭해 모핑 효과를 지정합니다.

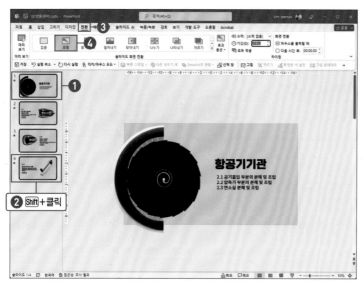

◉ **실습예제** : 애니메이션1(준비).pptx ◉ **완성예제** : 애니메이션1(완성).pptx

현장실무

04

자유자재로 애니메이션 효과
표현하기 1 – 나타내기, 닦아내기 효과

애니메이션을 사용할 경우에는 '과도하지 않게', '시선의 흐름에 따라' 적용하는 것이 중요합니다. 따라서 '닦아내기', '밝기 변화', '나타내기', '내밀기'의 네 가지 효과만으로도 애니메이션을 충분히 표현할 수 있습니다.

1 1번 슬라이드에서 [애니메이션] 탭-[고급 애니메이션] 그룹의 [애니메이션 창]을 클릭합니다. 화면의 오른쪽에 [애니메이션 창]이 열리면 슬라이드 화면에서 '15years' 텍스트 상자를 선택하고 [애니메이션] 탭-[애니메이션] 그룹에서 [나타내기]를 클릭하세요.

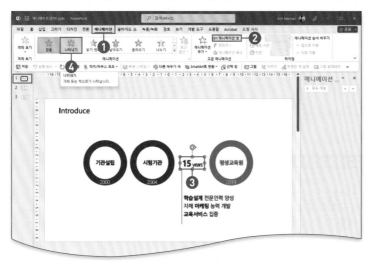

2 직선 도형을 선택하고 [애니메이션] 탭-[애니메이션] 그룹에서 [닦아내기]를 클릭합니다.

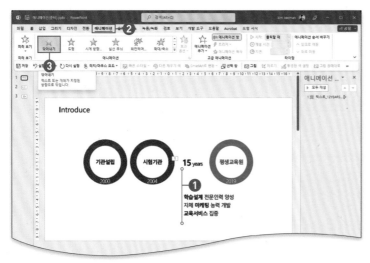

3 직선 도형을 선택한 상태에서 [애니메이션] 탭-[애니메이션] 그룹에서 [효과 옵션]을 클릭하고 '방향'의 [위에서]를 선택합니다.

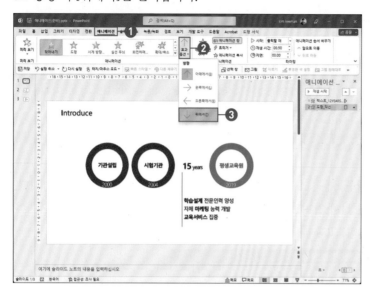

4 Shift를 이용해 '학습설계 전문인력 양성', '자체 마케팅 능력 개발', '교육서비스 집중' 텍스트 상자를 모두 선택합니다. [애니메이션] 탭-[애니메이션] 그룹에서 [자세히] 단추(▼)를 클릭하고 '나타내기'의 [닦아내기]를 클릭하세요.

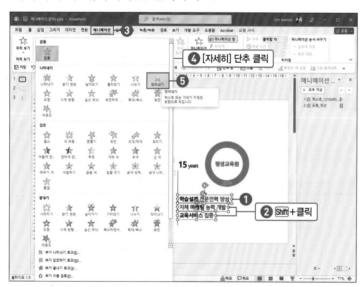

5 3개의 텍스트 상자를 모두 선택한 상태에서 [애니메이션] 탭-[애니메이션] 그룹의 [효과 옵션]을 클릭하고 '방향'의 [왼쪽에서]를 선택합니다.

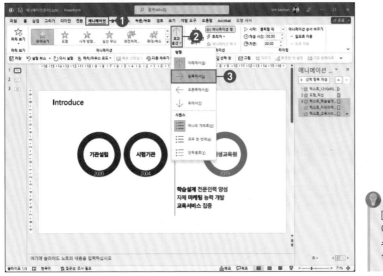

Tip

[애니메이션] 탭-[애니메이션] 그룹에서 [효과 옵션]을 클릭하면 '시퀀스'의 기본값은 [하나의 개체로]가 선택되어 있습니다.

6 [애니메이션 창]에서 Shift를 이용해 '도형_직선', '텍스트_학습설계~', '텍스트_자체마케팅~', '텍스트_교육서비스~'를 모두 선택하고 내림 단추(▼)를 클릭한 후 [이전 효과와 함께 시작]을 선택합니다.

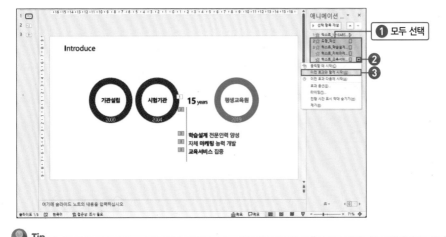

Tip

5 과정에서 '학습설계 전문인력 양성', '자체 마케팅 능력 개발', '교육서비스 집중' 텍스트 상자를 모두 선택한 상태이므로 [애니메이션 창]에서도 모두 선택되어 있습니다. 그러므로 Shift를 누른 상태에서 '도형_직선'만 선택하면 모두 선택할 수 있습니다.

그래픽 효과

동영상 삽입

애니메이션 효과

발표자 도구

인쇄

유튜브

이미지 디자인

동영상 제작

7 [애니메이션 창]에서 '도형_직선', '텍스트_학습설계~', '텍스트_자체마케팅~', '텍스트_교육 서비스~'를 모두 선택한 상태에서 내림 단추(▼)를 클릭하고 [효과 옵션]을 선택합니다.

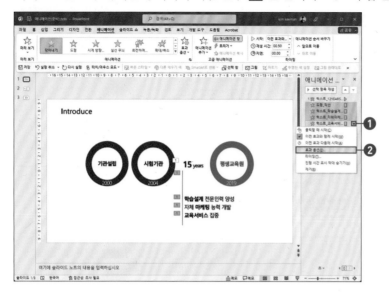

8 [닦아내기] 대화상자가 열리면 [타이밍] 탭에서 '재생 시간'에 『0.3』을 입력하고 [확인]을 클릭합니다.

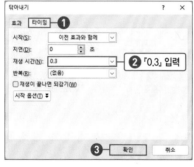

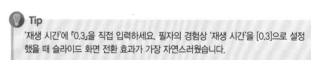

> 💡 **Tip**
> '재생 시간'에 『0.3』을 직접 입력하세요. 필자의 경험상 '재생 시간'을 [0.3]으로 설정했을 때 슬라이드 화면 전환 효과가 가장 자연스러웠습니다.

9 각 애니메이션에 재생 시간을 지정했으면 [애니메이션 창]에서 '도형_직선'을 선택하고 [애니메이션] 탭-[타이밍] 그룹에서 [지연]에 『0.1』을 입력합니다. 이와 같은 방법으로 '텍스트_학습설계~'는 [0.4초], '텍스트_자체마케팅~'은 [0.5초], '텍스트_교육서비스~'는 [0.6초]로 지연 시간을 지정합니다.

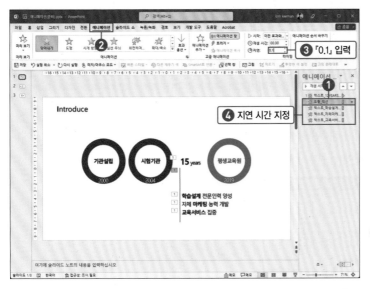

그래픽 효과

동영상 삽입

애니메이션 효과

발표자 도구

인쇄

하이퍼링크

이미지 디자인

동영상 제작

> 💡 **Tip**
> [애니메이션 창]에서는 각 개체별로 지연 시간을 조절할 수 있습니다.

📝 **잠깐만요 :: 애니메이션의 지연 시간을 설정하는 또 다른 방법 살펴보기**

[애니메이션 창]에서 개체를 선택하고 내림 단추(▼)를 클릭한 후 [타이밍]을 선택합니다. 관련된 효과의 대화상자가 열리면 [타이밍] 탭의 '지연'에서 지연 시간을 지정하고 [확인]을 클릭합니다.

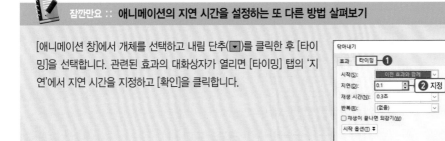

05 현장실무

자유자재로 애니메이션 효과
표현하기 2 – 밝기 변화, 내밀기 효과

파워포인트를 처음 사용하면 화려한 애니메이션에 현혹되곤 합니다. 하지만 화려한 애니메이션은 청중들의 시선을 분산시켜서 전달력이 떨어질 수 있으므로 주의해야 합니다.

1 2번 슬라이드에서 Shift를 이용해 '편의성', '성적관리', '동기부여' 도형을 모두 선택하고 [애니메이션] 탭-[애니메이션] 그룹에서 [밝기 변화]를 클릭합니다.

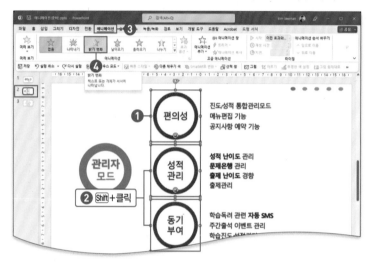

2 Shift를 이용해 '진도/성적~', '성적 난이도~', '학습독려~' 텍스트 상자를 모두 선택합니다. [애니메이션] 탭-[애니메이션] 그룹에서 [자세히] 단추(▼)를 클릭하고 [추가 나타내기 효과]를 선택하세요.

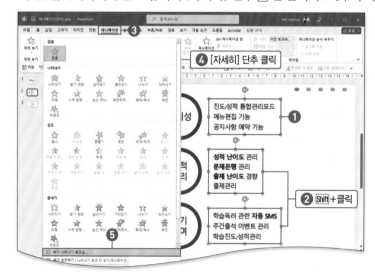

3 [나타내기 효과 변경] 대화상자가 열리면 '기본 효과'의 [내밀기]를 선택하고 [확인]을 클릭합니다.

4 [애니메이션] 탭-[고급 애니메이션] 그룹에서 [애니메이션 창]을 클릭합니다. 화면의 오른쪽에 [애니메이션 창]이 열리면 텍스트 개체가 모두 선택되어 있는지 확인하고 [애니메이션] 탭-[애니메이션] 그룹에서 [효과 옵션]을 클릭한 후 '방향'의 [왼쪽에서]를 선택하세요.

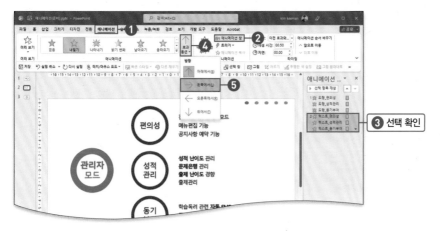

5 [애니메이션 창]에서 Shift를 이용해 도형과 텍스트 개체를 모두 선택하고 [애니메이션] 탭-[타이밍] 그룹의 [시작]에서 [이전 효과와 함께]를 선택합니다.

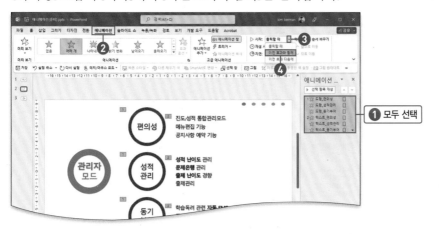

핵심

그래픽 효과

동영상 삽입

애니메이션 효과

발표자 도구

인쇄

유틸리티

이미지 디자인

동영상 제작

6 [애니메이션 창]에서 '텍스트_편의성'은 '도형_편의성'의 아래로, '텍스트_성적관리'는 '도형_성적관리'의 아래로 드래그하여 이동해서 도형 개체의 순서를 조절합니다.

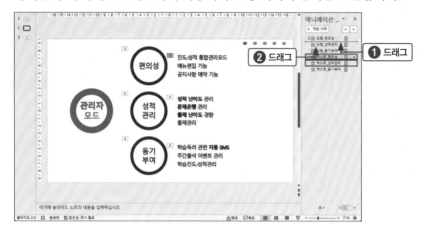

7 [애니메이션 창]에서 Shift를 이용해 도형과 텍스트 개체를 모두 선택하고 [애니메이션] 탭-[타이밍] 그룹에서 [재생 시간]을 [0.3]으로 지정합니다.

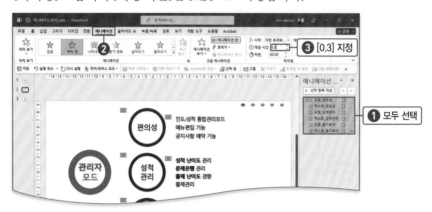

8 [애니메이션 창]에서 '텍스트_편의성'을 선택하고 [애니메이션] 탭-[타이밍] 그룹에서 [지연]에 [0.1]을 지정합니다. 이와 같은 방법으로 '도형_성적관리'의 지연 시간은 [0.1초], '텍스트_성적관리'와 '도형_동기부여'의 지연 시간은 [0.2초], '텍스트_동기부여'의 지연 시간은 [0.3초]로 지정하세요.

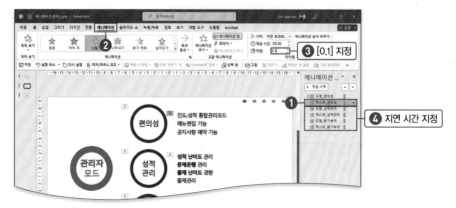

● 실습예제 : 애니메이션창(준비).pptx ● 완성예제 : 애니메이션창(완성).pptx

현장실무
06

[애니메이션 창]에서
애니메이션 효과 지정하기

[애니메이션 창]을 활용하면 더 직관적으로 애니메이션을 설정할 수 있습니다. [애니메이션] 탭-[고급 애니메이션] 그룹에서 [애니메이션 창]을 클릭하면 [애니메이션 창]이 표시됩니다.

1 1번 슬라이드에서 [애니메이션] 탭-[고급 애니메이션] 그룹의 [애니메이션 창]을 클릭합니다. 화면의 오른쪽에 [애니메이션 창]이 열리면 슬라이드 화면에서 Shift 를 이용해 제목 텍스트 상자를 제외한 나머지 텍스트 상자를 모두 선택하세요.

2 [애니메이션] 탭-[애니메이션] 그룹에서 [애니메이션 추가]를 클릭하고 '나타내기'의 [닦아내기]를 선택합니다.

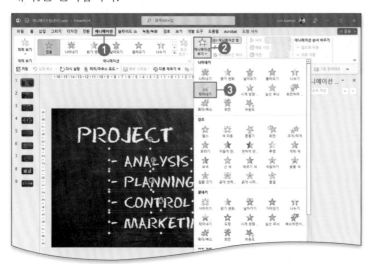

3 [애니메이션 창]에서 1번 효과의 오른쪽에 있는 내림 단추(▼)를 클릭하고 [이전 효과와 함께 시작]을 선택합니다.

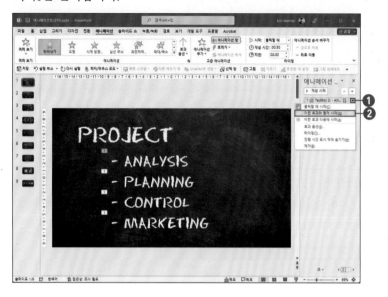

4 [애니메이션 창]에서 'TextBox 3:~'의 진행 시간 표시 막대를 선택하고 지연 시간을 [0.2초]로 지정합니다. 이와 같은 방법으로 'TextBox 4:~'의 지연 시간은 [0.4초], 'TextBox 5:~'의 지연 시간은 [0.6초]로 조절하세요.

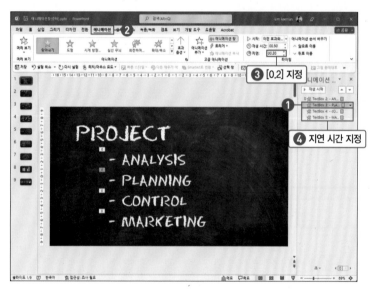

5 [애니메이션 창]에서 Shift를 이용해 모든 효과를 선택하고 효과를 마우스 오른쪽 단추로 클릭한 후 [효과 옵션]을 선택합니다. [닦아내기] 대화상자가 열리면 [효과] 탭에서 '설정'의 '방향'을 [왼쪽에서]로 지정하세요.

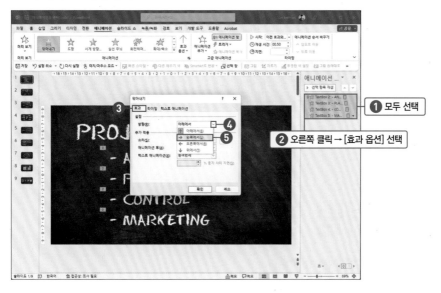

6 [닦아내기] 대화상자에서 [타이밍] 탭을 선택하고 '재생 시간'에 『0.3』을 입력한 후 [확인]을 클릭합니다. [애니메이션 창]에서 [선택 항목 재생]을 클릭하여 지정한 애니메이션 효과를 확인하고 창을 닫으세요.

그래픽 효과

동영상 삽입

애니메이션 효과

발표자 도구

인쇄

쿼릴리티

이미지 디자인

동영상 제작

전문가처럼 발표하기 위한
도구 살펴보기

필수기능

01 | 발표자 도구 화면 살펴보기

발표자 도구 화면을 살펴보면 빔 프로젝터를 통해 현재 슬라이드에 출력되고 있는 화면뿐만 아니라 다음 슬라이드의 내용과 슬라이드 노트를 미리 볼 수 있습니다.

'발표자 도구' 기능을 사용하려면 [슬라이드 쇼] 탭-[모니터] 그룹에서 [발표자 도구 사용]에 체크하고 듀얼 모니터가 지원되어야 합니다.

▲ [발표자 도구 사용]에 체크하기

▲ 듀얼 모니터가 지원되는 경우의 옵션

 Tip

화면 확장 및 복제 단축키는 ⊞+P입니다.

현장실무

02 | 발표자 도구와 단축키 이용해 편리하게 발표하기

이번에는 발표자 도구뿐만 아니라 단축키를 이용해서 매우 편리하게 프레젠테이션을 발표해 보겠습니다. 이렇게 하면 좀 더 전문가처럼 발표할 수 있습니다.

1 4번 슬라이드에서 [슬라이드 쇼] 탭-[슬라이드 쇼 시작] 그룹의 [현재 슬라이드부터]를 클릭합니다.

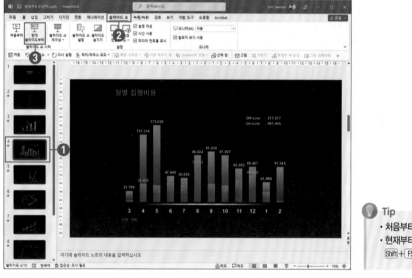

> 💡 **Tip**
> • 처음부터 슬라이드 쇼 시작 : F5
> • 현재부터 슬라이드 쇼 시작 :
>   Shift + F5

2 발표 도중에 펜을 사용하려면 발표자 도구 화면에서 [펜 및 레이저 포인트 도구] 단추(✏️)를 클릭하고 [펜]을 선택한 후 슬라이드 쇼 화면에서 드래그하면서 사용합니다.

3 발표 도중에 화면을 확대하려면 발표자 도구 화면에서 [슬라이드 확대] 단추(🔍)를 클릭하고 확대할 부분을 드래그하여 확대합니다.

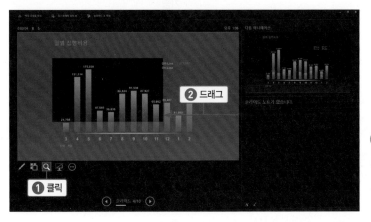

💡 **Tip**

슬라이드 쇼 상태에서 키보드의 ⊞를 누르면 화면이 확대됩니다. 반면 ⊟를 누르면 화면이 축소되고 여러 슬라이드 보기로 표시됩니다.

4 모든 슬라이드를 보려면 [모든 슬라이드 보기] 단추(🔢)를 클릭합니다.

5 현재 발표중인 슬라이드의 테두리가 붉은색으로 표시되면 Esc를 눌러 원래의 화면 상태로 되돌아오세요.

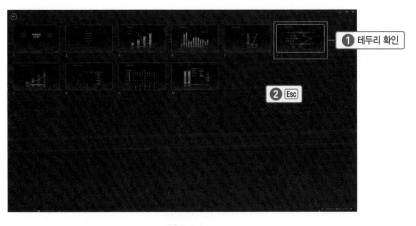

6 이와 같은 방법으로 단축키를 이용해 슬라이드 쇼를 진행할 수 있습니다.

단축키	기능
Ctrl + P	포인터를 펜으로 변경
슬라이드 번호 + Enter	특정 슬라이드로 이동
Home	첫 번째 슬라이드로 이동
B	검은색 화면으로 변환
W	흰색 화면으로 변환
Ctrl + I	형광펜 표시
Ctrl + H	마우스 숨기기
Ctrl + A	마우스 표시
Ctrl + T	작업 표시줄 표시
Ctrl + M	작성한 잉크 서식 표시/숨기기

● **실습예제** : 자막(준비).pptx

현장실무

03 | 자막 기능 활용해 발표하기

PT를 발표할 때 다른 언어를 사용하는 청중이 있으면 전달하려는 내용을 정확하게 이해할 수 없을 것입니다.
하지만 파워포인트 Microsoft 365 버전에서는 다른 언어를 이용해서 실시간으로 자막을 처리할 수 있습니다.

1 4번 슬라이드에서 [슬라이드 쇼] 탭-[자막 및 캡션] 그룹의 [자막 설정]을 클릭하고 음성 언어를 [음성 언어: 한국어]로 설정합니다.

💡 **Tip**

자막 기능은 Microsoft 365 버전에서만 이용할 수 있습니다.

2 [슬라이드 쇼] 탭-[자막 및 캡션] 그룹에서 [자막 설정]을 클릭하고 자막 언어를 [자막 언어: 영어로]로 설정합니다.

3 자막 위치는 [슬라이드 쇼] 탭-[자막 및 캡션] 그룹에서 [자막 설정]을 클릭하고 [맨 아래(오버레이)]를 선택합니다.

4 슬라이드 쇼 화면에서 [자막 켜기/끄기] 단추(▣)를 클릭합니다.

Tip
슬라이드 쇼 화면을 마우스 오른쪽 단추로 클릭하고 [자막 시작]을 선택해도 됩니다.

5 슬라이드 쇼에서 '듣는 중'이라는 표시가 나오면 Shift + F5 를 눌러 현재 슬라이드부터 프레젠테이션을 시작합니다.

373

6 **3** 과정에서 설정한 대로 화면의 아래쪽에 자막이 표시되는지 확인합니다.

● **실습예제** : 쇼녹화(준비).pptx

그래픽 효과

동영상 삽입

애니메이션 효과

발표자 도구

인쇄

유튜브리티

이미지 디자인

동영상 제작

현장실무

04 │ 슬라이드 쇼 녹화하기

비대면 강의나 회의가 많아지면서 발표 자료와 함께 발표자의 음성을 함께 녹화하는 경우가 많아졌습니다. 파워포인트에는 슬라이드 발표 장면을 그대로 녹화한 후에 재생할 수 있도록 도와주는 '슬라이드 쇼 녹화' 기능이 있어서 유용하게 이용할 수 있어요.

1 1번 슬라이드에서 [슬라이드 쇼] 탭-[설정] 그룹의 [레코드]를 클릭하고 [현재 슬라이드에서]를 선택합니다.

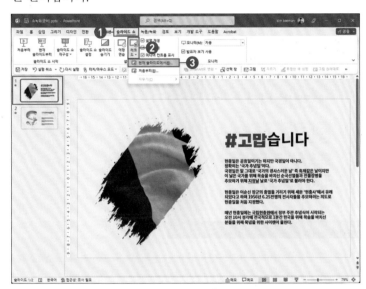

Tip

[녹음/녹화] 탭-[녹음/녹화] 그룹에서 [레코드]를 클릭해도 됩니다.

2 화면의 오른쪽 위에 있는 [설정]을 클릭하고 마이크와 카메라를 설정합니다.

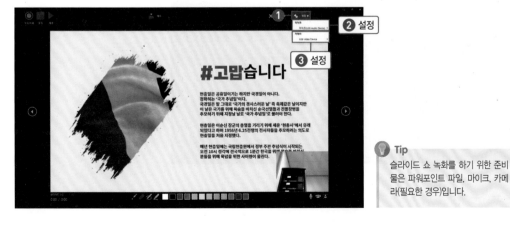

Tip

슬라이드 쇼 녹화를 하기 위한 준비물은 파워포인트 파일, 마이크, 카메라(필요한 경우)입니다.

3 화면의 가운데 위에 있는 [메모]()를 클릭하여 작성된 메모를 확인합니다.

4 녹화를 시작하기 위해 화면의 왼쪽 위에 있는 [녹음/녹화] 단추(⏺)를 클릭합니다.

5 화면에 3, 2, 1이 차례대로 표시되면서 카운트다운되면 녹음/녹화가 시작됩니다.

6 녹음/녹화를 지우려면 화면의 오른쪽 위에 있는 [지우기]( )를 클릭하고 [현재 슬라이드에서 녹음 지우기] 또는 [모든 슬라이드에서 녹음 지우기]를 선택합니다.

7 녹음/녹화가 끝나면 [파일] 탭-[내보내기]를 선택하고 [비디오 만들기]-[비디오 만들기]를 클릭해 비디오로 저장합니다.

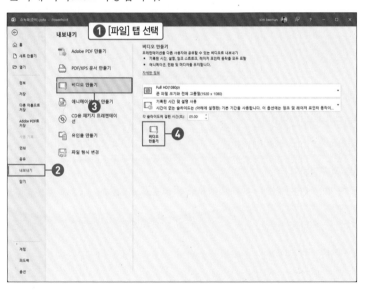

그래픽 효과

동영상 삽입

애니메이션 효과

발표자 도구

인쇄

퀄리티

이미지 디자인

동영상 제작

발표에 최적인 포맷으로
인쇄하기

● **실습예제** : 흑백(준비).pptx　　● **완성예제** : 흑백(완성).pptx

필수기능

01 | 원하는 부분만 정확하게 인쇄하기

파워포인트는 빔 프로젝터와 같은 기타 장비로 투사하여 발표용으로 사용하는 프로그램이어서 발표 기능에 최적화되어 있습니다. 또한 실무에서 보고서를 작성할 때도 프레젠테이션 문서를 많이 사용하므로 인쇄 기능을 잘 익혀두어야 합니다.

1 인쇄할 때 여백이 많이 생기는 경우

프레젠테이션 문서를 인쇄할 때 슬라이드의 크기를 잘못 설정하는 실수를 가장 많이 합니다. A4 용지로 인쇄할 경우 [디자인] 탭-[사용자 지정] 그룹에서 [슬라이드 크기]를 클릭하고 [사용자 지정 슬라이드 크기]를 선택하여 [슬라이드 크기] 대화상자를 연 후 '슬라이드 크기'에서 [A4 용지(210×297mm)]로만 설정하는 경우가 많습니다. 너비와 높이는 그냥 둔 채 말이죠.

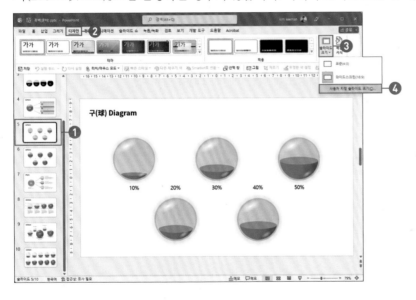

실제 A4 용지의 크기를 살펴보면 너비는 297mm, 높이는 210mm입니다. 따라서 [슬라이드 크기] 대화상자의 '슬라이드 크기'에서 [A4 용지(210×297mm)]를 선택할 경우 '너비'는 [29.7 cm], '높이'는 [21cm]로 입력해야 우리에게 익숙한 세로 방향으로 인쇄할 수 있습니다.

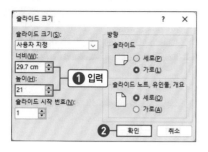

2 투명도, 그라데이션, 그림자 효과가 제대로 출력되지 않는 경우

슬라이드의 개체에 그라데이션과 그림자 효과를 지정하여 도형을 디자인했지만, 이러한 효과가 반영되지 않고 출력될 수 있습니다.

▲ 도형에 그림자 효과를 설정한 경우

이 경우에는 [파일] 탭-[옵션]을 선택하여 [PowerPoint 옵션] 창을 열고 [고급] 범주의 '인쇄'에서 [고품질]과 [투명 그래픽을 프린터 해상도에 맞춤]에 체크해야 합니다.

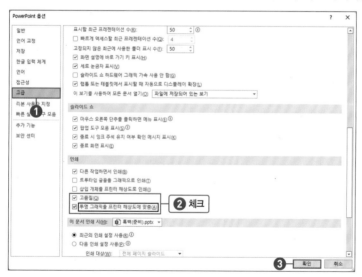

▲ 그림자 효과가 반영되어 인쇄되도록 관련 옵션에 체크하기

3 프레젠테이션 문서에 있는 요소가 출력되지 않는 경우

똑같아 보이는 도형이지만, 출력하면 오른쪽 도형에 작성한 글자가 보이지 않습니다. 이러한 현상은 주로 회색조로 출력할 때 발생합니다.

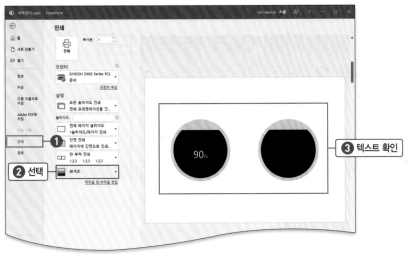

▲ 오른쪽 도형에 작성한 텍스트가 보이지 않는 경우

이러한 문제는 슬라이드에서 작업할 때 도형에 직접 텍스트를 입력하는 경우와, 도형 위에 다시 텍스트 상자를 삽입한 후 입력하는 경우에 발생합니다. 즉 텍스트 입력 방법의 차이 때문에 발생하는 문제입니다.

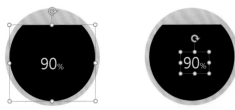

▲ 도형에 직접 텍스트를 입력한 경우　　▲ 도형 위에 텍스트 상자를 삽입하고 텍스트를 입력한 경우

텍스트 개체를 사용하여 텍스트를 입력할 때는 도형의 배경도 중요합니다. 이 경우에는 [파일] 탭-[인쇄]를 선택하고 '설정'에서 [컬러]를 선택해야 텍스트가 제대로 인쇄됩니다.

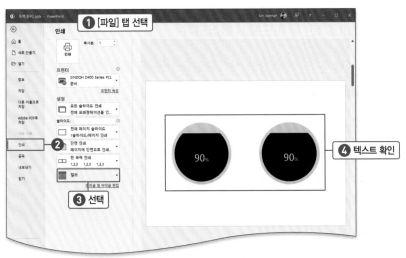

그래픽 효과

동영상 삽입

애니메이션 효과

발표자 도구

인쇄

유틸리티

이미지 디자인

동영상 제작

● **실습예제** : 유인물인쇄(준비).pptx　● **완성예제** : 유인물인쇄(완성).docx

02 한 페이지에 여러 슬라이드를 분할 인쇄하기

> 프레젠테이션 문서를 인쇄할 경우 조금이라도 여백을 줄이기 위해 노력하는 경우가 많습니다. 이때 이번에 설명하는 방법으로 한 페이지에 여러 슬라이드를 함께 인쇄하면 슬라이드의 여백을 줄일 수 있습니다.

방법 1　파워포인트의 인쇄 기능 이용하기

[파일] 탭-[인쇄]를 선택하고 '설정'에서 [전체 페이지 슬라이드]를 선택합니다. '유인물'의 [4슬라이드 세로]를 선택하고 [용지에 맞게 크기 조정]을 선택하여 체크합니다.

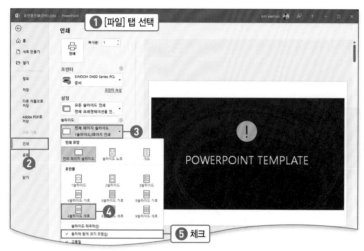

> **Tip**
> [용지에 맞게 크기 조정]을 선택하면 왼쪽에 체크되어 있는지 확인하세요.

방법 2　'유인물 만들기'로 내보내기한 후 워드에서 편집하기

1 [파일] 탭-[내보내기]를 선택한 후 [유인물 만들기]-[유인물 만들기]를 클릭합니다.

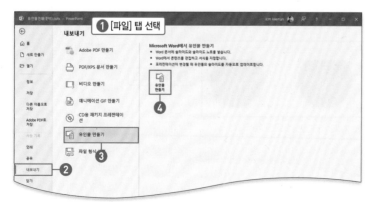

2 [Microsoft Word로 보내기] 대화상자가 열리면 'Microsoft Word의 페이지 레이아웃'의 [슬라이드 옆에 설명문]을 선택하고 [확인]을 클릭합니다.

3 워드 프로그램이 실행되면서 워드 문서로 변환되어 나타납니다.

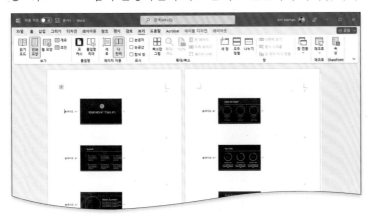

방법3 PDF 문서로 변환해서 인쇄하기

1 [파일] 탭-[내보내기]를 선택한 후 [PDF/XPS 문서 만들기]-[PDF/XPS 만들기]를 클릭합니다.

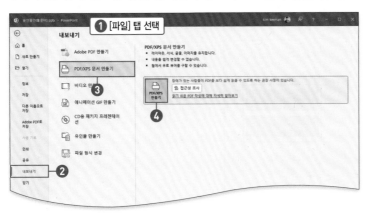

2 [PDF 또는 XPS로 게시] 대화상자가 열리면 '파일 이름'에 『유인물인쇄(준비)』를 입력하고 '파일 형식'이 [PDF (*.pdf)]인지 확인한 후 [게시]를 클릭합니다.

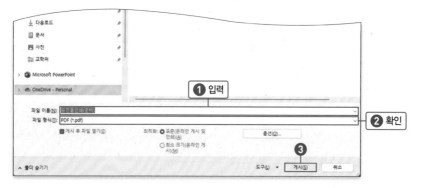

3 Adobe Acrobat Pro DC 프로그램이 실행되면서 '유인물인쇄(준비).pdf' 파일이 열리면 [파일]-[인쇄] 메뉴를 선택합니다.

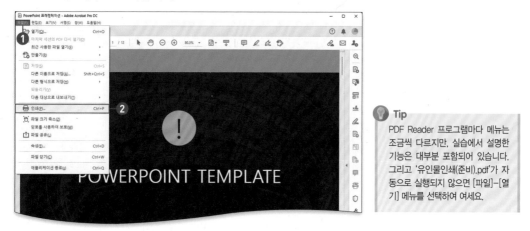

> 💡 **Tip**
> PDF Reader 프로그램마다 메뉴는 조금씩 다르지만, 실습에서 설명한 기능은 대부분 포함되어 있습니다. 그리고 '유인물인쇄(준비).pdf'가 자동으로 실행되지 않으면 [파일]-[열기] 메뉴를 선택하여 여세요.

4 [인쇄] 대화상자가 열리면 '페이지 크기 조정 및 처리'에서 [다중]을 클릭하고 '방향'의 [가로방향]을 선택한 후 [인쇄]를 클릭합니다.

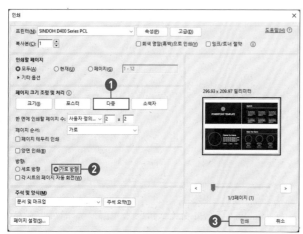

그래픽 효과

애니메이션 효과

애니메이션 효과

발표자 도구

인쇄

유튜브터

이미지 디자인

애니메이션 제작

방법 4 이미지로 저장하고 윈도우의 인쇄 기능 이용하기

1 [파일] 탭-[내보내기]를 선택한 후 [파일 형식 변경]을 선택합니다. '이미지 파일 형식'의 [PNG (이동식 네트워크 그래픽) (*.png)]를 선택하고 [다른 이름으로 저장]을 클릭하세요.

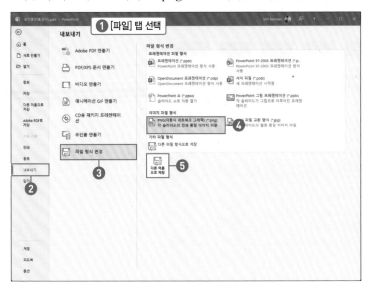

2 [다른 이름으로 저장] 대화상자가 열리면 [저장]을 클릭합니다.

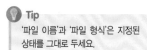

💡 Tip

'파일 이름'과 '파일 형식'은 지정된 상태를 그대로 두세요.

3 내보낼 슬라이드를 선택하라는 메시지 창이 열리면 [모든 슬라이드]를 클릭합니다.

4 이미지가 저장된 '부록\Chapter05\Section13\유인물인쇄(준비)' 폴더로 이동한 후 Ctrl + A 를 눌러 모든 이미지를 선택합니다. 선택 영역을 마우스 오른쪽 단추로 클릭한 후 [인쇄]를 선택합니다.

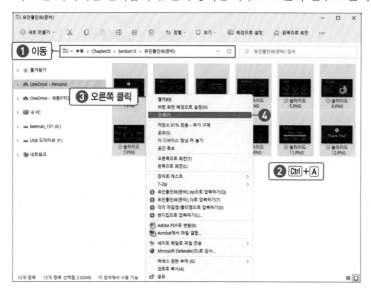

5 [사진 인쇄] 대화상자가 열리면 [9 × 13cm.(4)]를 선택하고 [인쇄]를 클릭합니다.

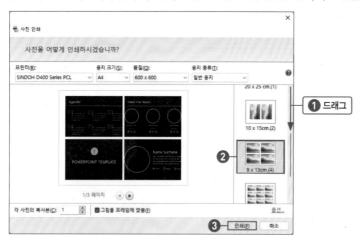

◉ **실습예제** : 번호제거(준비).pptx ◉ **완성예제** : 번호제거(완성).docx

현장실무

03 | 슬라이드 마스터에서 날짜와 슬라이드 번호 제거하기

프레젠테이션 문서를 작성하고 인쇄하면 문서의 오른쪽 위에는 날짜가, 오른쪽 아래에는 페이지 번호가 인쇄됩니다. 만약 날짜와 페이지 번호가 필요 없으면 슬라이드 마스터에서 제거할 수 있습니다.

1 [파일] 탭-[인쇄]를 선택한 후 '설정'의 '인쇄 모양'에서 [4슬라이드 가로]를 선택합니다. 오른쪽의 미리 보기 화면에서 슬라이드의 오른쪽 위와 아래에 날짜와 페이지 번호가 표시되었는지 확인하고 ⊙를 클릭하세요.

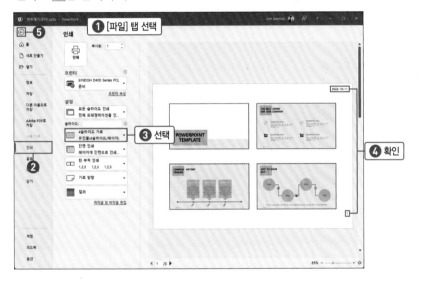

2 슬라이드 화면으로 되돌아오면 [보기] 탭-[마스터 보기] 그룹에서 [유인물 마스터]를 클릭합니다.

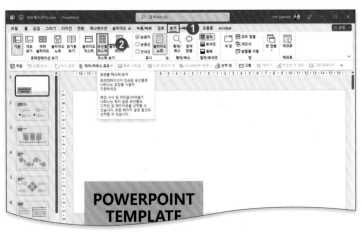

3 유인물 마스터 화면으로 변경되면 [유인물 마스터] 탭-[개체 틀] 그룹에서 [머리글], [날짜], [바닥글], [페이지 번호]의 체크를 해제합니다. [유인물 마스터] 탭-[닫기] 그룹에서 [마스터 보기 닫기]를 클릭하여 슬라이드 화면으로 되돌아오세요.

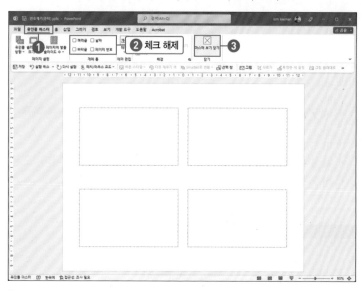

잠깐만요 :: '슬라이드 마스터' 화면과 '유인물 마스터' 화면으로 한 번에 이동하기

슬라이드 화면에서 Shift+[기본] 단추(▣)를 클릭하면 '슬라이드 마스터' 화면으로, Shift+[여러 슬라이드] 단추(▦)를 클릭하면 '유인물 마스터' 화면으로 이동합니다.

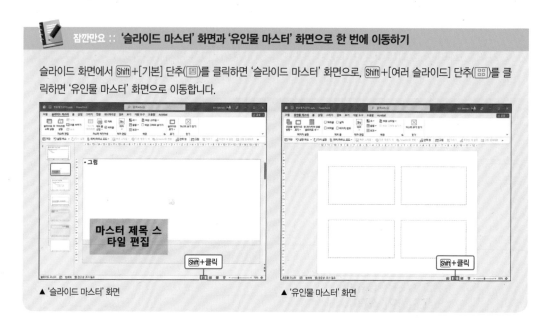

▲ '슬라이드 마스터' 화면   ▲ '유인물 마스터' 화면

● **실습예제** : 차트인쇄(준비).pptx ● **완성예제** : 차트인쇄(완성).docx

현장실무

04 | 회색조로 인쇄할 때 차트 색 구분하기

프레젠테이션 문서를 회색조로 인쇄하는 경우 차트의 색이 제대로 드러나지 않아 구분하기 어려울 수 있습니다. 이 경우에는 차트의 색을 변경해야 합니다.

1 1번 슬라이드에서 축의 단위가 너무 크므로 알아보기 편한 단위로 변경해 보겠습니다. 차트의 축을 마우스 오른쪽 단추로 클릭하고 [축 서식]을 선택하세요.

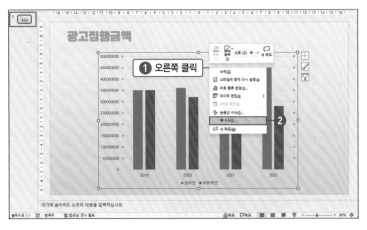

2 화면의 오른쪽에 [축 서식] 창이 열리면 [축 옵션]-[축 옵션]의 '표시 단위'에서 [천]을 선택합니다. [표시 형식]의 '범주'에서 [숫자]를 선택하고 [1000 단위 구분 기호(,) 사용]에 체크되었는지 확인하세요.

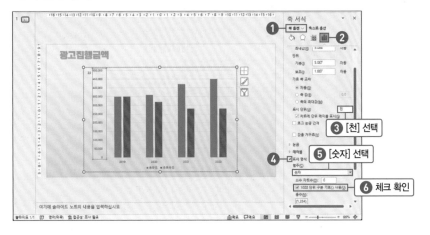

3 [파일] 탭-[인쇄]를 선택하고 '설정'에서 [회색조]를 선택합니다. 차트의 색을 회색조로 변경하여 차트의 색상 구분이 어려우므로 Esc를 누르세요.

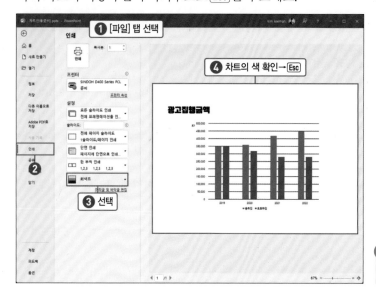

Tip
인쇄 단축키는 Ctrl + P 입니다.

4 슬라이드 화면으로 되돌아오면 차트에서 왼쪽 파란색 막대를 선택합니다. [축 서식] 창이 [데이터 계열 서식] 창으로 바뀌면 [계열 옵션]-[채우기 및 선]의 [채우기]에서 [패턴 채우기]를 선택한 후 '패턴'은 [대각선 줄무늬: 밝은 하향]을, '전경색'은 '테마 색'의 [흰색, 배경 1, 50% 더 어둡게]를 클릭하세요.

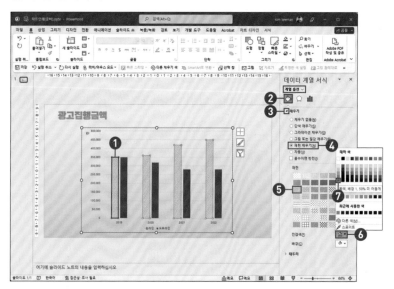

Tip
왼쪽 파란색 막대 중 하나만 클릭해도 파란색 막대가 모두 선택됩니다. 만약 특정 막대만 선택하려면 천천히 두 번 클릭하세요.

5 차트에서 오른쪽 자주색 막대 그래프를 선택합니다. [데이터 계열 서식] 창에서 [채우기]의 [패턴 채우기]를 선택한 후 '패턴'에서 [점선: 80%]를 클릭합니다.

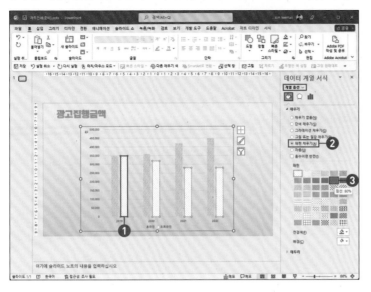

6 [파일] 탭-[인쇄]를 선택하고 '설정'에서 [회색조]를 선택합니다. 차트의 색상은 구분되지 않지만 패턴의 차이 때문에 막대 그래프가 명확하게 인식됩니다.

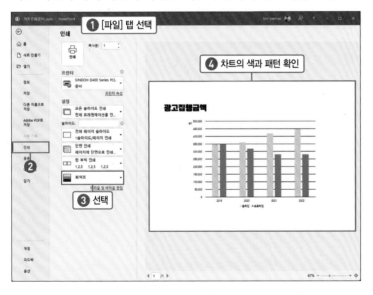

그래픽 효과

동영상 삽입

애니메이션 효과

발표자 도구

인쇄

유튜브

이미지 디자인

동영상 제작

CHAPTER

06

프레젠테이션 작성 기술 업그레이드하기

무료 유틸리티 최대한
활용하기

현장실무 01

이미지를 벡터 파일(SVG 파일)로 변환하기 – rapidresizer

PNG 파일이나 JPG 파일을 곧바로 파워포인트에 삽입하면 색상 변환이 어렵습니다. 이때 rapidresizer.com 웹 사이트를 이용해 SVG 벡터 파일로 변환하면 도형처럼 편리하게 사용할 수 있습니다.

1 웹 브라우저를 열고 'https://online.rapidresizer.com/tracer.php'에 접속한 후 [Upload a File to Trace]를 클릭합니다.

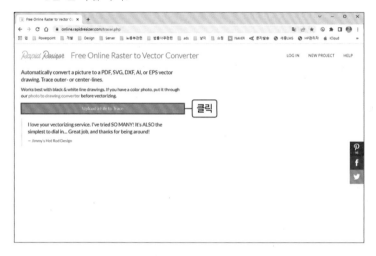

2 [열기] 대화상자가 열리면 '부록\Chapter06\Section14' 폴더에서 'image_tool.png'를 선택하고 [열기]를 클릭합니다.

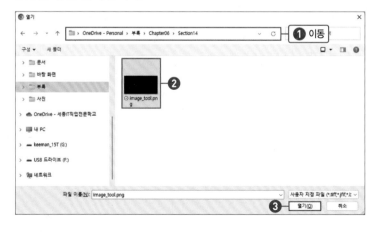

3 선택 목록에서 [SVG]를 선택하고 [Download]를 클릭합니다.

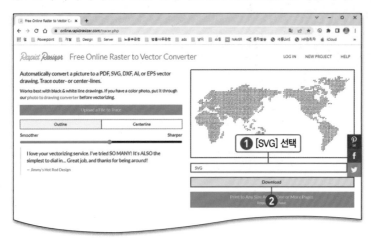

4 '이미지툴(준비).pptx'를 열고 1번 슬라이드에서 [삽입] 탭-[이미지] 그룹의 [그림]을 클릭한 후 [이 디바이스]를 선택합니다.

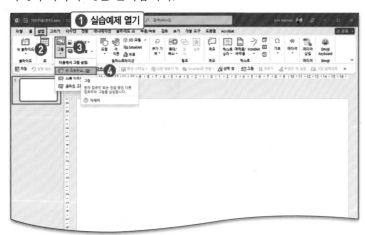

5 [그림 삽입] 대화상자가 열리면 다운로드한 'Tracing.svg'를 선택하고 [삽입]을 클릭합니다.

6 슬라이드에 이미지가 삽입되면 [그래픽 형식] 탭-[그래픽 스타일] 그룹에서 [자세히] 단추 (⊡)를 클릭하고 '미리 설정'의 [색 채우기 - 강조 3, 윤곽선 없음]을 선택합니다.

7 [홈] 탭-[슬라이드] 그룹에서 [레이아웃]을 클릭하고 'Office 테마'의 [이미지툴 2]를 클릭합니다.

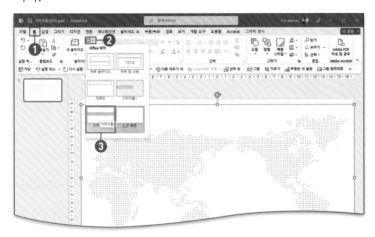

8 [이미지툴2] 레이아웃이 표시되면 제목에 『광고마케팅 집행보고』를 입력합니다.

그래픽 효과

동영상 삽입

애니메이션 효과

발표자 도구

인쇄

유틸리티

이미지 디자인!

동영상 제작

02 문서 공유해 효율적으로 협업하기
– Microsoft Teams

마이크로소프트 팀즈는 채팅 기능을 기반으로 한 협업 애플리케이션으로, 업무 능률을 높이는 데 필요한 콘텐츠와 도구가 통합된 공동 작업용 허브입니다.

마이크로소프트 팀즈(Microsoft Teams)는 교육 기관 및 기업용 그룹 채팅 소프트웨어로, 온라인에서 모임 및 채팅을 할 수 있고, 파워포인트나 워드, 엑셀과 같은 프로그램을 사용해 실시간으로 파일을 공유하고 편집하는 기능까지 제공합니다.

마이크로소프트 계정만 있으면 Microsoft 365와 연동해서 쓰거나 팀즈만 무료로 사용할 수 있습니다. 마이크로소프트 계정은 'account.microsoft.com'에서 만들어서 사용하세요.

1 [팀] 창에서 [일반]을 선택합니다. [파일]-[업로드]를 클릭하고 [파일]을 선택합니다.

2 [열기] 대화상자가 열리면 '부록\Chapter06\Section14' 폴더에서 '팀즈샘플.pptx' 파일을 업로드합니다.

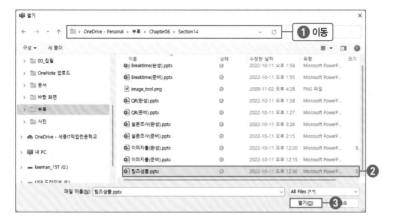

3 '팀즈샘플.pptx' 파일이 업로드되면 파일의 오른쪽에 있는 ⋯을 클릭하고 [공유]를 선택합니다.

4 [링크 설정] 창이 열리면 [특정 사용자]를 선택하고 파일을 공유할 계정을 입력한 후 [적용]을 클릭합니다.

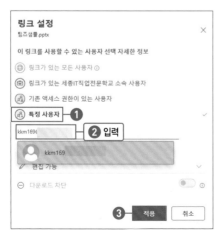

💡 **Tip**

조직의 구성원에게만 공유하고 싶으면 [링크가 있는 ○○○ 소속 사용자]를 선택하세요. 그리고 '기타 설정'에서 [편집 가능]을 선택하면 문서를 변경할 수 있고 [보기 가능]을 선택하면 보기만 가능하고 문서를 변경할 수 없습니다.

5 링크 생성 창이 열리면 링크 주소를 복사하고 공유할 대상자에게 복사한 링크 주소를 전달합니다.

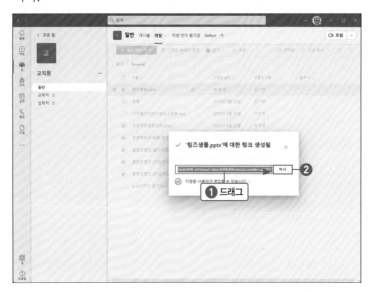

6 링크를 전달받은 사람은 마이크로소프트 계정으로 로그인한 후 공유한 문서를 편집하거나 볼수 있습니다.

7 팀즈에서 슬라이드의 내용을 변경하면 공유한 문서에서도 동일하게 변경되는 것을 알 수 있습니다.

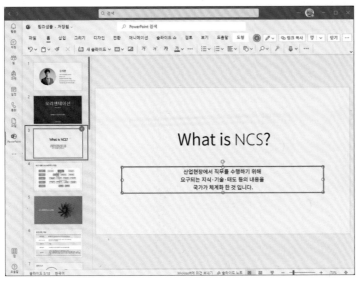

▲ 팀즈에서 변경한 내용

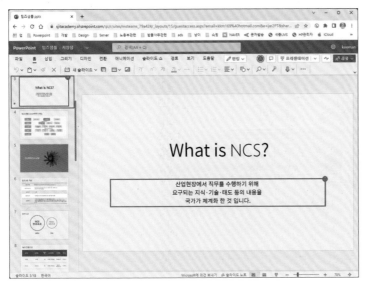

▲ 공유한 문서에서 변경된 내용

그래픽 효과

동영상 삽입

애니메이션 효과

발표자 도구

인쇄

유틸리티

이미지 디자인

동영상 제작

8 이와 마찬가지로 공유한 문서를 변경해도 팀즈의 문서에서 변경된 내용을 확인할 수 있습니다.

▲ 공유한 문서에서 변경한 내용

▲ 팀즈 문서에서 변경된 내용

◉ **실습예제** : QR(준비).pptx   ◉ **완성예제** : QR(완성).pptx

현장실무

03

QR 코드 빠르게 삽입하기
– QR4Office

파워포인트에 QR 코드를 삽입하려면 QR 코드 변환 웹 사이트에서 변환해서 삽입해야 하는 등 불편했습니다.
그러나 QR4Office Add-in을 사용하면 파워포인트에 빠르게 QR 코드를 삽입할 수 있습니다.

1 1번 슬라이드에서 [삽입] 탭-[추가 기능] 그룹의 [내 추가 기능]을 클릭합니다.

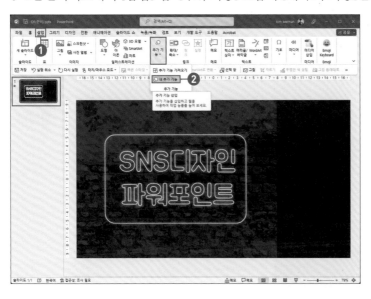

2 [Office 추가 기능] 창이 열리면 [스토어] 범주를 선택하고 검색 입력 상자에 『qr4office』를 입력하여 검색한 후 [추가]를 클릭합니다.

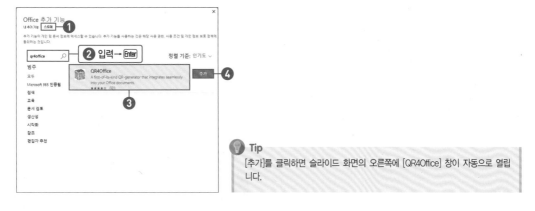

> 💡 **Tip**
>
> [추가]를 클릭하면 슬라이드 화면의 오른쪽에 [QR4Office] 창이 자동으로 열립니다.

3 웹 브라우저에서 QR 코드로 삽입할 웹 사이트에 접속한 후 주소를 복사합니다.

4 파워포인트에서 [QR4Office] 창의 검색 입력 상자에 **3** 과정에서 복사한 주소를 붙여넣기합니다.

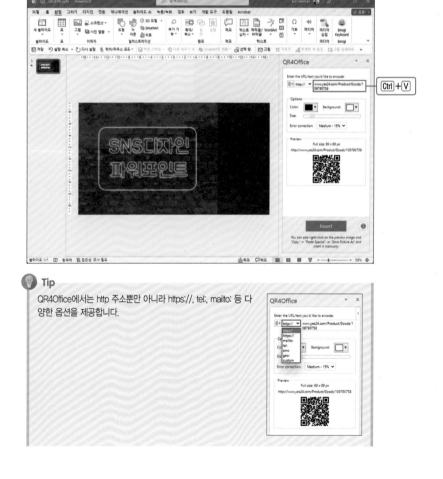

💡 **Tip**

QR4Office에서는 http 주소뿐만 아니라 https://, tel:, mailto: 등 다양한 옵션을 제공합니다.

5 'Options'의 'Size'에서 사이즈바를 조절해 QR 코드의 크기를 조절하고 [Insert]를 클릭합니다.

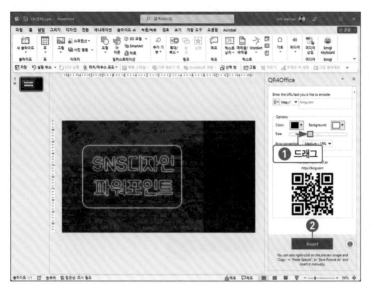

6 다음의 그림과 같이 삽입한 QR 코드를 적당한 위치에 배치합니다.

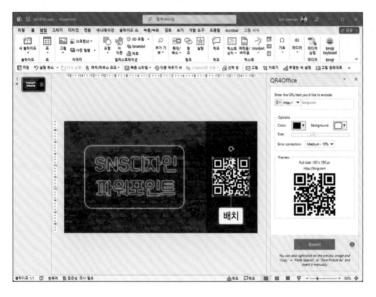

● **실습예제** : Breaktime(준비),pptx   ● **완성예제** : Breaktime(완성),pptx

현장실무

04

쉬는 시간 타이머 간단하게 설정하기
- Breaktime

파워포인트뿐만 아니라 마이크로소프트 오피스에서는 기본적으로 제공되는 기능 외에 추가 기능(add-in)을 활용할 수 있습니다. 그중에서 Breaktime add-in은 프레젠테이션을 발표하거나 강의 도중 쉬는 시간에 타이머를 설정하여 사용할 수 있어서 편리합니다.

1 8번 슬라이드에서 [삽입] 탭-[추가 기능] 그룹의 [내 추가 기능]을 클릭합니다.

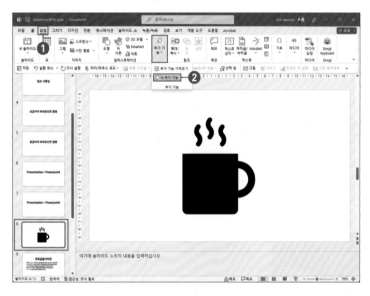

2 [Office 추가 기능] 창이 열리면 [스토어] 범주를 선택하고 검색 입력 상자에 『breaktime』를 입력하여 검색한 후 [추가]를 클릭합니다.

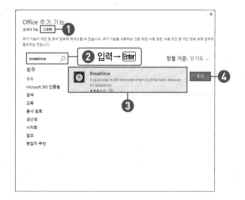

3 슬라이드에 Breaktime add-in 화면이 삽입되면 슬라이드의 크기에 맞게 크기를 조절합니다.

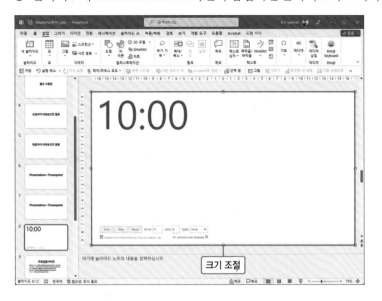

4 'mins'에 『5』를 입력하고 'type'에서 [Coffee]를 선택한 후 [Start]를 클릭합니다.

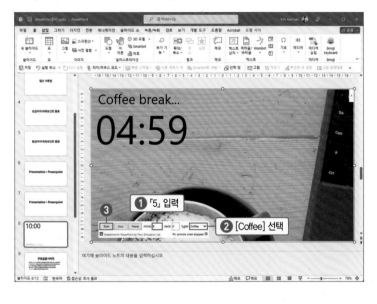

그래픽 효과

영상 삽입

애니메이션 효과

발표자 도구

인쇄

프레젠테이션

이미지 디자인

영상 제작

현장실무 05

실시간으로 설문 조사하고
빠르게 결과 확인하기 – Poll Everywhere

Poll Everywhere Add-in을 활용하면 간단하고 빠르게 설문 조사를 할 수 있습니다. 이렇게 하면 일방적인 프레젠테이션 발표가 아니라 청중들의 참여를 이끌어내는 효과를 줄 수 있어서 매우 유용합니다.

1 13번 슬라이드에서 [삽입] 탭-[추가 기능] 그룹의 [추가 기능 가져오기]를 클릭합니다.

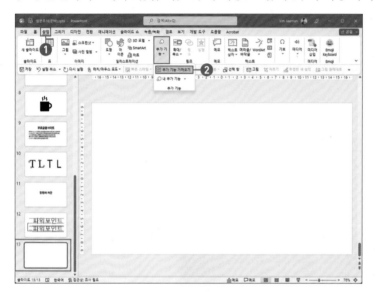

2 [Office 추가 기능] 창이 열리면 [스토어] 범주를 선택하고 검색 입력 상자에 『poll everywhere』를 입력하여 검색한 후 [추가]를 클릭합니다.

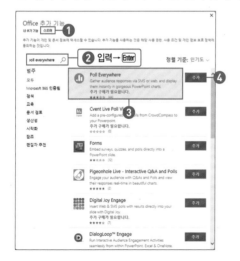

3 슬라이드에 Poll Everywhere 화면이 삽입되면 [Launch log-in window]를 클릭합니다.

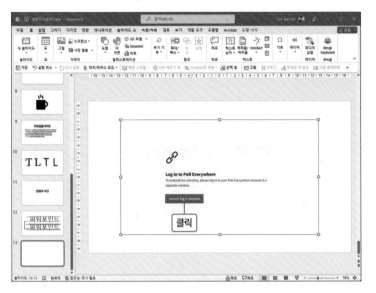

4 웹 브라우저 창이 열리면 'Poll Everywhere'에 계정이 있을 경우에는 [Email or username]에 계정을 입력하고 [Next]를 클릭하세요. 계정이 없으면 구글 또는 애플 계정으로 로그인합니다.

5 'Poll Everywhere' 홈 화면에서 [Activity]를 클릭합니다.

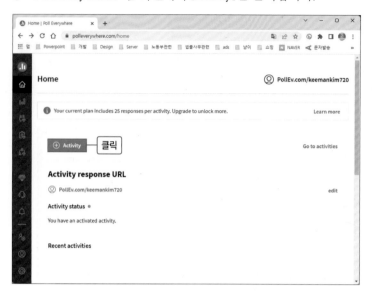

6 화면의 위쪽에 있는 [Q&A]를 클릭하고 'Title'에 질문을 입력한 후 [Create]를 클릭합니다.

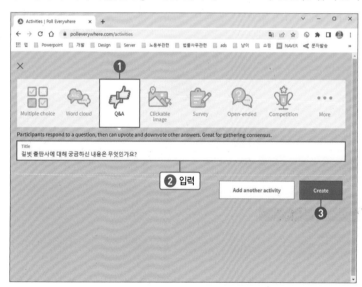

7 [Activities]의 [My activites]를 선택하고 **6** 과정에서 입력한 제목을 클릭합니다.

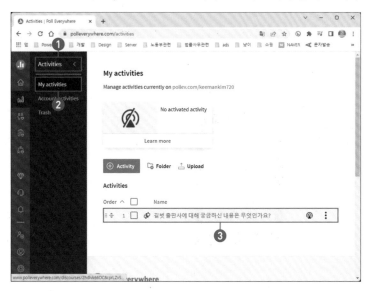

8 화면의 오른쪽 위에 있는 [Activate]를 클릭하고 응답받을 내용을 입력한 후 [Submit]를 클릭합니다.

9 응답받을 내용을 확인하고 화면의 왼쪽 위에 있는 [Activities]를 클릭해 이전 화면으로 이동합니다.

10 파워포인트의 13번 슬라이드로 되돌아와서 'Poll Everywhere' 화면의 크기를 슬라이드의 크기와 같이 조절하고 제목을 클릭합니다.

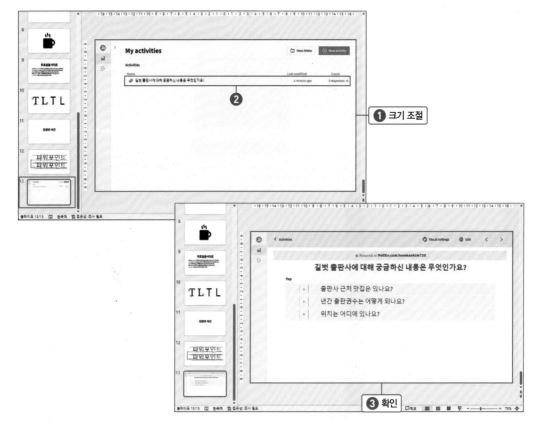

11 청중들이 'Poll Everewhere'의 URL에 접속해서 설문에 참여하면 결과를 실시간으로 볼 수 있습니다.

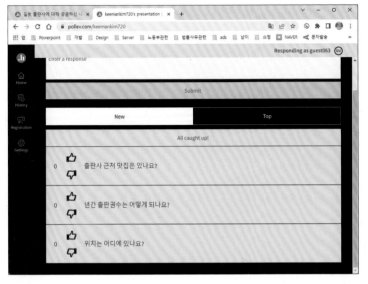

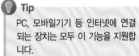

> 💡 **Tip**
> PC, 모바일기기 등 인터넷에 연결되는 장치는 모두 이 기능을 지원합니다.

그래픽 효과

동영상 삽입

애니메이션 효과

발표자 도구

인쇄

유틸리티

이미지 디자인

동영상 제작

CHAPTER
07

파워포인트로
SNS 콘텐츠
만들기

포토샵 없이
이미지 디자인하기

필수기능

01 SNS 콘텐츠 사이즈 이해하기

파워포인트 2013 버전부터 슬라이드의 크기를 픽셀 단위로 조절할 수 있게 되면서 파워포인트로 제작한 이미지를 웹 또는 모바일에서 사용하기 편해졌습니다. 많은 사용자가 그래픽 프로그램보다 파워포인트를 훨씬 익숙하게 다루므로 파워포인트를 활용하면 더 간단하게 이미지를 제작할 수 있습니다. 카드뉴스, 섬네일 등 SNS에 업로드할 콘텐츠를 디자인해야 하는 상황이 증가하면서 파워포인트를 이용해 쉽게 이미지를 제작하는 방법을 알아보겠습니다. 파워포인트로 SNS 콘텐츠를 제작하기 전에 대표적인 SNS의 이미지 사이즈를 살펴보겠습니다.

1 페이스북

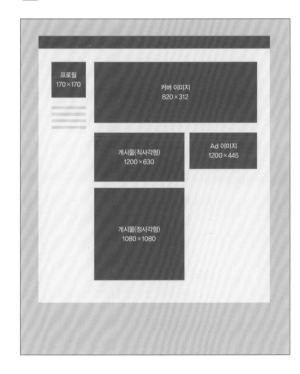

- **프로필**
  - 기본 사이즈 : 170×170
  - 추천 사이즈 : 480×480

- **커버 이미지**
  - 기본 사이즈 : 820×312
  - 추천 사이즈 : 1200×457

- **게시물(직사각형)**
  - 추천 사이즈 : 1200×630

- **게시물(정사각형)**
  - 추천 사이즈 : 1080×1080

2 인스타그램

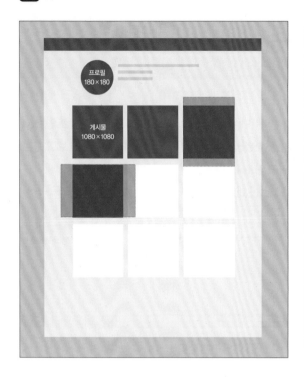

- **프로필**
  - 기본 사이즈 : 180×180
  - 추천 사이즈 : 320×320

- **커버 이미지**
  - 기본 사이즈 : 600×600
  - 추천 사이즈 : 1080×1080

- **게시물(직사각형)**
  - 추천 사이즈 : 600×750

- **게시물(정사각형)**
  - 추천 사이즈 : 1080×1080

3 유튜브

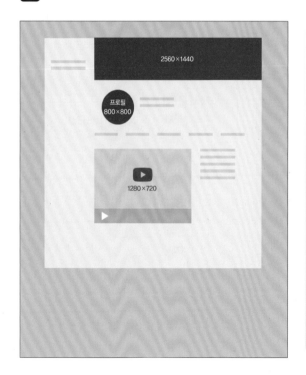

- **프로필**
  - 기본 사이즈 : 800×800

- **커버 이미지**
  - 기본 사이즈 : 2560×1440

- **동영상**
  - 추천 사이즈 : 1280×720

4 네이버 블로그

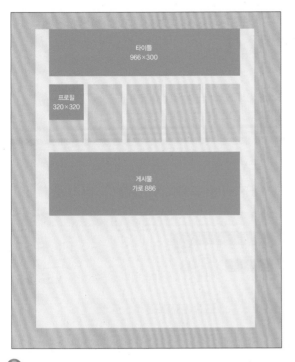

- **프로필**
  - 기본 사이즈 : 161×161
  - 추천 사이즈 : 320×320

- **타이틀**
  - 기본 사이즈 : 966×50~600
  - 추천 사이즈 : 966×300

- **게시물**
  - 가로 사이즈 : 886

💡 **Tip**
SNS 이미지 사이즈는 2022년 10월을 기준으로 추천하는 크기입니다. 이미지 사이즈는 사이트 정책에 따라 수시로 변경될 수 있습니다.

그래픽 효과

동영상 삽입

애니메이션 효과

발표자 도구

인쇄

유틸리티

이미지 디자인

동영상 제작

● **실습예제** : 새 프레젠테이션 문서에서 실습하세요.

현장실무

02

인스타그램에 효과적인
카드뉴스 만들기

요즘에는 인스타그램을 활용한 홍보는 필수입니다. 이번에는 인스타그램에 최적화된 사이즈로 카드뉴스를 만드는 방법을 알아보겠습니다.

1 새 프레젠테이션 문서를 열고 [디자인] 탭-[사용자 지정] 그룹에서 [슬라이드 크기]를 클릭한 후 [사용자 지정 슬라이드 크기]를 선택합니다.

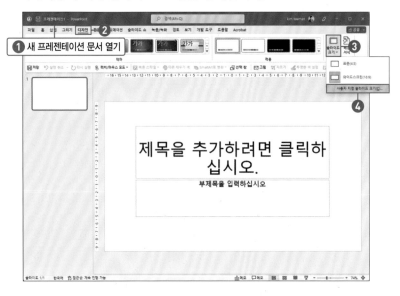

2 [슬라이드 크기] 대화상자가 열리면 '너비'와 '높이'에 모두 『1080px』을 입력하고 [확인]을 클릭합니다.

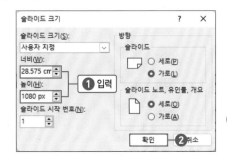

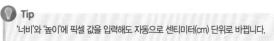

Tip
'너비'와 '높이'에 픽셀 값을 입력해도 자동으로 센티미터(cm) 단위로 바뀝니다.

3 [Microsoft PowerPoint] 대화상자가 열리면 [최대화]를 클릭합니다.

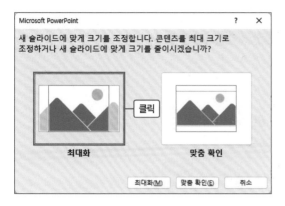

4 [홈] 탭-[슬라이드] 그룹에서 [레이아웃]을 클릭하고 'Office 테마'의 [빈 화면]을 클릭합니다.

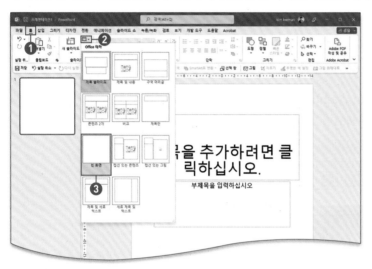

5 빈 슬라이드 화면이 표시되면 슬라이드를 마우스 오른쪽 단추로 클릭하고 [배경 서식]을 선택합니다.

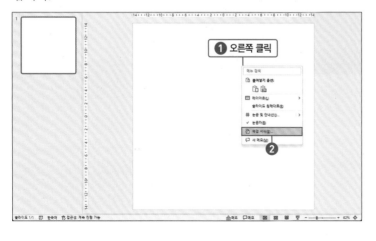

그래픽 효과

동영상 삽입

애니메이션 효과

발표자 도구

인쇄

퀄리티

이미지 디자인

동영상 제작

6 화면의 오른쪽에 [배경 서식] 창이 열리면 [채우기]의 '색'에서 '테마 색'의 [밝은 회색, 배경 2, 90% 더 어둡게]를 클릭합니다.

7 웹 브라우저를 실행하고 Unsplash(https://unsplash.com)에 접속한 후 'camping'을 검색합니다. 캠핑과 관련된 이미지가 검색되면 화면의 중앙 위쪽에 있는 이미지를 클릭하세요.

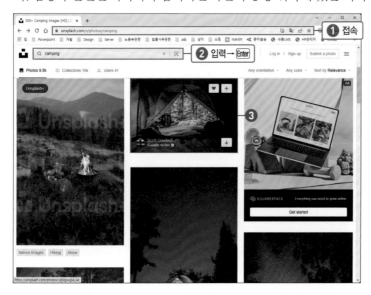

8 선택한 이미지가 삽입되면 이미지를 마우스 오른쪽 단추로 클릭하고 [이미지 복사]를 선택합니다.

9 파워포인트로 되돌아온 후 [홈] 탭-[클립보드] 그룹에서 [붙여넣기]를 클릭하고 '붙여넣기 옵션'의 [그림](📋)을 클릭하여 이미지를 붙여넣기합니다.

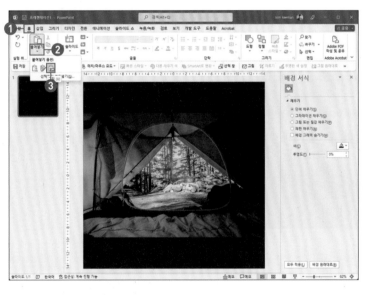

그래픽 효과

동영상 삽입

애니메이션 효과

발표자 도구

인쇄

유튜브

이미지 디자인

동영상 제작

10 [그림 서식] 탭-[크기] 그룹에서 [자르기]를 클릭하고 [가로 세로 비율]-[1:1]을 선택합니다.

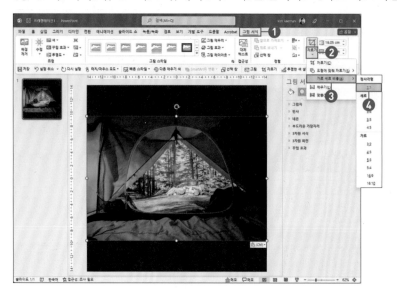

11 이미지를 일대일로 잘랐으면 슬라이드의 크기에 맞게 크기를 조절합니다.

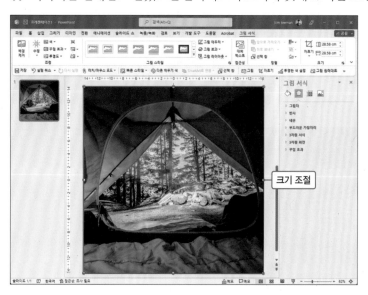

12 [홈] 탭-[그리기] 그룹에서 [도형]을 클릭하고 '기본 도형'의 [텍스트 상자](□)를 클릭하여 텍스트 상자를 삽입합니다. 텍스트 상자에 적당한 문구를 작성하고 [홈] 탭-[단락] 그룹에서 [가운데 맞춤]을 클릭한 후 [홈] 탭-[글꼴] 그룹에서 [글꼴 색]을 '테마 색'의 [흰색, 배경 1]로 설정하세요.

13 [글꼴]은 [이사만루체 Bold]로, [글꼴 크기]는 [54pt]로 지정합니다.

14 [도형 서식] 탭-[정렬] 그룹에서 [맞춤]을 클릭하고 [가운데 맞춤]을 선택합니다.

15 [파일] 탭-[내보내기]를 선택하고 [파일 형식 변경]을 선택합니다. '이미지 파일 형식'에서 [PNG(이동식 네트워크 그래픽) (*.png)]를 선택하고 [다른 이름으로 저장]을 클릭하세요.

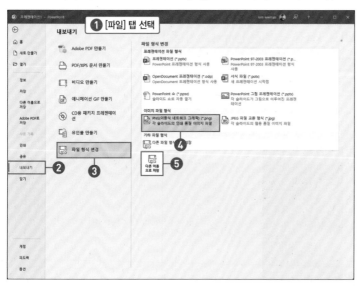

● **실습예제** : 새 프레젠테이션 문서에서 실습하세요.　● **완성예제** : 페이스북_커버(완성).pptx

현장실무

03 | 페이스북 커버 이미지 만들기

포토샵이나 일러스트레이터와 같은 그래픽 프로그램 없이 파워포인트의 기능만으로도 페이스북 커버 이미지
를 제작해 자신만의 페이스북 페이지를 꾸밀 수 있습니다.

1 새 프레젠테이션 문서를 열고 [디자인] 탭-[사용자 지정] 그룹에서 [슬라이드 크기]를 클릭한
후 [사용자 지정 슬라이드 크기]를 선택합니다.

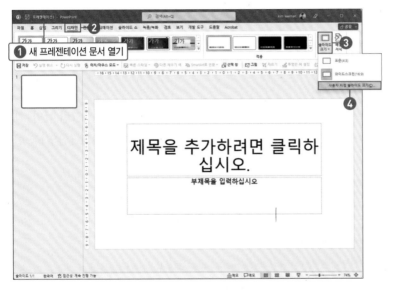

2 [슬라이드 크기] 대화상자가 열리면 '너비'에는 『1200px』을, '높이'에는 『457px』을 입력하고
[확인]을 클릭합니다. [Microsoft PowerPoint] 대화상자가 열리면 [최대화]를 클릭합니다.

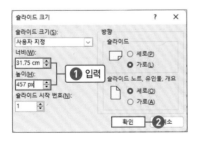
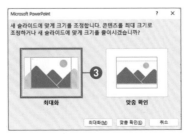

3 [홈] 탭-[슬라이드] 그룹에서 [레이아웃]을 클릭한 후 'Office 테마'의 [빈 화면]을 클릭합니다.

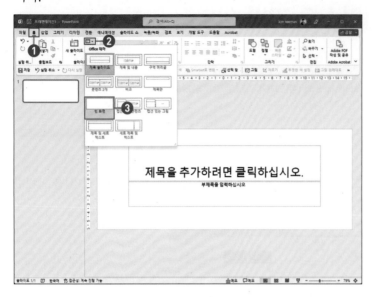

4 [삽입] 탭-[이미지] 그룹에서 [그림]을 클릭하고 [이 디바이스]를 선택합니다. [그림 삽입] 대화상자가 열리면 '부록\Chapter07\Section15' 폴더에서 'cover_bg.jpg'를 선택하고 [삽입]을 클릭합니다.

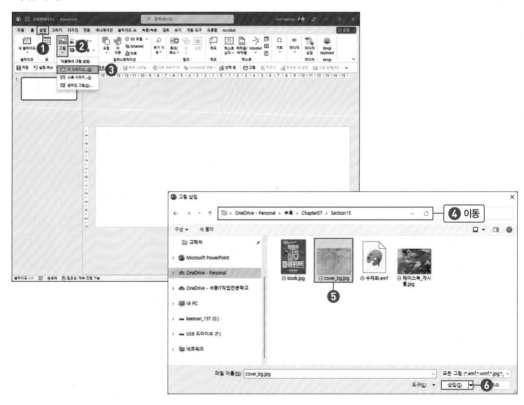

5 슬라이드에 배경 이미지가 삽입되면 슬라이드의 너비에 맞게 이미지의 크기를 조절합니다. [그림 서식] 탭-[크기] 그룹에서 [자르기]를 클릭하고 [자르기]를 선택한 후 슬라이드의 높이에 맞게 잘라냅니다.

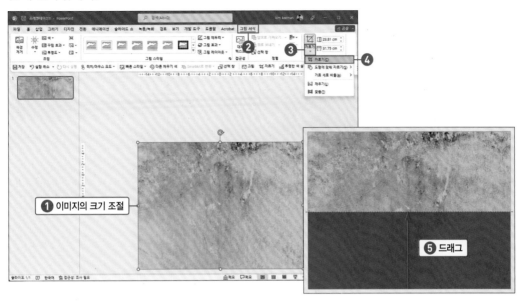

6 [삽입] 탭-[이미지] 그룹에서 [그림]을 클릭하고 [이 디바이스]를 선택합니다. [그림 삽입] 대화상자가 열리면 '부록\Chapter07\Section15' 폴더에서 'book.jpg'를 선택하고 [삽입]을 클릭하세요.

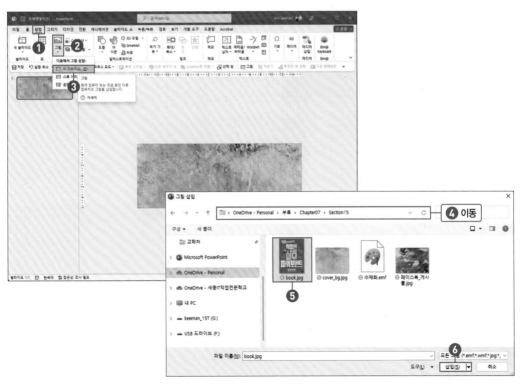

그래픽 효과

동영상 삽입

애니메이션 효과

발표자 도구

인쇄

유튜브

이미지 디자인

동영상 제작

7 표지 그림이 삽입되면 [그림 서식] 탭-[크기] 그룹에서 [너비]에 『7cm』를 입력합니다.

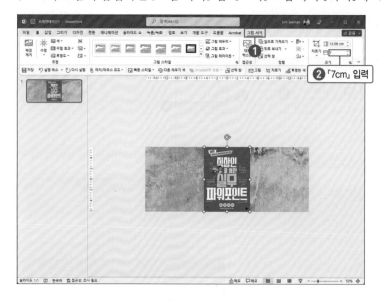

8 책 이미지를 슬라이드의 오른쪽에 정렬합니다. [홈] 탭-[그리기] 그룹에서 [도형]을 클릭하고 '선' 범주의 [선](＼)을 클릭한 후 슬라이드의 왼쪽에서 오른쪽으로 드래그해 선 도형을 그립니다.

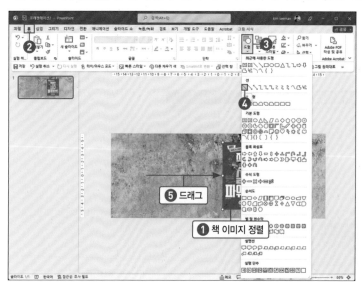

9 선 도형을 선택한 상태에서 [홈] 탭-[그리기] 그룹의 [도형 윤곽선]을 클릭하고 [두께]-[3pt]를 선택합니다.

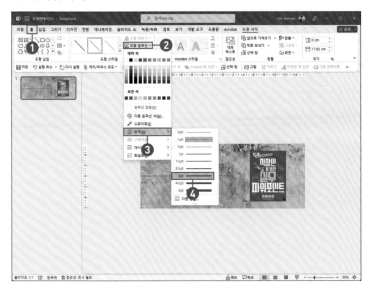

10 [홈] 탭-[그리기] 그룹에서 [도형]을 클릭하고 '기본 도형'의 [텍스트 상자](圓)를 클릭한 후 다음의 그림과 같이 텍스트 상자를 그리고 텍스트 『직장인을 실무 파워포인트』를 입력합니다. 이와 같은 방법으로 텍스트 상자를 하나 더 추가하고 텍스트 『Business Powerpoint of Salaryman & Students』를 입력하세요.

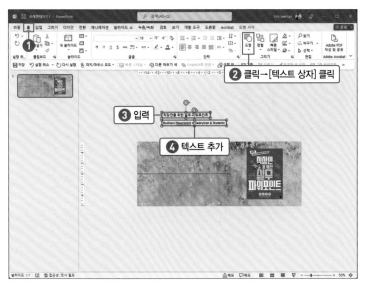

그래픽 효과

응용상 삽입

애니메이션 효과

발표자 도구

인쇄

무료디테

이미지 디자인

동영상 제작

11 제목 텍스트 상자의 [글꼴 크기]는 [40pt]로, 부제목 텍스트 상자의 [글꼴 크기]는 [24pt]로 지정합니다.

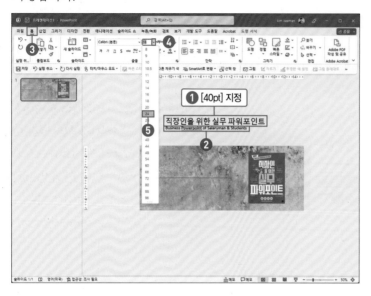

12 제목 텍스트 상자를 선택하고 [홈] 탭-[글꼴] 그룹에서 [이사만루체 Bold]를 선택합니다.

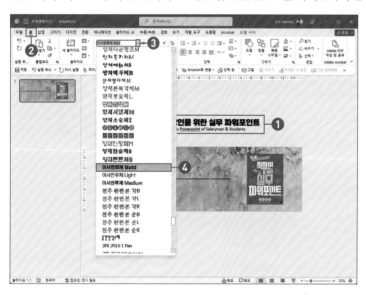

13 선 도형을 선택하고 [도형 서식] 탭-[도형 스타일] 그룹에서 [도형 윤곽선]을 클릭한 후 '테마 색'의 [밝은 회색, 배경 2, 90% 더 어둡게]를 클릭합니다.

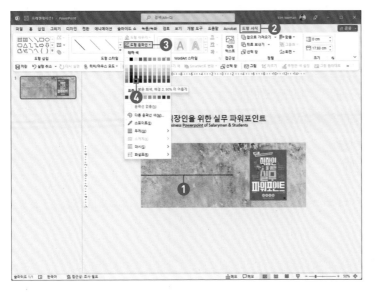

14 다음의 그림과 같이 제목 텍스트 상자와 부제목 텍스트 상자를 배치합니다.

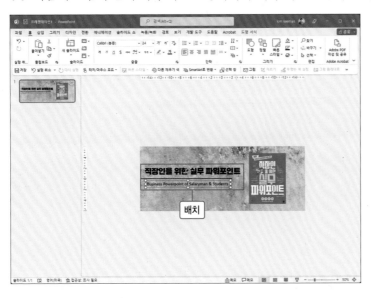

그래픽 효과

동영상 삽입

애니메이션 효과

발표자 도구

인쇄

유튜브리티

이미지 디자인

동영상 제작

15 [파일] 탭-[내보내기]를 선택하고 [파일 형식 변경]을 선택합니다. '이미지 파일 형식'에서 [PNG(이동식 네트워크 그래픽) (*.png)]를 선택하고 [다른 이름으로 저장]을 클릭하세요.

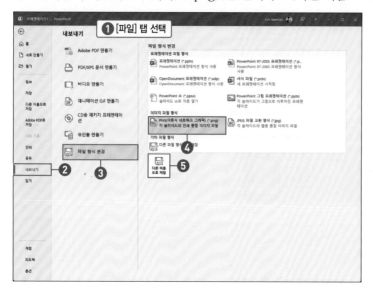

◉ **실습예제** : 새 프레젠테이션 문서에서 실습하세요.　◉ **완성예제** : 페이스북_게시물(완성).pptx

현장실무

04 페이스북에 효과적인 카드뉴스 만들기

페이스북에 적합한 사이즈로 이미지를 제작하는 방법을 알아보겠습니다. 파워포인트에서는 카드뉴스 등의 다양한 콘텐츠를 디자인할 수 있습니다.

1 새 프레젠테이션 문서를 열고 [디자인] 탭-[사용자 지정] 그룹에서 [슬라이드 크기]를 클릭한 후 [사용자 지정 슬라이드 크기]를 선택합니다.

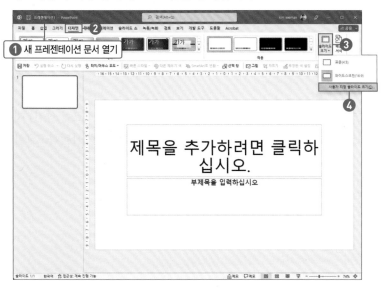

2 [슬라이드 크기] 대화상자가 열리면 '너비'에는 『1280px』을, '높이'에는 『630px』을 입력하고 [확인]을 클릭하세요. [Microsoft PowerPoint] 대화상자가 열리면 [최대화]를 클릭합니다.

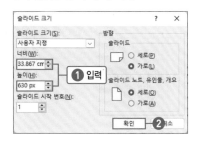

435

3 [홈] 탭-[슬라이드] 그룹에서 [레이아웃]을 클릭하고 'Office 테마'의 [빈 화면]을 클릭합니다.

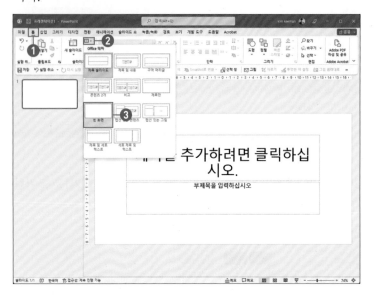

4 [삽입] 탭-[이미지] 그룹에서 [그림]을 클릭하고 [이 디바이스]를 선택합니다. [그림 삽입] 대화상자가 열리면 '부록\Chapter07\Section15' 폴더에서 '페이스북_게시물.jpg'를 선택하고 [삽입]을 클릭합니다.

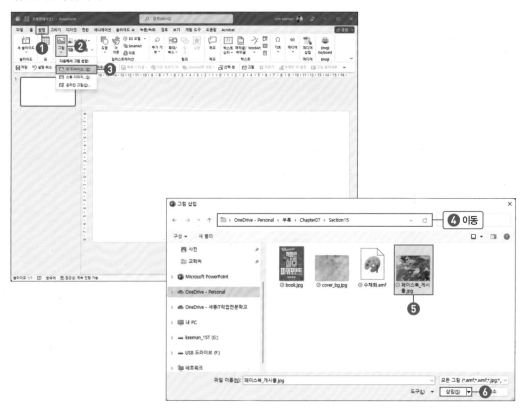

5 슬라이드에 이미지가 삽입되면 슬라이드의 너비에 맞게 이미지의 크기를 조절합니다. [그림 서식] 탭-[크기] 그룹에서 [자르기]를 클릭하고 [자르기]를 선택한 후 슬라이드의 높이에 맞게 잘라냅니다.

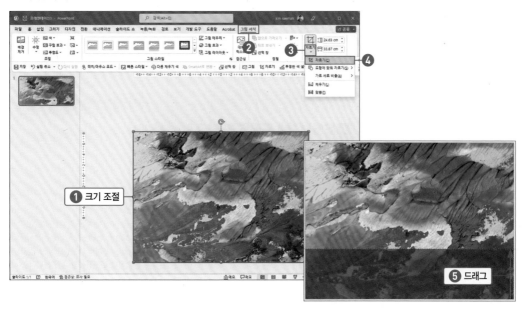

6 [홈] 탭-[그리기] 그룹에서 [도형]을 클릭하고 '사각형'의 [직사각형](□)을 클릭한 후 슬라이드의 크기와 같은 직사각형을 삽입합니다.

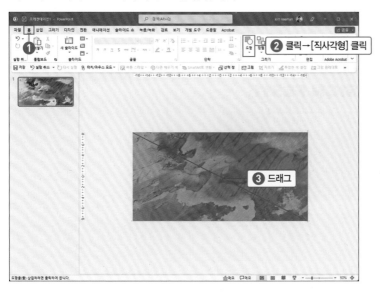

그래픽 효과

동영상 삽입

애니메이션 효과

발표자 도구

인쇄

유튜브리티

이미지 디자인

동영상 제작

7 [홈] 탭-[그리기] 그룹에서 [도형]을 클릭하고 [텍스트 상자](圖)를 클릭한 후 텍스트 상자를 그립니다. 텍스트 상자에 『DESIGN FESTIVAL』을 입력하고 [글꼴]은 [Montserrat Black]으로, [글꼴 크기]는 [96pt]로 지정합니다.

Tip

'Montserrat'는 무료 폰트로, 'https://fonts.google.com/specimen/Montserrat'에서 다운로드할 수 있고 상업적으로도 사용할 수 있습니다.

8 텍스트 상자를 선택한 상태에서 [도형 서식] 탭-[정렬] 그룹의 [맞춤]을 클릭하고 [가운데 맞춤]과 [중간 맞춤]을 차례대로 선택합니다.

9 직사각형 도형을 먼저 선택하고 Shift 를 누른 상태에서 텍스트 상자를 선택합니다. [도형 서식] 탭-[도형 삽입] 그룹에서 [도형 병합]을 클릭하고 [빼기]를 선택하세요.

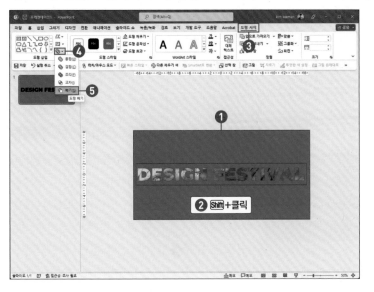

10 도형을 마우스 오른쪽 단추로 클릭하고 [도형 서식]을 선택합니다.

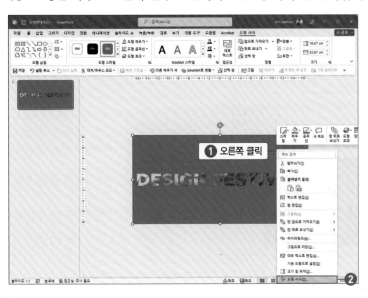

그래픽 효과

동영상 삽입

애니메이션 효과

발표자 도구

인쇄

유튜브리티

이미지 디자인

동영상 제작

11 화면의 오른쪽에 [도형 서식] 창이 열리면 [도형 옵션]-[채우기 및 선]의 [채우기]에서 [단색 채우기]를 선택하고 '색'은 '테마 색'의 [밝은 회색, 배경 2, 90% 더 어둡게]를 선택합니다. 도형에 색을 채웠으면 '선' 범주에서 [선 없음]을 선택하세요.

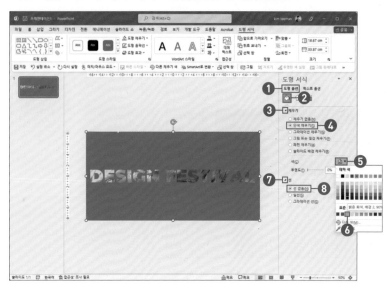

12 [도형 서식] 창의 [채우기]에서 '투명도'를 [30%]로 지정합니다.

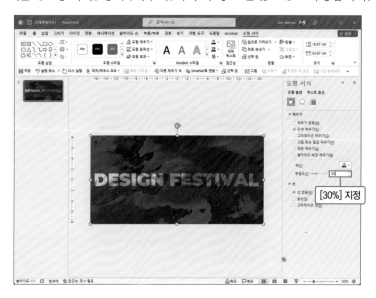

13 [파일] 탭-[내보내기]를 선택하고 [파일 형식 변경]을 선택합니다. '이미지 파일 형식'에서 [PNG(이동식 네트워크 그래픽) (*.png)]를 선택하고 [다른 이름으로 저장]을 클릭하세요.

💡 **Tip**

페이스북에서 작성한 게시물을 광고할 경우 이미지의 텍스트 비율이 20%를 초과하면 광고가 제한될 수 있습니다. 따라서 텍스트 비율이 전체 이미지의 20%를 넘지 않도록 주의하면서 이미지를 제작하세요.

그래픽 효과

동영상 삽입

애니메이션 효과

발표자 도구

인쇄

유틸리티

이미지 디자인

동영상 제작

● 실습예제 : 블로그섬네일(준비).pptx ● 완성예제 : 블로그섬네일(완성).pptx

현장실무

05 | 네이버 블로그 섬네일 만들기

블로그에 게시물을 업로드할 때 섬네일 이미지를 따로 만들어서 대표 이미지로 설정해 보세요. 이렇게 설정하면 네이버 검색 결과에서 자신의 포스팅을 차별화하여 나타낼 수 있습니다.

1 1번 슬라이드에서 [홈] 탭-[그리기] 그룹의 [도형]을 클릭하고 '기본 도형'의 [타원](◯)을 클릭하여 타원 도형을 삽입합니다.

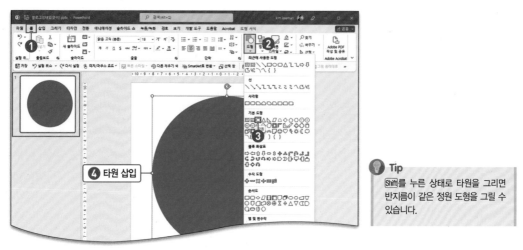

💡 **Tip**

Shift를 누른 상태로 타원을 그리면 반지름이 같은 정원 도형을 그릴 수 있습니다.

2 [도형 서식] 탭-[크기] 그룹에서 [가로]와 [세로]를 모두 [19cm]로 지정합니다.

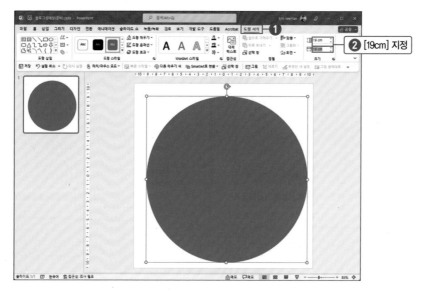

3 [도형 서식] 탭-[도형 삽입] 그룹에서 [직사각형](□)을 클릭하고 다음의 그림과 같이 직사각형 도형을 삽입합니다. [도형 서식] 탭-[정렬] 그룹에서 [맞춤]을 클릭하고 [가운데 맞춤]과 [중간 맞춤]을 차례대로 선택하세요.

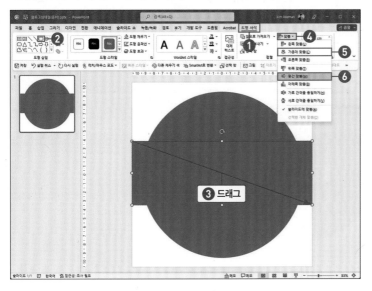

4 타원 도형을 먼저 선택하고 직사각형 도형을 그 다음에 선택한 상태에서 [도형 서식] 탭-[도형 삽입] 그룹의 [도형 병합]을 클릭한 후 [교차]를 선택합니다.

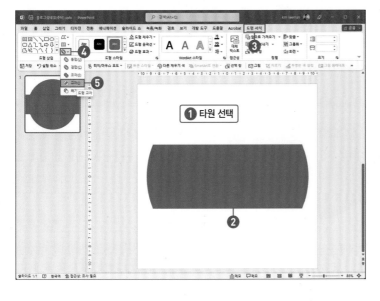

그래픽 효과

동영상 삽입

애니메이션 효과

발표자 도구

인쇄

유튜브리티

이미지 디자인

동영상 제작

5 [도형 서식] 탭-[도형 삽입] 그룹에서 [타원](◎)을 클릭하고 다음의 그림과 같이 타원 도형을 삽입한 후 [도형 서식] 탭-[크기] 그룹에서 [가로]에 [19cm]를 지정합니다.

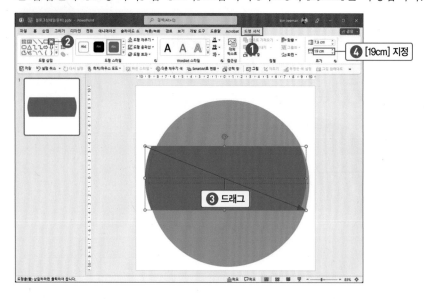

6 [도형 서식] 탭-[크기] 그룹에서 [세로]에 [19cm]를 지정합니다.

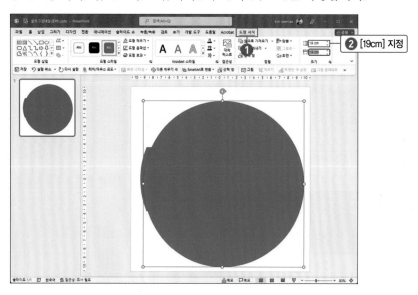

7 타원 도형을 선택한 상태에서 [도형 서식] 탭-[정렬] 그룹의 [뒤로 보내기]를 클릭하고 [맨 뒤로 보내기]를 선택합니다.

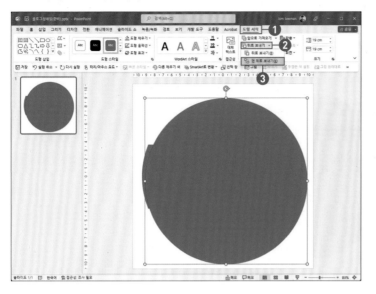

8 **3** 과정과 같은 방법으로 두 개의 도형을 정렬합니다.

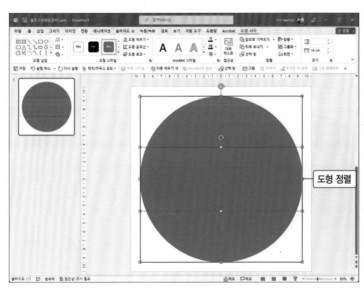

9 교차 병합된 도형을 선택한 상태에서 [도형 서식] 탭-[도형 스타일] 그룹의 [도형 윤곽선]을 클릭하고 [윤곽선 없음]을 선택합니다.

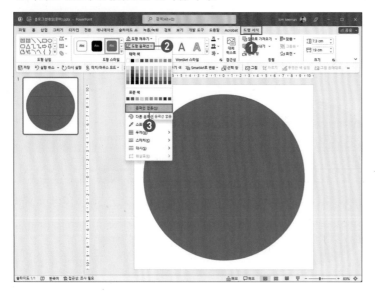

10 [도형 서식] 탭-[도형 스타일] 그룹에서 [도형 채우기]를 클릭하고 '테마 색'의 [검정, 텍스트 1]을 선택합니다.

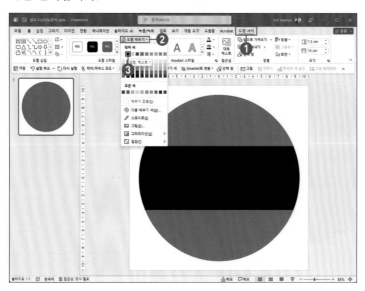

11 도형을 마우스 오른쪽 단추로 클릭하고 [도형 서식]을 선택합니다.

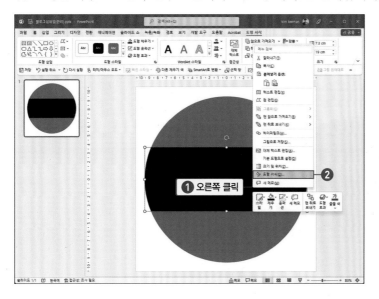

12 화면의 오른쪽에 [도형 서식] 창이 열리면 [도형 옵션]-[채우기 및 선]의 [채우기]에서 '투명도'를 [40%]로 지정합니다.

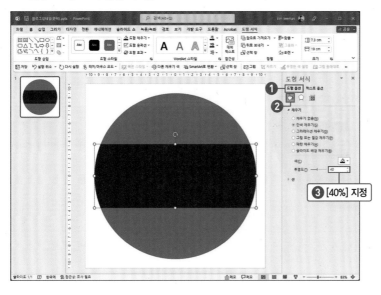

그래픽 온라

동영상 삽입

애니메이션 효과

발표자 도구

인쇄

유틸리티

이미지 디자인

동영상 제작

13 교차 병합된 도형에 텍스트『PPT로 만드는 블로그 썸네일』을 입력하고 [글꼴 크기]는 [72pt]로, [글꼴]은 [배달의민족 주아]로 변경합니다.

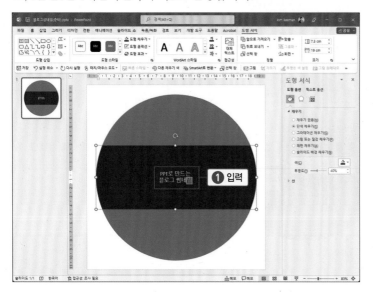

14 원형 도형을 선택하고 [도형 서식] 창의 [선]에서 [실선]을 선택합니다. '색'은 '테마 색'의 [검정, 텍스트 1]로, '너비'는 [2pt]로, '대시 종류'는 [둥근 점선]으로 지정하세요.

그래픽 효과

동영상 삽입

애니메이션 효과

발표자 도구

인쇄

유튜버

이미지 디자인

동영상 제작

15 [도형 서식] 창의 [채우기]에서 [그림 또는 질감 채우기]를 선택하고 '그림 원본'의 [삽입]을 클릭합니다.

16 [그림 삽입] 대화상자가 열리면 '부록\Chapter07\Section15' 폴더에서 '수채화.emf'를 선택하고 [삽입]을 클릭합니다.

17 수채화 이미지가 삽입되어 완성된 슬라이드를 확인합니다.

18 [파일] 탭-[내보내기]를 선택하고 [파일 형식 변경]을 선택합니다. '이미지 파일 형식'에서 [PNG(이동식 네트워크 그래픽) (*.png)]를 선택하고 [다른 이름으로 저장]을 클릭하세요.

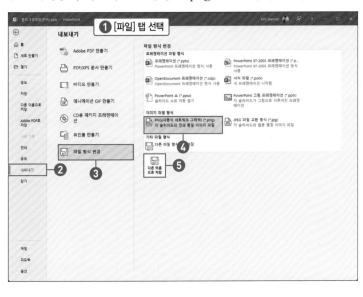

그래픽 효과

동영상 삽입

애니메이션 효과

빨표지 도구

인쇄

커뮤니티

이미지 디자인

동영상 제작

16

파워포인트로
동영상 제작하기

핵심

현장실무
01 | 애프터 이펙트 스타일의 동영상 만들기

애프터 이펙트(After Effects)는 어도비(Adobe)가 개발한 디지털 모션 그래픽 소프트웨어로, 광고, 게임, 애니메이션 제작에 자주 사용됩니다. 파워포인트의 모핑 기능과 애니메이션 기능을 활용하면 애프터 이펙트와 유사한 효과를 연출할 수 있습니다.

1 2번 슬라이드에서 노란색 도형을 연두색 도형의 아래쪽으로 드래그해 배치하세요.

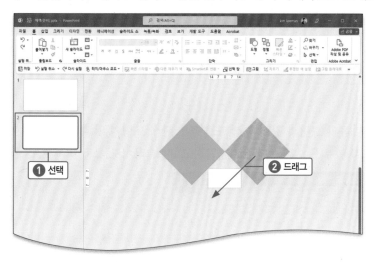

2 [전환] 탭-[슬라이드 화면 전환] 그룹에서 [모핑]을 클릭합니다. [전환] 탭-[타이밍] 그룹에서 [기간]에 『00:50』을 입력하고 '화면 전환'에서 [마우스를 클릭할 때]의 체크를 해제한 후 [다음 시간 후]에 체크합니다.

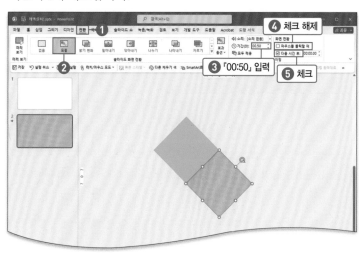

3 슬라이드 창에서 2번 슬라이드를 마우스 오른쪽 단추로 클릭한 후 [슬라이드 복제]를 선택합니다.

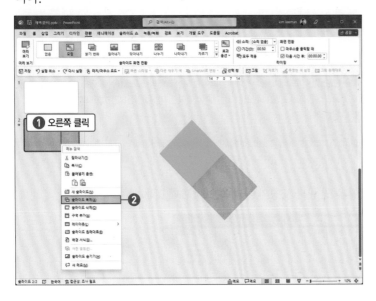

4 복제한 3번 슬라이드에서 다음의 그림과 같이 녹색 도형을 노란색 도형의 위로 배치합니다. 슬라이드 창에서 3번 슬라이드를 마우스 오른쪽 단추로 클릭하고 [새 슬라이드]를 선택하세요.

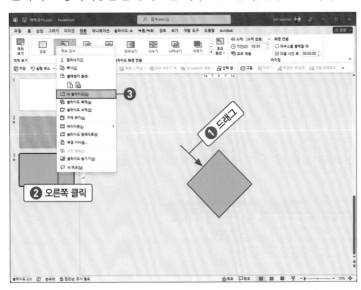

5 새로 추가한 4번 슬라이드를 마우스 오른쪽 단추로 클릭하고 [배경 서식]을 선택합니다. 슬라이드의 오른쪽에 [배경 서식] 창이 열리면 [채우기]에서 '색'은 '표준 색'의 [연한 녹색]을 클릭합니다.

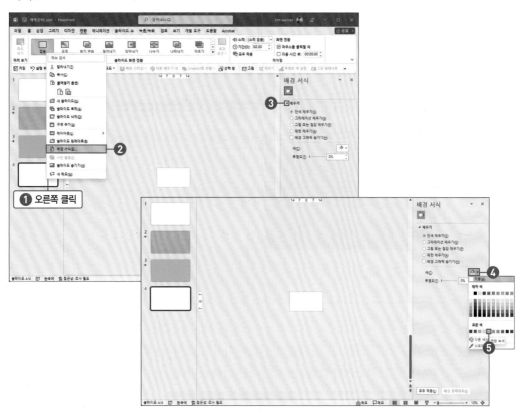

6 [도형 서식] 탭-[도형 삽입] 그룹에서 [직사각형](□)을 클릭한 후 슬라이드에서 드래그하여 슬라이드의 너비와 높이에 맞게 직사각형 도형을 삽입합니다.

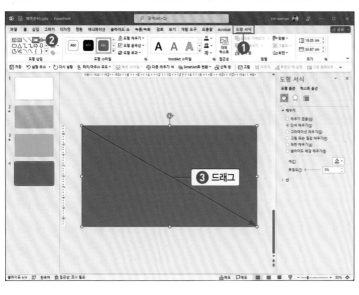

그래픽 효과

동영상 삽입

애니메이션 효과

슬라이드 쇼 도구

편집

슬라이드 쇼

이미지 디자인

동영상 제작

7 [홈] 탭-[그리기] 그룹에서 [도형]을 클릭하고 '기본 도형'의 [텍스트 상자](□)를 클릭한 후 슬라이드에서 드래그하여 텍스트 상자를 삽입합니다. 텍스트 상자에 『직장인을 위한 실무 파워포인트』를 입력하고 [홈] 탭-[글꼴] 그룹에서 [굵게]를 클릭한 후 [글꼴 크기]에 [60pt]를 지정하세요.

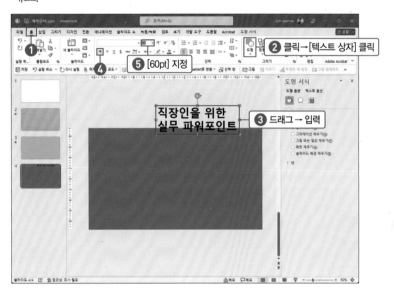

8 Shift를 이용해 직사각형과 텍스트 상자를 선택합니다. [도형 서식] 탭-[정렬] 그룹에서 [맞춤]을 클릭하고 [가운데 맞춤]과 [중간 맞춤]을 차례대로 선택합니다.

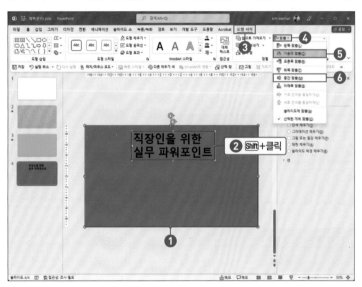

9 직사각형을 먼저 선택하고 Shift를 이용해 텍스트 상자를 선택합니다. [도형 서식] 탭-[도형 삽입] 그룹에서 [도형 병합]을 클릭하고 [빼기]를 선택하세요.

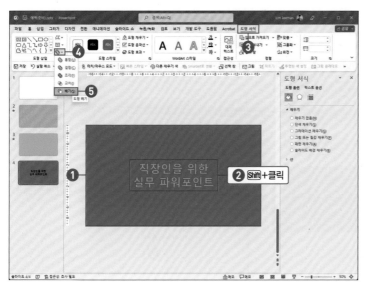

10 [도형 서식] 탭-[도형 삽입] 그룹에서 [직사각형](□)을 클릭한 후 슬라이드에서 드래그하여 다음의 그림과 같이 직사각형을 삽입합니다. [도형 서식] 창의 [선]에서 [선 없음]을 선택한 후 채우기 색은 '테마 색'의 [흰색, 배경 1]을 클릭하세요.

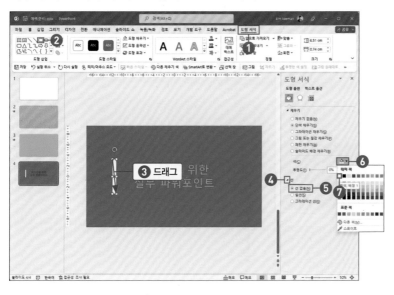

그래픽 효과

동영상 삽입

애니메이션 효과

발표자 도구

인쇄

유틸리티

이미지 디자인

동영상 제작

11 [도형 서식] 탭-[도형 삽입] 그룹에서 [직사각형]([☐])을 클릭한 후 흰색 직사각형 도형의 왼쪽에 다음의 그림과 같이 삽입합니다. [도형 서식] 창의 [선]에서 [선 없음]을 선택하고 채우기 색은 '표준 색'의 [파랑]을 클릭합니다.

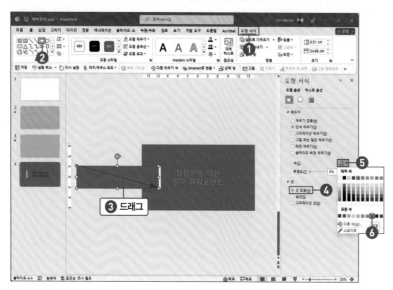

12 도형 빼기한 직사각형을 선택하고 [도형 서식] 창의 [선]에서 [선 없음]을 선택한 후 채우기 색은 '표준 색'의 [연한 녹색]을 클릭합니다.

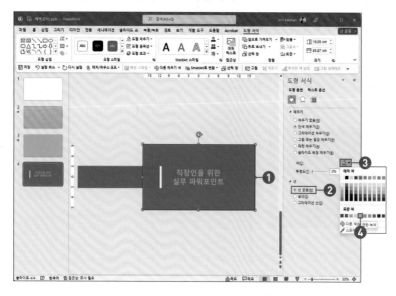

13 Shift를 이용해 흰색 직사각형과 도형 빼기한 직사각형을 선택합니다. [도형 서식] 탭-[정렬] 그룹에서 [앞으로 가져오기]를 클릭한 후 [앞으로 가져오기]를 선택합니다.

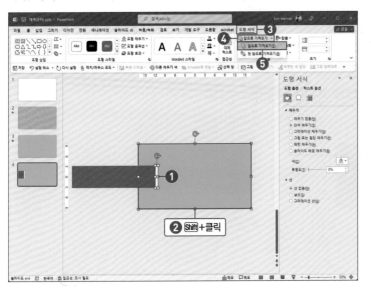

14 흰색 직사각형을 선택하고 [애니메이션] 탭-[애니메이션] 그룹에서 [나누기]를 클릭합니다. [효과 옵션]은 [가로 바깥쪽으로]를 선택하고 [애니메이션] 탭-[타이밍] 그룹에서 [재생 시간]에 『00:25』를 입력합니다.

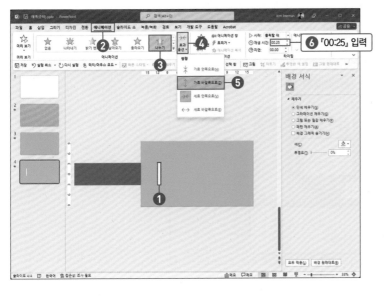

그래픽 효과

동영상 삽입

애니메이션 효과

발표자 도구

인쇄

유틸리티

이미지 디자인

동영상 제작

15 Shift를 이용해 흰색 직사각형과 파란색 직사각형을 선택합니다. [애니메이션] 탭-[고급 애니메이션] 그룹에서 [애니메이션 추가]를 클릭하고 '이동 경로'의 [선]을 선택하세요.

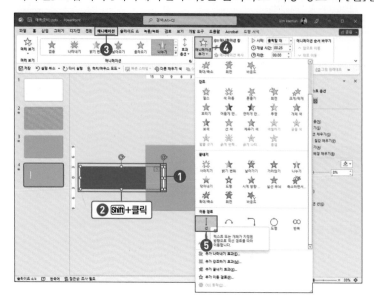

16 [애니메이션] 탭-[애니메이션] 그룹에서 [효과 옵션]을 클릭하고 '방향'의 [오른쪽]을 선택한 후 흰색 직사각형의 빨간색 화살표를 다음의 그림과 같이 오른쪽으로 드래그하여 이동합니다.

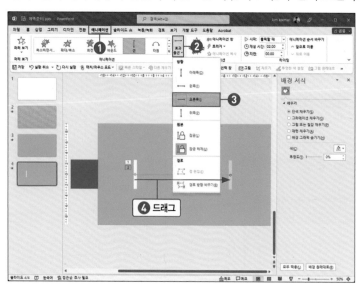

17 16 과정과 같은 방법으로 파란색 직사각형의 빨간색 화살표를 오른쪽으로 드래그하여 이동한 후 [도형 서식] 창을 닫습니다.

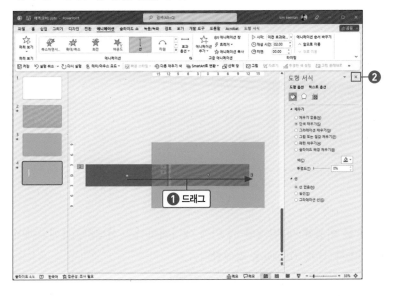

18 [애니메이션] 탭-[고급 애니메이션] 그룹에서 [애니메이션 창]을 클릭합니다. 화면의 오른쪽에 [애니메이션 창]이 열리면 첫 번째 애니메이션을 마우스 오른쪽 단추로 클릭한 후 [이전 효과와 함께 시작]을 선택하세요.

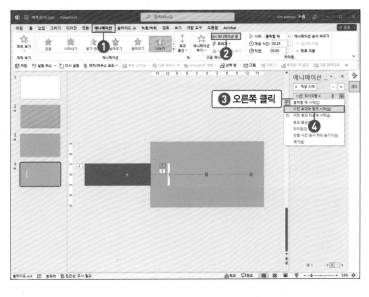

그래픽 효과

동영상 삽입

애니메이션 효과

발표자 도구

인쇄

유튜브

이미지 디자인!

동영상 제작

19 [애니메이션 창]에서 두 번째 애니메이션을 마우스 오른쪽 단추로 클릭한 후 [이전 효과 다음에 시작]을 선택합니다.

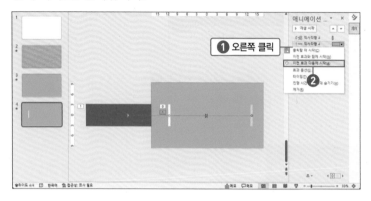

20 [애니메이션 창]에서 Shift를 이용해 두 번째와 세 번째 애니메이션을 선택하고 [애니메이션] 탭-[타이밍] 그룹에서 [재생 시간]에 『01.00』을 입력합니다.

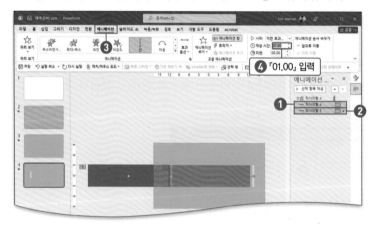

21 흰색 직사각형을 선택하고 [애니메이션] 탭-[고급 애니메이션] 그룹에서 [애니메이션 추가]를 클릭한 후 '끝내기'의 [나누기]를 선택합니다.

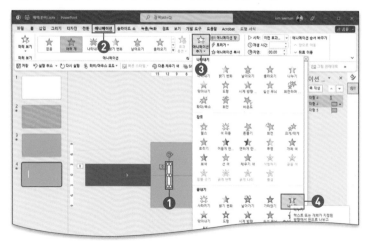

22 [애니메이션 창]에서 네 번째 애니메이션을 선택하고 [애니메이션] 탭-[애니메이션] 그룹에서 [효과 옵션]을 클릭한 후 [가로 안쪽으로]를 선택하세요.

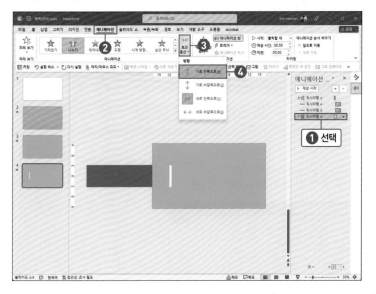

23 [애니메이션 창]에서 네 번째 애니메이션을 마우스 오른쪽 단추로 클릭하고 [이전 효과 다음에 시작]을 선택합니다.

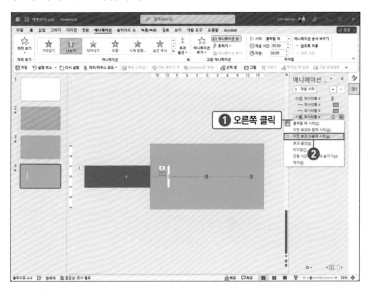

그래픽 효과

동영상 삽입

애니메이션 효과

발표자 도구

인쇄

유틸리티

이미지 디자인

동영상 제작

현장실무

02 모핑 효과 활용해 고급스럽게 간지 디자인하기

간지 슬라이드를 사용하면 단락을 인상적인 분위기로 전환해서 핵심 내용을 효과적으로 표현할 수 있습니다.
모핑 효과를 활용해 간지를 디자인해 보겠습니다.

1 1번 슬라이드에서 슬라이드의 중앙에 있는 [그림] 아이콘(🖼)을 클릭합니다.

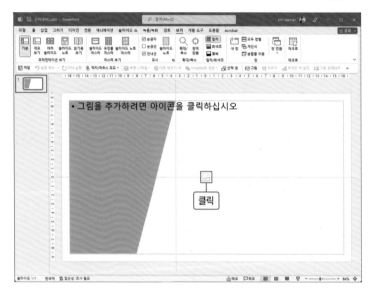

2 [그림 삽입] 대화상자가 열리면 '부록\Chapter07\Section16' 폴더의 'nature.jpg'를 선택하고 [삽입]을 선택합니다.

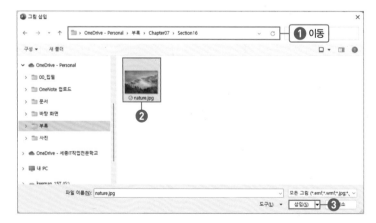

3 슬라이드에 그림이 삽입되면 [그림 서식] 탭-[정렬] 그룹에서 [뒤로 보내기]를 클릭하고 [맨 뒤로 보내기]를 선택합니다.

4 [도형 서식] 탭-[도형 삽입] 그룹에서 [직사각형](□)을 클릭하고 다음의 그림과 같이 세로로 긴 직사각형을 삽입합니다. [도형 서식] 탭-[그리기] 그룹에서 [도형 윤곽선]을 클릭하고 [윤곽선 없음]을 선택하세요.

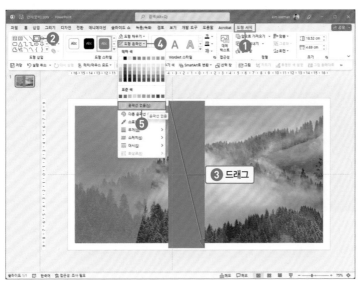

그래픽 효과

동영상 삽입

애니메이션 효과

발표자 도구

인쇄

유틸리티

이미지 디자인

동영상 제작

5 직사각형을 선택한 상태에서 [Shift]를 누른 채 회전 조절점을 드래그하여 오른쪽으로 회전시킵니다.

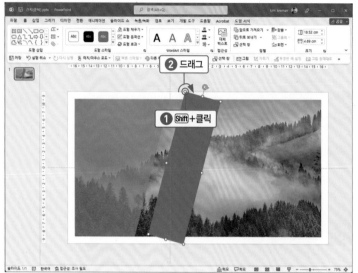

6 회전된 직사각형을 선택한 상태에서 [←]를 눌러 다음의 그림과 같이 왼쪽으로 이동한 후 도형이 안내선의 교차 지점과 만나도록 두께를 좀 더 가늘게 조절합니다.

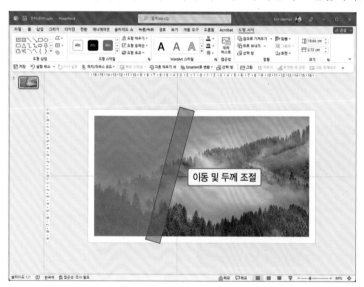

7 [도형 서식] 탭-[도형 삽입] 그룹에서 [직사각형](▭)을 클릭하고 다음의 그림과 같이 직사각형을 삽입합니다. 회전된 직사각형을 먼저 선택하고 Shift 를 누른 상태에서 방금 삽입한 직사각형을 두 번째로 선택하세요.

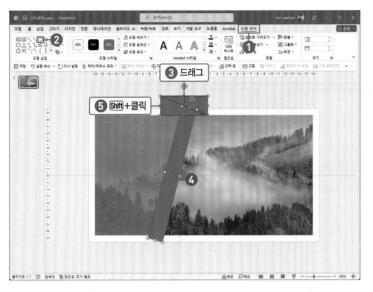

8 [도형 서식] 탭-[도형 삽입] 그룹에서 [도형 병합]을 클릭하고 [빼기]를 선택합니다. 이와 같은 방법으로 회전된 직사각형의 아랫부분도 도형 빼기를 하세요.

그래픽 효과

동영상 삽입

애니메이션 효과

발표자 도구

인쇄

유틸리티

이미지 디자인

동영상 제작

9 회전된 직사각형을 마우스 오른쪽 단추로 클릭하고 [도형 서식]을 선택합니다.

10 화면의 오른쪽에 [도형 서식] 창이 열리면 [도형 옵션]-[채우기 및 선]의 [채우기]에서 [그라데이션 채우기]를 선택합니다. '그라데이션 중지점'에서 왼쪽의 두 번째 그라데이션 중지점을 선택하고 [그라데이션 중지점 제거] 단추(🖋)를 클릭하세요.

11 이와 같은 방법으로 가운데 그라데이션 중지점을 삭제합니다.

12 왼쪽 그라데이션 중지점에는 '테마 색'의 [검정, 텍스트 1]을, 오른쪽 그라데이션 중지점에는 '테마 색'의 [흰색, 배경 1]을 지정합니다.

그래픽 효과

동영상 삽입

애니메이션 효과

발표자 도구

인쇄

구틀라이터

이미지 디자인

동영상 제작

13 오른쪽 그라데이션 중지점을 선택한 상태에서 그라데이션의 '종류'는 [선형]으로, '방향'은 [선형 오른쪽]으로 지정하세요.

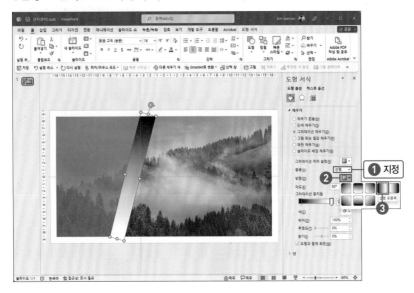

14 오른쪽 그라데이션 중지점의 '투명도'를 [60%]로 지정합니다.

15 이와 같은 방법으로 왼쪽 그라데이션 중지점의 '투명도'도 [60%]로 지정합니다.

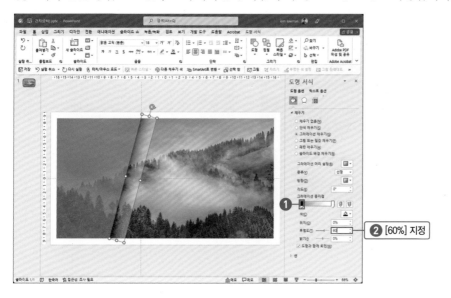

16 Ctrl + D 를 눌러 사각형 도형을 복제한 후 → 를 눌러 기존 도형의 옆에 배치합니다.

17 복제한 도형을 선택한 상태에서 왼쪽 그라데이션과 오른쪽 그라데이션의 '투명도'를 [80%]로 지정합니다.

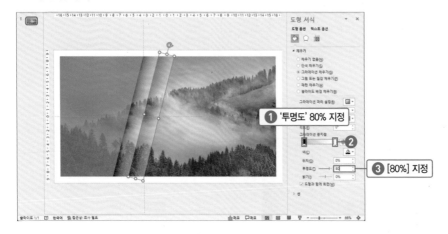

18 가장 왼쪽에 있는 도형을 선택한 후 도형의 색을 '테마 색'의 [흰색, 배경 1]로 지정합니다.

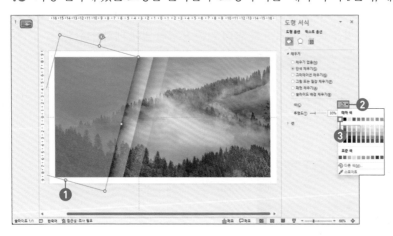

19 [도형 서식] 탭-[도형 삽입] 그룹에서 [직사각형](□)을 클릭하고 슬라이드의 오른쪽에서 Shift 를 누른 상태에서 드래그해 정사각형을 그립니다. [도형 서식] 탭-[그리기] 그룹에서 [도형 채우기]를 클릭하고 [채우기 없음]을 선택하세요.

> 💡 **Tip**
> [직사각형](□)을 클릭하고 Shift 를 누른 상태에서 드래그하면 정사각형으로 삽입됩니다. 타원도 Shift 를 누른 상태에서 삽입하면 정원으로 삽입됩니다.

20 [도형 서식] 창의 [선]에서 [실선]을 선택하고 '색'은 '테마 색'의 [흰색, 배경 1]을 클릭합니다.

21 [도형 서식] 창에서 '너비'는 [5pt]로, '투명도'는 [70%]로 지정합니다.

그래픽 효과

동영상 삽입

애니메이션 효과

발표자 도구

인쇄

유튜브

이미지 디자인

동영상 제작

22 [홈] 탭-[그리기] 그룹에서 [도형]을 클릭하고 '최근에 사용한 도형'의 [선](⬡)을 클릭합니다.

23 다음의 그림과 같이 가로로 드래그해 선을 삽입하고 [도형 서식] 창에서 [선]의 '색'을 '테마색'의 [흰색, 배경 1]로 지정합니다.

💡 **Tip**

슬라이드 화면은 Ctrl+마우스 휠을 위쪽이나 아래쪽으로 굴려서 확대 및 축소할 수 있습니다.

24 선을 선택한 상태에서 [선]의 '너비'를 [5pt]로 지정하고 Ctrl + D를 눌러 선을 복제합니다.

25 복제한 선을 선택한 상태에서 [도형 서식] 탭-[정렬] 그룹에서 [회전]을 클릭하고 [오른쪽으로 90도 회전]을 선택합니다.

그래픽 효과

동영상 삽입

애니메이션 효과

발표자 도구

인쇄

유틸리티

이미지 디자인

동영상 제작

475

26 Shift 를 이용해 가로 선과 복제된 선을 모두 선택하고 [도형 서식] 탭-[정렬] 그룹에서 [맞춤]을 클릭한 후 [가운데 맞춤]과 [중간 맞춤]을 차례대로 선택합니다.

> **Tip**
> 세로 선은 **25** 과정에서 이미 선택한 상태이므로 Shift 를 누른 상태에서 가로 선만 추가 선택하면 됩니다.

27 정사각형 도형의 오른쪽 모서리 부분에 선을 배치합니다.

28 [홈] 탭-[그리기] 그룹에서 [도형]을 클릭하고 '최근에 사용한 도형'의 [텍스트 상자](圖)를 클릭합니다. 슬라이드에서 클릭하여 텍스트 상자를 삽입한 후 『Section16 화면전환』을 입력하세요.

29 텍스트 상자를 선택하고 [홈] 탭-[단락] 그룹에서 [가운데 맞춤](圖)을 클릭합니다. [홈] 탭-[글꼴] 그룹에서 [글꼴 크기]를 [44pt]로 지정한 후 다음의 그림과 같이 슬라이드의 왼쪽에 배치하세요.

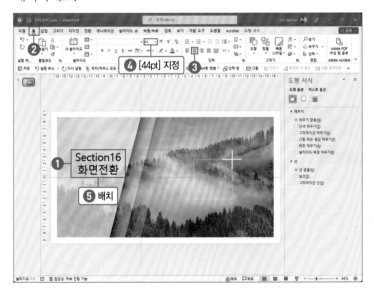

그래픽 효과

동영상 삽입

애니메이션 효과

발표자 도구

인쇄

유튜브

이미지 디자인

동영상 제작

30 슬라이드 창에서 1번 슬라이드를 마우스 오른쪽 단추로 클릭하고 [슬라이드 복제]를 선택합니다.

31 2번 슬라이드가 복제되면 Shift 를 이용해 슬라이드의 왼쪽에 있는 텍스트 상자와 2개의 직사각형을 모두 선택한 후 슬라이드의 왼쪽 바깥으로 드래그하여 이동합니다.

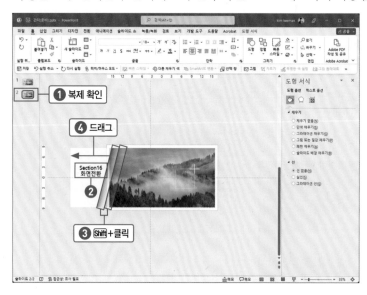

32 가로 선은 슬라이드의 위쪽으로, 세로 선은 슬라이드의 오른쪽으로 이동합니다.

33 반투명한 정사각형을 선택한 후 크기를 작게 조절합니다. [도형 서식] 창의 [선]에서 '투명
도'를 [100%]로 지정하고 [도형 서식] 창을 닫습니다.

그래픽 효과

동영상 삽입

애니메이션 효과

발표자 도구

인쇄

유튜브

이미지 디자인

동영상 제작

34 그림을 더블클릭하여 [그림 서식] 탭을 선택하고 [크기] 그룹에서 [자르기]를 클릭한 후 [자르기]를 선택합니다.

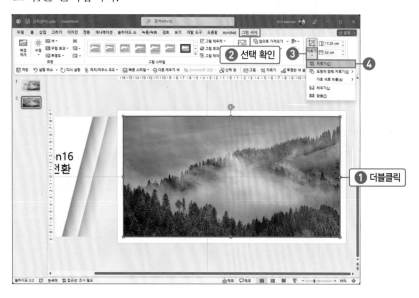

35 그림의 오른쪽 아래에 있는 모서리의 크기 조절점을 이용하여 그림의 크기를 크게 확대합니다.

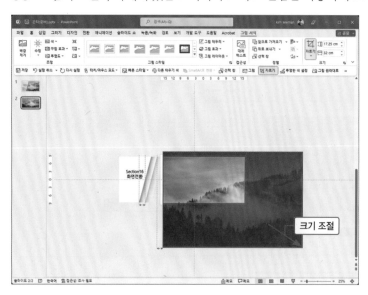

36 슬라이드 창에서 2번 슬라이드를 선택한 후 1번 슬라이드의 위쪽으로 드래그하여 슬라이드의 순서를 변경합니다.

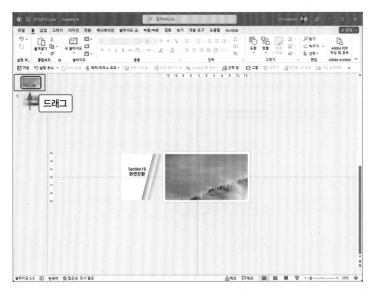

37 2번 슬라이드를 선택하고 [전환] 탭-[슬라이드 화면 전환] 그룹에서 [모핑]을 클릭합니다. [전환] 탭-[타이밍] 그룹에서 [기간]을 [01.00]으로 지정하고 [슬라이드 쇼] 단추(🖵)를 클릭하세요.

그래픽 효과

동영상 삽입

애니메이션 효과

발표자 도구

인쇄

유튜브

이미지 디자인

동영상 제작

◉ **실습예제** : 에펙(완성).pptx ◉ **완성예제** : 에펙(완성).mp4

현장실무

03 | SNS에 올릴 동영상 내보내기

파워포인트 슬라이드를 MP4 또는 WMV 형식의 동영상으로 SNS에 업로드해 보겠습니다. 최대 4k(4320×2124) 화질로 동영상을 내보낼 수 있습니다.

1 [파일] 탭-[내보내기]를 선택하고 [비디오 만들기]를 선택합니다.

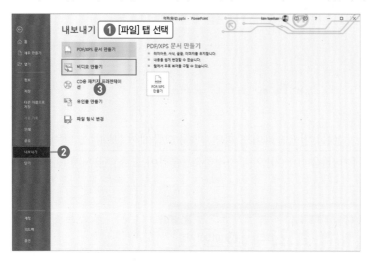

2 동영상 품질을 [Full HD(1080p)]로 선택한 후 [비디오 만들기]를 클릭합니다.

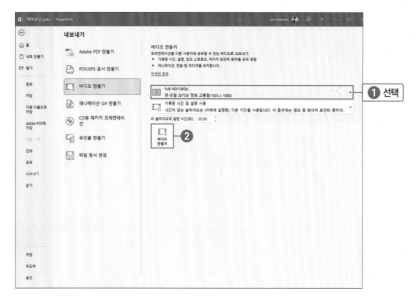

3 [다른 이름으로 저장] 대화상자가 열리면 '파일 형식'에서 [MPEG-4 비디오 (*.mp4)]를 선택하고 [저장]을 클릭합니다.

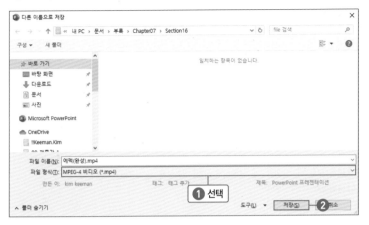

4 동영상이 저장된 폴더로 이동한 후 '에펙(완성).mp4'를 더블클릭해 동영상이 재생되는지 확인합니다.

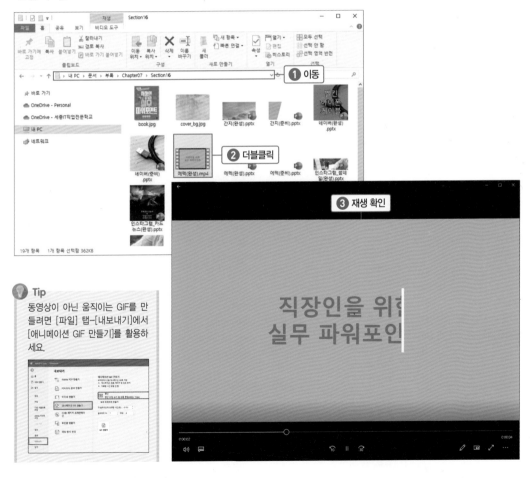

> 💡 **Tip**
> 동영상이 아닌 움직이는 GIF를 만들려면 [파일] 탭-[내보내기]에서 [애니메이션 GIF 만들기]를 활용하세요.

그래픽 효과

동영상 삽입

애니메이션 효과

발표자 도구

인쇄

유튜브리티

이미지 디자인

동영상 제작

찾아보기